한국사회의
구조변화와
문화적 정체성

한국사회의
구조변화와
문화적 정체성

| 강광식 지음

KSi 한국학술정보㈜

책머리에

한국사회는 지난 한 세기동안 실로 혁명적인 사회변동을 경험해 왔다. 그것은 이른바 〈근대화〉로 지칭되는 구조적인 변동으로서, 정치구조의 민주화, 경제구조의 산업화, 생태구조의 도시화, 계층구조의 평등화 등으로 지칭되는 사회구조 전반에 걸친 광범하고도 심층적인 변동이었다. 그리고 이러한 사회변동은 일정한 시차를 두고 가치체계의 변동을 수반하여 개인주의·평등주의·물질주의·합리주의 등을 강화하고 증대시키는 광범한 문화변동을 가져오게 되었다.

그러나 현재 한국사회가 보여주고 있는 내면적인 시간은 〈전근대〉·〈근대〉·〈탈근대〉라는 역사적 시간이 동시적으로 공존하는, 말하자면 〈비동시성의 동시성〉을 나타내고 있다. 개발도상국가에 속하는 한국은 전근대, 근대, 탈근대를 단계적으로 이행해 온 선진국과는 달리 전근대, 근대, 탈근대가 동시에 나타나는 역사적 시간의 동시성을 보여주고 있기 때문이다. 그리고 이런 현상은 요컨대 선진국이 수백 년에 걸쳐서 이룩한 근대화를 불과 수십 년만에 압축적으로 달성하려 한데서 생긴 부작용의 소산일 것이다.

현재 한국사회에는 아직도 전근대적인 요소가 온존하고 있다. 한국사회가 그동안 애써 추진해온 근대화가 아직 미완성상태에 있다는 증좌로서, 근대화의 양대 프로젝트에 해당하는 산업화·민주화는 완성하였으나 근대적 국민국가 형성에는 절반의 성공밖에 이루지 못했기 때문이다. 냉전체제의 대두에 따른 남북분단으로 근대적 국민국가의 완성이 지연되면서 한국사회는 '냉전적 색깔론'에 기인하는 이데올로기적 편협성 때문에 남북 간의 민족적 분단과 동서간의 국민적 분열이 중첩됨으로써 정치문화적으로 심각한 왜곡양상을 보여주고 있다. 또한 권위주의적 근대화과정에서 야기된 '압축적 근대화'는 사회의 모든 분야에서 전근대적인 의식·행태·관행을 청산하지 못한 채 근대적인 조직과 제도를 도입하게 됨에 따라서 문화적 지체현상과 더불어 뒤르껭(Emile Durkheim)이 말하는 사회적 공준부재의 아노미현상을 드러내고 있다.

그럼에도 불구하고 한국사회는 지난 세기말에 세계에서 가장 급속하게 디지털문명의 하부구조 구축을 완료함으로써 디지털시대의 선두주자로 부상하였다. 초고속인터넷 보급률은 세계 1위이며, 1인당 인터넷 사용시간도 1위이다. 3000만 명이 넘는 거대한 네티즌이 형성되어 〈촛불집회〉와 같은 참여민주주의의 정치적 시도가 현실세계에 표출되고, 기업은 기업대로 급속도의 디지털화양상을 보여주고 있다. 한국사회도 바야흐로 탈근대화의 새로운 시대진운을 가시적으로 보여주고 있는 것이다.

이상에서, 한국사회가 지난 한 세기동안 보여준 역동적 변동양상을 개략적으로 살펴보았거니와, 이 책은 이를 체계적으로 서술해 보려는 저자의 문제의식을 정리해서 엮은 것이다. 그런데 여기서 미리 밝혀두지 않을 수 없는 것은, 이 책의 내용이 당초부터 단행본 저술 구상의 일환으로 집필된 것이 아니라, 각기 다른 주제의 공동연구를 통해서 산발적으로 발표된 논문들을 한데 엮어서 편집한 것이라는 점이다. 그럼에도 불구하고 이 책에 실린 논문들은, 저자의 문제의식을 각기 다른 각도에서 다룬 것일 뿐, 실제 내용상으로는 서로 일맥 상통하는 일종의 〈동심원〉(同心圓)에 비유할 수 있다.

〈제1장: 서설〉은 당초 『현대한국이념논쟁사연구』(1999)에 수록된 것으로서, 이념문제의 한국적 지형과 그 규정요인을 밝힌 것이다. 여기서는 한국사회의 이념적 지향에 해당하는 〈한국민족주의〉와 더불어 체제이념으로 설정된 〈자유민주주의〉·〈자본주의〉의 갈등적 변용양상을 체계적으로 조명하고 있는 만큼, 이 책의 주제내용 전체를 두루 포괄하는 〈서설〉로 삼고 있다.

〈제2장: 분단체제하의 근대화 유산과 그 문화적 함의〉는 당초 『한국사회의 구조변화와 그 문화적 함의』(1996)에 수록된 것으로서, 여기서는 근대적 국민국가화의 기본적 지향에 해당하는 〈산업화〉·〈민주화〉·〈통일(민족통합)〉의 과제와 그 준거문화양식의 변용양상을 조명하되 이를 분단상황에 특히 주목하여 그 왜곡양상을 밝히는데 주력하고 있다.

〈제3장: 한국의 정치문화에 대한 진단과 그 21세기적 방향 모색〉은 당초 『한국문화의 진단과 21세기』(1994)에 수록된 것으로서, 여기서는 한반도의 지정학적 입지조건에 기인하는 한국정치문화의 〈기조〉(基調)와 역사적·사회적 상황조건의 변화를 반영하는 〈변조〉(變

調) 사이의 상관성에 유의하여 한국정치문화의 역사성과 그 구조적 연관성을 밝히고 그 연장선상에서 새로운 이념상을 모색하고 있다.

〈제4장: 한국문화의 생리와 병리〉는 당초 『한국사회병리의 진단 및 처방연구』(1996)에 수록된 것으로서, 문화인류학의 구조주의적 관점에 비추어 한국문화에 내재하는 생리와 병리의 근원을 밝힌 것이다. 여기서는 한국문화의 불변적 요소인 〈패러다임〉(계열체적 집합)과 가변적 요소인 〈신태그마〉(결합체적 연결)와의 접합양상에 유의하여, 한국적 사회병리의 역사적 맥락과 갈피를 밝히는데 주력하고 있다. 따라서 이 논문은 위의 『한국문화의 진단과 21세기』에 수록된 김형효의 「한국문화의 생리와 병리에 대한 철학적 담론」(1994)의 중심적 논지를 바탕으로 저자의 문제의식을 재구성한 것이라고 할 수 있다.

〈제5장: 한국사회의 문화적 정체성(Ⅰ)〉은 당초 『한국의 문화변동과 문화적 정체성』이라는 주제 하에 개최된 〈한국정신문화연구원 개원 25주년 기념 학술대회〉(2003. 6. 26-27)의 주제발표논문으로서, 여기서는 노무현정권의 출범을 계기로 본 정치지형의 변화와 그 정치문화적 함의를 밝히고 있다.

〈제6장: 한국사회의 문화적 정체성(Ⅱ)〉은 이 책의 편집과정에서 때마침 대두된 '미국산 쇠고기 수입 반대' 〈촛불집회〉의 정치적 함의를 밝히기 위해 새로 집필한 것으로서, 여기서는 〈촛불집회〉를 통해서 사회적 지평에 표출된 디지털 포퓰리즘의 정치적 함의를 밝히고 있다.

끝으로, 이 책에 실린 논문들이 단행본으로 엮어져서 햇빛을 보게 된 것은 일차적으로 저자가 몸담고 있는 한국학중앙연구원의 선처

덕분이다. 연구원 간행도서에 수록된 저작물에 대한 활용기회를 베풀어주신 연구원 당국의 선처에 먼저 감사드린다. 그리고 어려운 여건에도 불구하고 흔쾌히 출판을 맡아 맵시 있는 책을 만들어주신 한국출판정보(주) 관계자 여러분에게도 특별히 고마운 뜻을 전하고 싶다.

2008년 9월
청계산 기슭 문형관에서
저자(강광식)

목 차

제1장 서 설

이념문제의 한국적 지형과
주요 준거이념의 갈등적 변용양상

서 설

이념문제의 한국적 지형과 주요
준거이념의 갈등적 변용양상

1. 문제의 제기

제2차 세계대전의 종전과 더불어 일제로부터 해방됨으로써 새로이 수립된 대한민국은 대한제국과 같은 전통적 왕조체제도, 조선총독부와 같은 억압적 식민통치체제도 아닌 주권재민의 법원칙에 입각한 한국사 초유의 국민국가체제로 출범되었다. 이러한 사실은 정치적으로 매우 중요한 의미를 갖는 것이었다. 국민국가체제 하에서는 전통적 왕조체제나 식민통치체제에서와는 달리 체제운영의 제반 규칙이 체제구성원인 국민의 동의를 전제로 해서만 정당성을 갖기 때문이다. 한국인은 비로소 〈신민〉(臣民)의 지위로부터 당당한 주권자로서의 권리를 지닌 〈국민〉(國民)으로 격상되게 되었으며, 동시에 대한

민국은 〈국민 또는 민족〉(nation)으로 지칭되는 체제구성원에게서 궁극적인 통치명분을 구하는 근대적 의미의 〈국민국가〉(nation - state) 체제를 갖춤으로써 이들을 기본 단위로 하여 구성되는 국제사회의 일원으로 세계사에 합류하게 된 것이다.

그러나 대한민국이 국민국가로 출범하면서 채택한 체제이념은 그것이 국제정치적 요인에 의한 남북분단과 더불어 타율적으로 부과된 것이었기 때문에 당초부터 허다한 문제점을 지니게 마련이었다. 해방자로서의 미국과 소련이 남·북한을 분할점령하게 된 것을 기화로 양 지역에 자국의 체제이념을 부과하여 자유민주주의와 공산주의로 대별되는 별개의 체제가 수립되게 되었음은 주지의 사실이거니와, 따라서 그것은 어디까지나 미·소 냉전체제의 전초기지를 각기 대변하는 이데올로기적 양극성의 표상일 뿐 생동하는 체제이념으로서 갖춰야 할 응분의 자생적 기반을 가지고 있었던 것은 아니기 때문이다. 예컨대, 대한민국의 공식이념으로 표방된 자유민주주의의 경우, 본고장에서처럼 그러한 신념체계를 뒷받침하는 사회세력이 존재할 정도로 시민사회적 기반이 형성되어 있지도 않았거니와, 일반적인 국민의식 역시 그것을 체제운영의 현실적 필요에 적용할 만큼 내면화되어 있지도 않았기 때문이다. 따라서 잇따른 헌정사의 우여곡절에서도 엿볼 수 있듯이, 자유민주주의의 한국화과정은 실로 험난한 갈등과 시련의 연속이었다.

이렇듯 체제이념을 뒷받침하는 실체적 기반의 취약성은 이후의 체제건설과정에서 심각한 부작용을 연속적으로 수반하는 원인으로 작용하게 되었다. 그것은 우선 체제건설의 이념적 지향에 대한 국민적 합의를 어렵게 하는 만성적 요인으로 작용하여 특정한 이념적 지향을 왜곡시키고 이데올로기화하는 부작용을 자주 수반하였다. 그것은 또한 체제건설의 제도적 기반을 구축하는 과정에서 이념적 지향과 괴리된 변칙적인 정치과정을 속출하게 함으로써 정치권력의 정당성 문제로 만성적인 정치불안의 원인이 되기도 하였으며, 그 반작용으로 강압적인 국가기구의 '과대성장'이라는 파행성을 가져오기도 하였다. 그리하여 그것은 체제건설의 이념적 지향, 제도의 성격, 정책 성향 등 체제건설의 모든 부문에 걸쳐 논쟁과 갈등의 악순환을 가져오는 원인으로 작용하게 되었다.

본 연구는 이와 같은 현대 한국정치사의 전개과정을 이념논쟁의 관점에서 체계적으로 분석하는 데 목적을 두고 있다. 그리하여 체제 형성과정의 성격과 형성된 체제의 이념적 기반을 반성적으로 규명해 보려는 것이다. 이러한 목적을 효과적으로 달성하기 위하여, 본 연구 에서는 분석상의 이념적 지표로서 〈근대적 국민국가체제〉(modern nation-state system)의 완성이라는 역사적 과제에 우선 주목하려고 한다. 여기서 말하는 역사적 과제란 개별 민족의 지방사가 세계사의 중심조류에 합류하는 데 요구되는 이른바 국가형성(nation-building) 이라는 〈근대화〉(modernization)의 과제를 지칭하거니와, 구체적으로 는 국민국가체제로서의 정당한 명분적 기반을 갖추기 위해 국민의 통합적 합의기반을 형성하는 민주화의 과제, 국민국가체제의 물질적 기반을 구축하기 위한 산업화의 과제, 그리고 단일민족 본연의 통합 된 민족사회를 실현하는 통일의 과제를 지칭한다. 따라서 본 연구에 서는 이와 같은 근대적 국민국가체제의 건설을 위한 역사적 과제와 의 관련에서 그 준거이념을 둘러싸고 전개된 제반 사회적 논의를 중 심으로 이념논쟁의 전개과정을 분석하게 될 것이다.

현대 한국정치사의 전개과정과 특히 대한민국이라는 국가체제의 성격과 지향에 관한 학술적 논의는 특히 60년대 이후 한국정치학에서 중심적인 주제의 하나로 취급되어 왔다. 60년대까지는 구미의 정치학이론이 도입됨에 따라 그 이론적 추세를 반영하여 근대화론, 정치발전론, 정치문화론 등 서구화 지향의 체제성격 규명작업이 주조를 이루었다. 그러던 것이 70년대 후반부터는 그동안에 수행된 체제건설과정의 서구화 지향성에 대한 비판의식이 지식사회의 일각에서 대두되고 이에 수반하여 중·남미 연원의 종속이론이나 서독 연원의 네오 마르크스주의 이론이 소개되고 잇따라 관료적 권위주의론과 네오 마르크스주의의적 성향의 국가론이 도입됨에 따라서 80년대에 이르러서는 이러한 이론모형을 준거로 한국적 정치상황과 국가체제의 성격을 분석·규명하려는 이론적 시도가 주조를 이루게 되었다. 그 중에서 관료적 권위주의론에 의거하여 〈유신체제〉의 성격을 규명하려는 이론적 시도나, 과대성장국가론이나 집정관주의적 신중상주의 국가론에 의거하여 현대 한국정치사의 전개과정 전반을 설명하려는 이론적 시도는 그것들이 각기 내포하고 있는 적실성상의 한계점에도 불구하고 현대한국의 체제적 성격이나 그 갈등구조를 규명하는 데 있어서 상당한 기여를 하게 되었다.[1]

---

1) 관료적 권위주의론에 입각한 논의의 대표적인 예로서는 강민, 「관료적 권위주의의 한국적 생성」, 『한국정치학회보』, 제17집(1983); 한상진, 「관료적 권위주의와 한국사회」, 『한국사회의 전통과 변화』(법문사, 1983) 등을 들 수 있다. 그리고 과대성장국가론의 한국적 적용을 다룬 것으로는, 최장집, 「과대성장국가의 형성과 정치균열의 구조」, 『한국사회연구』 제3집(한길사, 1985)을 들 수 있으며, 집정관주적 신중상주의 국가론의 적용 사례로는, 박광주, 「집정관주의적 신중상주의국가론」, 『현대한국정치와 국가』(법문사, 1986)를 들 수 있다.

그런데 여기에서 다시 주목되는 것은, 현대한국의 체제성격이나 갈등구조를 규명하려는 이론적 관심의 일환으로 체제이념으로 설정된 자유민주주의와 자본주의의 이데올로기적 성격과 그것의 사회정치적 기반에 대한 논의가 활발하게 제기되었다는 사실이다.[2] 이 논의에서는 물론 논자에 따라 관심의 초점이 각기 다양했지만, 여기서는 현대한국의 체제이념으로 설정된 자유민주주의가 그 자체의 보편적 가치지향성에도 불구하고 국제적 분단상황에 기인하는 여러가지 제약성 때문에 왜곡되어 설득적인 이데올로기로 작동하지 못했을 뿐 아니라 이념적 지향과 사회정치적 실체성이 괴리됨으로써 만성적 정치불안을 초래하는 정치사회적 갈등의 원인으로 작용하게 되었음을 밝혀 주게 되었다. 그중에서 특히 본 연구주제와의 관련에서 문제의 소재를 분명히 제기해 준 대표적인 논의를 간추려 살펴보기로 한다.

먼저, 이 분야에 관한 학술적 논의의 단서를 연 노재봉의 경우를

---

2) 노재봉, 「한국에 있어서 이데올로기로서의 민주주의」, 한국사회과학연구소(편), 『현대이데올로기의 제문제』(민음사, 1978); 노재봉, 「한국민족주의와 자유주의」, 『한국민주주의의 이념』(아세아정책연구원, 1977); 박상섭, 「한국정치와 자유민주주의」, 『현대한국정치와 국가』(법문사, 1986); 박광주, 「한국의 국가이념과 현실: 자유민주주의의 이념과 권위주의적 현실 간의 갈등」, 『한국정치학회보』, 제22집 2호(한국정치학회, 1988), pp.33 - 48; 최장집, 「한국사회의 정치이데올로기 구조」, 『한국현대정치의 구조와 변화』(까치, 1990), pp.171 - 178; 강광식, 「한국체제논쟁사 서설」, 『현대한국체제논쟁사연구』(한국정신문화연구원, 1992), pp.1 - 40; 강광식, 「분단체제하의 근대화 유산과 그 문화적 함의: 정치문화의 왜곡양상을 중심으로」, 『한국사회의 구조변화와 그 문화적 함의』(한국정신문화연구원, 1996), pp.3 - 26; 김동춘, 「사상의 전개를 통해서 본 한국의 '근대'모습: 자유주의, 사회주의, 민족주의」, 역사문제연구소(편), 『한국의 '근대'와 '근대성' 비판』(역사비평사, 1996), pp.273 - 310.

보면, 그는 일찍이 「한국민족주의와 자유주의」(1977)·「한국에 있어서 이데올로기로서의 민주주의」(1978)라는 제하의 논문에서, 현대한국의 체제이념으로 설정된 자유민주주의가 그 자체의 보편적 가치지향성에도 불구하고 국제적 분단상황에 기인하는 정치도구적 필요성 때문에 왜곡되어 설득적인 이데올로기로 작동하지 못했다고 전제하고, 그것이 역동적인 체제이념으로서 나름대로의 탄력성을 갖기까지에는 국제적 해빙과 더불어 대내적으로 산업화와 민주화과정을 거치면서 변증법적인 자기발전과정을 거쳐야 했다고 분석, 이념문제에 대한 지적 관심의 지평을 열어주었다. 다음으로, 박상섭은 노재봉이 제기한 문제의식의 연장선상에서 자유민주주의와 자본주의의 한국화과정을 정치사회학적인 시각에서 보다 체계적으로 조명하였다. 그는 한국에서의 자유민주주의와 자본주의체제가 표피적으로 구미체제와 유사하면서도 내용적으로 전혀 달리 작동해 온 것은 본고장과 구별되는 한국정치사회의 특수성에 기인한다고 전제하고, 한국에서 자유민주주의이념은 사회주도계급의 세계관, 즉 헤게모니적 이념으로 확립되지 않았고 또 현실정치상에서 그 이념은 집권당국자에 의해 경시되거나 부인됨으로써 기성체제의 유지를 위한 이데올로기적 기초로 작용치 않았으며, 또한 자본주의체제의 확립으로 인해 '국가와 시민사회의 분리'라는 명제는 애초부터 성립될 수 없었기 때문에 헤게모니적 지위를 주장하는 주도계급은 부재한 채 국가의존적 사회세력만이 성장하는 결과를 초래하게 되었다고 보고 있다. 따라서 한국이 구미적 자본주의체제에서 기능한 바 있는 자유민주주의적 정치과정을 도입하여 체제운영원리로 삼은 지난 반세기의 정치실험이 의도대로 전개되지 않고 그 반대방향으로 나가게 되었음은 오히려 당연한 귀결이라고 분석하였다.[3] 한편, 박광주와 최장집의 경우는 이와는 달리 한국사회가 가지고 있는 정치적 갈등구조에 특히 주목해서 체제이념의 이데올로기 구조를 조명하였다. 먼저, 박광주의 논의를 보면, 그는 국가이념과 현실 간의 괴리가 무엇보다도 자유민주의이념을 형식화하려는 권위주의적 통치세력과 이를 헌법이 규정하는 바 대로 구현시키려는 민주주의 추진세력 간의 지속적 갈등에 기인하는 것으로 보는 전제 하에, 한국현대정치사가 4·19와 5·16으로 각기 대표되는 서로 상반되는 두 가지 지향성이 지속적으로 빚어낸 갈등구조로 특징된다고 규정하였다.[4] 다음으로, 최장집의 경우에는 우리 사회의 이데올로기적 지형을 역사적으로 개관할 때에 무엇보다도 놀라운 사실은 민족·민주·민중을 중심 내용으로 하는 민중주의적 전통이 권력블록의 지속적인 국가강권력 사용을 통한 억압과 강력한 반공·발전주의 하에서도 면면히 지속되었을 뿐 아니라 더욱 강화되어 왔다고 전제하고, 이들은 상호 작용과 접합을 통해 중첩적 영향력을 행사하면서 전체적으로 다음과 같은 세 수준에서 상호 대립하는 이데올로기적 지형을 형성하게 되었다는 것이다. 그 하나는 분단체제 하에서 형성된 〈반공주의 대 민족주의〉의 구도이며, 다른 하나는 국가와 정치형태를 중심으로 형성된 〈권위주의 대 민주주의〉 구도이고, 그리고 또 다른 하나는 자본주의적 산업화를 둘러싸고 형성된 〈발전주의 대 민중주의〉 구도라는 것이다. 따라서 이와 같은 이념상의 갈등을 딛고 표출된 80년대 이후의 민주화는 민주적 경쟁의

---

3) 박상섭, 위의 논문, p.411 및 pp.435−436.
4) 박광주, 「한국의 국가이념과 현실: 자유민주주의이념과 권위주의적 현실 간의 갈등」, 위의 책, p.35.

제도화를 중심으로 하는 절차적 민주화와 국가주도 하의 독점자본주의의 발전이 구축하여 놓은 특권적 사회관계와 부의 불균등한 배분을 개혁할 것을 요구하는 실질적 민주화를 동시에 포함하고 있다는 것이다.5) 끝으로, 김동춘의 경우에는 이념문제의 역사적 연원에 논의의 초점을 두어 서구를 원산지로 하는 자유민주주의와 사회주의가 한국의 근현대 역사과정에서 어떻게 도입·변형되었는지를 사상사적인 관점에서 체계적으로 조명하였다. 그에 의하면, 지난 100여년 간에 도입된 자유주의와 사회주의의 한국화과정을 살펴보는 데 있어서 다른 국가와 달리 가장 특별하게 고려해야 할 점은 한국을 둘러싼 강대국의 정치군사적 영향이 국내의 정치적 역학관계와 정책노선, 지식인들의 사상적 입지를 크게 좌우하였다는 점이라고 전제하고, 한국에서는 자유주의와 사회주의가 다 같이 굴절되어 다음과 같은 파행성을 보여주게 되었다는 것이다. 즉 한국에서의 자유민주주의란 실제로는 반공주의로 도색된 말하자면 냉전자유주의(cold-war liberalism)라는 퇴영적 모습을 지닌 것이었기 때문에 한국의 자유주의자들은 대체로 국가권력의 충실한 협조자로서 기득권을 누리기는 하였으나 분단체제 하에서 결코 기존체제를 장악하여 도덕적 정신적 기둥 역할을 수행하지 못하였다는 것이다. 그리고 사회주의의 경우, 그것이 당초 식민지조건 하에서 도입되었던 만큼 물질적 토대의 결여에도 불구하고 정치심리적으로는 오히려 호소력을 가질 수 있는 이념이었던 것인데, 해방 직후 극심한 좌우대립과 한국전쟁을 거치면서 당초 사회주의에 매력을 느끼던 사람들조차 점차 '국내 좌익의

---

5) 최장집, 「한국현대사회의 정치이데올로기구조」, 위의 책, pp.171-172, 및 pp.176-177.

실천'의 부정적 경험을 통해 사회주의 일반에 대해 부정적 평가를 내리게 되었으며, 그 후 분단, 유신체제, 권위주의체제를 거치면서 지식사회의 일각에서 활발히 유포되던 사회주의사상 역시 극히 교조적이고 원론적인 형태를 벗어나지 못함으로써 그 '이론적 치열함'에도 불구하고 '현장 노동자조직'에 뿌리를 내리지 못하게 되었다는 것이다. 요컨대, 한국에서의 사회주의의 빈곤은 곧 자유주의의 빈곤과 동전의 양면을 이루고 있으며, 그것은 무사상·무이념·무원칙이라는 우리 근현대사의 정신적 지평을 보여주는 현상이라는 것이다.[6)]

이상에서 현대한국의 체제성격을 규명하기 위한 주요 이론적 시도로서 특히 이념문제에 관한 주요 논의점을 개략적으로 살펴보았거니와, 그것들은 현대한국정치사의 문제를 단순한 서술적 차원의 논의를 넘어서서 이론적으로 접근하려는 학술적 시도로서 주목되는 것이었다. 그중에서도 특히 네오 마르크스주의적 성향의 이론적 성찰들은 근대화론이나 정치발전론, 정치문화론과 같은 70년대 이전의 시각으로서는 제대로 규명할 수 없었던 한국사회의 갈등구조를 밝히는 데 크게 기여하였다. 그러나 여기에서 다시 주목되는 것은, 이러한 일련의 논의들 중에는, 예컨대 외래 이론모형에 대한 응분의 사전검증을 결여한 채 성급하게 적용하려드는 경우에 흔히 겪게 되는 오류로서, "설명되어야 할 자료들이 설명을 위해 사용된 이론적 모형에 의해 원래의 뜻과 다르게 곡해될 소지"를 보여주는 경우가 있었던가 하면, 또 이와 반대로 "한국사의 자료를 읽는 과정에서 새로이 제시된 이론모형이나 유형개념들이 유사한 다른 현상들과의 비교연

---

6) 김동춘, 위의 논문, pp.289-298.

구를 위한 일반성을 결여함으로써" 그것의 현실적 함의를 오히려 모호하게 하는 경우도 적지 않았다.[7]

따라서 이 글에서는 이와 같은 위험성을 벗어나기 위해서 어느 특정한 이론모형을 일의적으로 적용하기보다는 앞에서 언급한 〈근대적 국민국가체제〉의 완성이라는 이념적 지표와 관련하여 그동안의 체제형성과정에서 그 준거이념들이 어떠한 변용양상을 보여주게 되었는지 그 현실적 함의를 고찰하는 데 주안점을 두려고 한다. 그러므로 여기서는 〈근대적 국민국가체제〉의 이념적 기반을 구성하는 이데올로기문제의 한국적 지형(terrain)을 체계적으로 밝히는 데 우선 주력하게 될 것이다. 이를 위해 먼저 서설에서는 〈근대적 국민국가체제〉의 일차적 준거이념에 해당하는 〈민족주의〉라는 통치명분과, 그리고 그 하위 범주에 속하는 〈자유민주주의〉와 〈자본주의〉(또는 이와 대칭관계에 있는 〈사회주의〉)로 구성되는 세계사적 차원의 이데올로기적 지형이 한국사적 차원의 접변(acculturation)에서 구체적으로 어떠한 일치점과 상이점을 나타내게 되었는지를 체계적으로 조명함으로써 본 연구의 준거틀에 해당하는 쟁점의 전체적인 상황도를 제시하려고 한다. 그리고 각론에서는 위의 상황도를 바탕으로 그것이 실제의 체제건설과정에서 구체적으로 어떠한 변용양상을 보여주게 되었는지를 주요 준거이념별로 고찰하게 될 것이다.

---

7) 박상섭, 위의 논문, p.432.

2. 이념문제의 한국적 지형과 그 규정 요인

〈근대적 국민국가체제〉의 완성이라는 〈근대화〉의 과제는 지난 한 세기 동안 한국사회와 비서구사회가 공통적으로 추구해 왔던 세기적 과제로서 그것은 곧 서구사회중심의 세계사조류에 합류하기 위해 불가피하게 해결해야 될 역사적 과제에 해당한다. 이러한 〈근대화〉의 과제는 일반적으로 산업화(경제적 근대화)와 민주화(정치적 근대화)를 통해 국민국가체제를 형성함으로써 궁극적으로 완결되는 것으로 이해된다.

그런데 한국의 경우는 이러한 근대화과정을 다른 비서구사회와도 구별되는 특수한 조건 속에서 거쳐야 했기 때문에 그만큼 특이한 복잡성을 내포하게 되었다. 한국인은 역사적으로 오랫동안 동아시아세계를 지배했던 중화질서에서 벗어나 이른바 '세세동점'(Western‒impact)에 의해 서구중심의 세계질서에 처음 편입될 시점에는 일본에 의한 식민통치를 경험하였고, 그러한 서구중심의 제국주의질서가 미·소 양극의 동·서 냉전체제로 재편될 시점에는 그 재편을 위한 갈등의 내화인 한국전쟁을 겪었고, 잇따라 지속된 그 후의 남북분단체제 하에서는 자유·자본주의와 사회주의로 대칭되는 상호 불상용의 체제경쟁을 겪지 않으면 안 되었기 때문이다. 그리하여 한국의 경우, 근대 이전에 이미 오랜 민족국가로서의 역사적 경험을 가지고 있었음에도 불구하고, 세계사적 표준으로 말하는 국민국가체제를 형성하는 일은 일제에 의한 식민지화로 말미암아 제2차대전 종료 이후로 지연되게 되었으며, 그나마 지체된 국민국가체제 형성의 과제 역시 '주어진 해방'에 이은 국제적 분단이라는 타율적인 조건 하에서 이루어진 것이었기 때문에, 결국 한국의 국가적 성격과 그 이념적 지향은 여러 면에서 왜곡되어 파행성을 나타내게 마련이었다. 이념논쟁의 지적 상황도를 나타내는 문제의 한국적 지형이란 이처럼 한국인이 근현대사 과정에서 남다르게 겪게 된 특수한 역사적 · 사회적 조건의 산물임에 틀림이 없다.

이하에서는, 바로 이러한 맥락에 유의하여, 이념문제의 한국적 지형이 구체적으로 어떤 것인지를 살펴보기로 한다. 이를 위하여 여기서는 〈근대적 국민국가체제〉의 이념적 지향을 규정하는 기본적 준거틀로서 통치명분(민족주의)과 체제구성원리(민주주의 · 자본주의)에 비추어 그 발생배경상의 갈피와 성향을 체계적으로 조명함으로써 이념논쟁의 소인(素因)이 어떤 것인지 문제의 소재부터 살피기로 한다.

1) 한국민족주의의 역사적 유형과 그 준거이념의 갈등양상

〈근대적 국민국가체제〉의 형성이라는 이념적 지향은 한마디로 〈민족의식〉이라는 동일체감을 〈국가〉라는 정치체의 테두리 안에서 조성하는 것을 뜻한다. 그리고 민족주의는 바로 이러한 정치체의 형성을 가능케 하는 정치명분을 지칭하거니와, 따라서 그것은 안으로 다양한 사회적 에너지를 하나의 통합된 질서와 결정권력에 묶고 밖으로는 '남'에 대한 그러한 통일체의 자기확보와 자기주장을 하는 그야말로 근대적 의미의 정치명분에 해당하는 것이다.

그런데 여기에서 특별히 유의될 필요가 있는 것은, 이러한 의미의 민족주의에서 그 주체가 되는 〈민족〉이란 그것이 인간의 어떤 사회성을 근거로 한 자연발생적인 집단이나 또는 어떤 역사적 생성을 통한 객관적 집단에 연원을 갖는 것이 아니라, 사회·정치적 산물이라는 점이다. 바로 이 점이 세계사의 주류를 이루고 있는 민족주의적 〈민족〉의 핵심적 특징으로서, 우리나라의 일반적인 통념에 배치되는 중요한 요소인 것이다. 우리와 같이 역사적으로 단일민족이 오래 있어 온 경우에는 객관적으로 〈민족〉이 있으면 곧 거기에 있는 정치체란 〈민족국가〉로서 간주되는 것이 일반적인 통념이기 때문이다. 따라서 우리가 이와 같은 일반적 통념에 집착하여 〈민족주의〉를 정치명분으로서가 아니라 단순히 문화·인류학적인 관점에서 파악하는 경우에는 전혀 엉뚱한 결과를 가져오게 마련이다. 그것은 근대국가의 명분과는 관계없이 초역사적인 어떤 애국심을 뜻하게 되고 그 경우 그것은 고작해야 비분강개적 애국주의(jingoism)나 또는 맹목적 애국심(chauvinism)의 형태로 나타나게 되기 때문이다. 이러한 맥락에서 우리는 근대적 의미의 정치명분으로서 〈민족주의〉가 지니는 현실적 함의에 다시 주목할 필요가 있다.

세계사의 주류가 된 민족주의의 발상지라고 할 수 있는 프랑스의 경우에서 보면, 민족이란 개인의 자유스런 의사의 결사(結社) 또는 동의에 의한 참여로 형성되는 하나의 정신적 공동체였다. 이런 의미에서 민족주의는 정치적 자유와 그리고 인민주권사상과 일치되는 것이었으며, 따라서 민족주의적 전체성·통일성은 자유주의적인 부분성·다원성과 조화로운 표리관계를 이룰 수 있었다. 그러나 이와는 달리 한국을 포함한 제3세계국가들의 경우에는 근대적 의미의 사회

· 정치적 기반이 결여되어 있었기 때문에 민족과 정치적 자유를 상호 배타적인 개념으로 보는, 전혀 다른 정치적 결과를 초래하게 되었다. 요컨대, 이러한 현상은 대체로 독립운동과정을 통해서 형성된 〈민족적〉 의식의 한 결과로서, 여기서는 통일체로서의 민족의 자유가 진정한 자유이며, 개체는 그 민족의 분자에 지나지 않는 만큼 민족적 자유 또는 독립이 전제되지 않는 개체의 자유란 무의미하다는 통념이 자연스럽게 성립되게 마련이었다. 그러나 여기에서 다시 주목될 필요가 있는 것은, 이러한 통념이란 어디까지나 그것이 외세의 압제가 계속되는 조건 하에서의 통념일 뿐, 그 자유(민족해방) 또는 독립이 일단 이룩되고 나면 개체의 문제가 진정한 의미의 정치적인 문제로서 '갑자기' 그리고 '새삼스럽게' 대두됨으로써 혼란을 겪게 된다는 사실이다. 한국을 비롯한 대부분의 제3세계국가들이 겪고 있는 공통적인 현상으로서, 여러 개인이나 집단 간에 민족 또는 국민의 이념 혹은 상(像)을 내세우기 위한 갈등이 제기되어 그 결과로서 이념논쟁(투쟁)이 다양한 수준에서 끊임없이 제기되는 것도 바로 이러한 사실에 기인한다고 할 수 있다. 그리고 여기에서 민족주의에 대한 하위 개념인 제반 주의(ism)가 특별한 의미를 갖게 되는 것이다. 이념문제를 둘러싼 논쟁이나 투쟁에서는 대체로 통치명분 그 자체보다는 그 통치의 사회기술적인 면이 핵심적 지표로서 부각되기 때문이다. 이 문제에 대해서는 뒤에 별도로 살피게 될 것이다.

이상에서 한국을 비롯한 제3세계 민족주의가 표피적으로 세계사의 주류 민족주의와 유사하면서도 내용적으로 전혀 상반되게 작동하는 핵심적 연유에 대해서 개략적으로 살펴보았거니와, 이를 특히 서로 대조되는 사상적 성향에 주목해서 유형별로 정리하면 다음과 같다.[8]

먼저, 주류 민족주의는 철학적으로 합리주의 위에 서서, 영토를 바탕으로 하여, 일반원리에 따라, 개인들의 상호 이익을 위하여 자유스러운 개인들의 법적 결합을 그 주요 내용으로 한다. 따라서 여기에는 법과 시민이 중요시되고, 특수주의·폐쇄주의가 배격되며, 개인을 중심으로 한 국제주의가 포용되고, 계약적인 정치관계를 중심으로 하는 이익사회(Gesellschaft)적인 성격이 두드러진다. 그리고 이러한 정치적 민족주의는 기존 국가에 대하여 자유로써 개혁하려는 것을 목적으로 하거니와, 사상의 폭이 개방적이고 역사에 대해서도 전진적인 자세를 지닌 것이다. 이러한 민족주의는 '민족적' 기반이 이미 근대적으로 굳혀지고 난 뒤에 그 기반을 개혁하려는 '민족주의적' 사상형태로서, 사상사적으로는 루소(Rousseau)의 사상적 영향에 대응되는 유형인 것으로 간주된다.

이에 반하여, 한국민족주의의 역사적 유형에 해당하는 제3세계 민족주의에서는 전 정치적·전 합리주의적 기반에 주목하여 공동언어, 민속전통 등을 강조하고 흔히 '혼'이나 '얼'과 같은 '민족정신'을 내세운다. 그리고 여기서는 이러한 민족개념에 따라 개인은 민족적 공동체의 통합부분으로서만 의미를 갖고, 법적 보장이 문제되지 않고, 유기체인 공동체가 개성을 부여받게 된다. 따라서 민족국가의 사회는 법적인 결사가 아니라 자연과 역사에 근거한 공동사회(Gemeinschaft)로 부각된다. 그리고 여기서는 국제주의가 설 자리란 극히 제약되어 특수성에 입각한 폐쇄주의가 기승을 부리는 것이 통례이다. 〈낭만적 민족주의〉라고도 일컬어지는 이러한 민족주의는 대체로 근대적 의미

---

8) 노재봉, 「현대한국의 정치사상에 있어서 방법의 문제」, 『사상과 실천』(도서출판 녹두, 1985), pp.278-280 참조.

의 '민족적' 기반이 결여되어 있는 곳에 '민족주의'를 실현시켜 보려는 데서 나오는 사상형태로서, 사상사적으로는 헤르더(Herder)의 사상적 영향에 대응되는 유형으로 간주된다.

이상에서 한국민족주의의 역사적 유형이 서구형의 주류 민족주의와 구별되는 점에 대하여 살펴보았거니와, 그것은 대체로 후발의 '저항의 민족주의'로 특징되는 것이었다. 이러한 유형의 민족주의는 거개의 경우 선발의 '우월의 민족주의' 세력의 제국주의적 침략에 의한 민족적 각성에서 비롯된 것이기 때문이다. 그러나 여기에서 다시 주목될 필요가 있는 것은, 바로 이와 같은 저항적 성격 때문에 현실의 국민국가건설과정에서 사상적 갈등을 겪게 된다는 점이다. 이러한 저항민족주의는 그 발생배경조건에 기인하는 제약성 때문에 대체로 다음과 같은 문제점을 갖는 것으로 지적된다.[9]

우선, 이러한 저항적 민족주의에서는 〈민족적 저항〉과 〈민족주의적 저항〉을 혼동하는 착각이 자주 야기됨으로써 〈근대적 의미의 국민국가체제〉의 건설이라는 이념적 지향에 애로를 형성한다는 것이다. 위에서도 잠시 언급되었듯이 〈민족적 저항〉은 한국사의 경우에 있어서 〈민족〉이 형성된 고려조 이후 외세의 침략이 있을 때마다 있어온 터이므로, 한말의 위정척사사상에서 보는 것처럼 외압이 제기될 경우에는 언제나 일어나는 자연적인 반응이다. 그러나 이렇듯 단순한 조건반사적인 저항은, 통치권의 명분으로서 민족 또는 국민 개념을 중심으로 하는 사상적 성격을 지닌 〈민족주의적 저항〉과 엄밀히 구별되어야 한다. 이러한 구별을 소홀히하는 경우, 한국의 민족

---

9) 노재봉, 위의 논문, pp.280 – 284.

주의 사상은 그것이 문제되는 역사적 단계를 무시하게 되어, 결국은 민족주의라는 지극히 감정적인 용어의 탈을 쓰고 실질적으로는 전근 대적인 사회정치구조를 합리화하여 현대판 위정척사사상으로 둔갑해서 나타나는 복고주의를 이루게 된다. 그럼에도 불구하고 이러한 〈민족적 저항〉을 강하게 부각시키는 경우에는 〈민족주의적 저항〉에서 문제시되는 지도층과 명분의 관계가 은폐되어 종국적으로 국민국 가체제 본연의 이념적 지향을 왜곡시키게 된다. 왜냐하면, 민족적 저항주의는 민족을 하나의 총체적·통일적 단위로 내세우게 되는 까닭에 민족은 결국 무계층적인 것으로 의식되어 민족사회의 역사적인 구조성이 도외시되기 때문이다. 따라서 이 경우에는 사상적으로 중요시되어야 할 주권자로서의 〈국민〉개념은 설 자리가 없어지고 그 대신에 〈민족적 영웅상〉만 부각되는 엉뚱한 결과를 가져오게 된다. 물론 단일민족주의의 전통을 가지고 있는 한국의 경우, 바로 이러한 성향 때문에 저항민족주의가 외세에 대항할 때에는 강력한 힘을 발휘하게 되는 것이 사실이지만, 대내적으로는 전통적 권력과 결부되는 사이비민주주의를 낳게 되고, 권력은 다만 '민족의 대표'라는 것만으로 정당화되어 〈인민대중〉이라는 민족의 구성요소에 대한 고려를 도외시하게 됨으로써 오히려 권위주의를 정당화하는 결과를 가져오게 된다. 저항민족주의의 전통을 가지고 있는 국가들이 실제의 체제건설과정에서 흔히 겪게 되는 이념논쟁이란 궁극적으로 이러한 명분상의 갈등요인과 깊은 관련이 있다.

2) 주어진 해방, 남·북 분단체제 하의 체제건설과
그 준거이념의 갈등양상

근대적 의미의 포괄적인 정치명분인 민족주의는 앞에서도 언급되었듯이 〈국가〉 형태의 통합적 정치체를 갖춤으로써 비로소 완결성을 갖는다. 바로 여기에서 〈국민국가체제〉로서의 권능을 가진 법적 장치와 같은 통치의 사회기술적 측면이 핵심과제로 부각되거니와, 서구 근대의 계몽사상에 연원을 둔 자유주의·사회주의 등의 체제구성원리가 그 준거이념으로서 중요한 의미를 갖게 되는 근거도 바로 여기에 있다.

국민국가체제의 체제구성원리로서 어떠한 주의를 준거이념으로 설정하느냐 하는 것은 주관적·심정적으로는 개별민족의 선택 여하에 달려 있는 것처럼 생각될 수 있지만, 현실적으로는 해당 민족사회의 구조적 성격에 따라 그 〈선택〉이 한정될 수밖에 없다. 세계사의 주류에서 객체로 밀려 있는 비서구국가들의 경우에는 민족주의적 각성 자체가 외세의 충격에 따른 타율의 소산인 만큼, 이들에게 있어서는 〈근대화〉라는 것이 세계사의 중심대열에 합류하기 위한 '이식된 근대화'이듯이 국민국가체제의 형성을 위한 준거이념 역시 '주어진 선택'일 수밖에 없다. 이념문제의 한국적 지형 역시 이러한 맥락을 전제로 파악될 필요가 있음은 두말할 나위가 없다.

그러면 해방 이후 대한민국의 출범과 더불어 근대적 의미의 새로운 체제구성원리로 설정된 준거이념은 구체적으로 어떤 것인가?[10]

___

10) 이하의 논의는 필자의 선행연구 「분단체제하의 근대화 유산과 그 문화

먼저, 자유(민주)주의의 경우를 보기로 한다. 자유주의는 주지하듯이 사회주의와 더불어 서구 근대의 계몽사상에 연원을 둔 것으로서, 그것은 짧게는 르네상스와 종교개혁, 멀게는 그리스·로마문명과 기독교문명, 특히 로마법의 전통에 기초하여 서구의 일부 국가에서 진행되어 온 역사발전에 바탕을 둔 것이다. 고전적 자유주의나 사회주의 사상은 당초 자유주의가 가장 융성하였던 19세기 중엽의 영국, 프랑스 등 선진자본주의 국가의 사회적 조건을 반영하여 생성된 것이지만, 그것은 그 후 자본주의의 축적 위기의 심화로 제국주의가 발흥하는 19세기 말 20세기 초에 이르러 서구의 변경국가와 비서구 지역에서의 민족주의적 각성을 불러일으키게 됨으로써 다양한 변용양상을 나타내게 되었다. 즉 자본주의적 발전을 통해 일찍이 부르주아 중심의 시민사회를 이룩한 영국, 프랑스 등의 선진자본주의국가에서는 〈자유민주주의〉로, 그러한 사회적 조건을 미처 갖추지 못한 독일, 이태리, 일본 등의 후발자본주의국가에서는 〈파시즘〉으로, 그리고 러시아와 같은 또 다른 후발자본주의 국가에서는 사회주의 혁명을 통해 〈마르크스·레닌주의〉라는 형태로 변용양상을 나타내게 되었다. 그리고 대전 후 20세기 후반 미·소 간의 정치군사적 대립관계가 범세계적으로 확산되어 이른바 〈냉전체제〉라는 독특한 국제체제가 대두하면서부터는 자유(민주)주의와 사회주의가 다시금 변용되어, 한편에서는 냉전자유주의(cold-war liberalism)[11]나 또는 사회

적 함의』(1996) 중 특히 〈분단체제하에서 주어진 근대적 국민국가화의 지향과 준거문화양식의 왜곡양상〉과 〈분단된 냉전구조하에서 추진된 '조국근대화'의 성과와 문화변용양상의 파행성〉의 내용을 중심으로 이를 간추려 정리한 것이다. 강광식 외, 『한국사회의 구조변화와 그 문화적 함의』(한국정신문화연구원, 1996), pp.5-19 참조.

민주주의로, 다른 한편에서는 스탈린주의로 분화·변용되는 양상을 보였다.

이상에서 자유(민주)주의의 현대적 변용양상에 대해서 개략적으로 살펴보았거니와, 그것이 한국을 비롯한 제3세계국가들의 체제건설과정에서 구체적으로 어떤 함의를 갖게 되었는지를 살펴보기 위해서는 이른바 〈근대화〉로 지칭되는 세계사 편입과정, 특히 자유·자본주의적 발전을 위한 여건과 과제가 어떠했는가 하는 점을 주목할 필요가 있다. 자본주의적 발전을 위한 자생적 조건을 갖추지 못하고 있었던 나라들의 경우에는 선진자본주의 국가의 제국주의적 침략의 대상으로서 극도로 불리한 국제환경적 조건 하에서 낙후된 대내적 처지를 극복하기 위해 선진자본주의와는 다른 방식으로 근대화를 추진할 수밖에 없었기 때문이다. 예컨대, 19세기의 독일, 러시아, 일본과 같은 후발자본주의국가의 경우나, 그리고 20세기의 제3세계국가들과 같은 식민지국가들에 있어서는 자본주의적 발전을 위한 사회적 조건이 미처 성숙되어 있지 않았으므로 국가가 사회를 대신하여 가용자원을 동원하는 국가주도의 급속한 경제성장 전략을 구사할 수밖에 없었다. 그리고 이들 제3세계국가들에게 있어서는 아직 취약한 부르조아를 대신하여 국가관료가 봉건계급과 결탁하여 자본주의적 발전을 추진하게 됨으로써 결과적으로 이러한 조건 하에서는 강압적인 국가통제와 전체주의가 기승을 부리게 마련이었고 따라서 자유주의의 입지는 극도로 위축될 수밖에 없었다.

그런데 여기에서 다시 주목되는 것은, 제3세계국가들의 경우 독일·

---

11) Anthony Arblaster, *The Rise and Decline of Western Liberalism*(Oxford: Basil Blackwell, 1984), pp.309－322.

일본과 같은 후발선진국과 유사한 조건을 공유하면서도 다음과 같은 특이성을 나타내게 되었다는 사실이다. 20세기 초·중엽에 식민지 종속상태에서 독립을 성취하게 된 이들 제3세계국가들은 거개가 선·후발자본주의 국가들로부터 경제적 침략을 받거나 또는 식민지경험을 가지고 있기 때문에 그들은 침략적 외세에 저항하는 민족주의적 각성과 더불어 외세와 자본주의에 반감을 나타내는 저항적 성향을 대내외적으로 나타내게 되었기 때문이다. 그들에게 있어서 20세기 제국주의는 곧 자본의 지배를 의미했으며, 제국주의 세력이 문명전파수단으로 앞세운 기독교와 계몽사상 역시 대체로 해당 지역에서의 자생적인 근대화의 움직임을 억누르면서 도입되는 양상을 나타냈기 때문에, 침략적 성향의 제국주의에 반대하는 것은 따라서 정도의 차이는 있지만 분명히 반자본주의적 성향을 띠게 마련이었고, 여기서 발흥되는 민족주의는 심정적으로 사회주의와 친화력을 갖게 되는 한편으로 자신의 전통문화적 자원에 더욱 집착하는 폐쇄적이고 저항적 성향의 민족주의로 표출되게 마련이었다. 일본제국주의의 식민통치경험을 가지고 있는 한국의 경우도 여기서 예외가 아니었음은 두말할 나위가 없다.

그러나 여기서 다시 주목될 필요가 있는 것은, 한국의 경우 근대적 국민국가로서의 출범이 미국과 소련을 양극으로 하는 국제적 냉전체제의 부산물로서 타율적으로 이루어졌기 때문에 제3세계국가들과도 구별되는 또 다른 특수성을 나타내게 되었다는 점이다. 제2차대전의 종전과 더불어 일제식민통치에서 벗어난 한국은 자율적으로 획득하지 못한 해방이었기 때문에 결국 미국과 소련의 분할점령으로 이어졌고, 때마침 대두된 이들에 의한 냉전체제의 성립은 국토분단을 국가체제의 분단으로 고착화시키는 결과를 초래하게 되었다. 그리하여 남한에는 미국의 원조와 후견에 기반을 둔 자본주의·자유민주주의 체제가 터전을 잡게 되었고, 반사적으로 북한에는 소련의 지원에 기초한 사회주의 체제가 터전을 잡게 되었다. 요컨대, 현대한국의 체제이념으로 설정된 자유민주주의는 당초 자생적인 바탕 위에서 체제이념으로 설정되었다기보다는 타율적인 해방과 더불어 제공되었던, 말하자면 해방자로서 미국의 이상과 체제를 본뜬 〈차용된 준거이념〉에 지나지 않는 것이었다는 점이다. 그리고 또한 그것은 미·소 냉전체제의 전초기지를 각기 상징하는 준거이념으로서, 어느 의미에서는 북한에 공산체제가 존치됨에 따라 반사적으로 설정된 국제정치적 차원의 이데올로기적 도구로서의 성격을 갖는 것이었다는 점이다. 이러한 〈이데올로기적 도구〉로서의 성격 때문에 한국에서의 자유민주주의란, 적어도 냉전상황이 지속되는 동안에는, 자생적 기반의 성숙 여하에 상관없이 그러한 냉전체제의 현실적 수요에 충당하기 위해 '완제품'의 형태로 행세할 수밖에 없었고, 따라서 그러면 그럴수록 이념적 지향과 현실 사이의 괴리는 갈수록 심화될 수밖에 없었다. 그리하여 한국에서의 자유민주주의는 그 이념의 역사적·사회적 함의는 사상된 채 그 외연적 의미(denotation)만이 고려되어 현실과 괴리된 언설상의 구호로만 고창되는 정치문화적 이중구조를 이루게 마련이었다. 그리고 이에 수반하여 자유민주주의라는 문화양식은 그만큼 현실의 정치과정에서 한동안 응분의 탄력성을 발휘하지 못하게 마련이었다.[12]

---

12) 한국에 수용된 자유민주주의가 분단상황으로 인하여 비탄력적이고 비유기적인 성격을 갖게 되었음을 분석적으로 고찰하고 있는 선례는, 노재

분단상황은 또한 자유민주주의체제의 물적 기반을 형성해 주는 자본주의적 산업화의 기본적 지향을 왜곡시키는 데도 근원적 요인으로 작용하였다. 그것은 무엇보다도 분단 직후 미국의 대한 원조정책의 성격에서 단적으로 확인되는 엄연한 사실이다. 주지하듯이 분단 이후 미국의 대한 원조정책은 군사원조와 경제원조로 대별될 수 있거니와, 두 가지 모두 대공산권 전초기지로서의 기능수행에 그 기본적 목적이 국한되어 있었다. 특히 경제원조는 한국의 체제건설에 필요한 산업화라는 자족적인 물질적 기반의 조성에 주안점을 둔 것이 아니라, 대공방위 전초기지로서의 군사적 태세를 뒷받침하는 경제적 수요를 충당하는 데 국한되어 있었다.[13] 따라서 이러한 사정하에서 수용된 자본주의적 산업화의 기본적 지향은 당초부터 본연의 의미에

봉, 「이데올로기로서의 민주주의: 한국의 경우」, 『현대이데올로기의 제문제』(민음사, 1978); 박상섭, 「한국정치와 자유민주주의: 현대한국정치사의 정치사회학적 이해를 위한 시론」, 『현대한국정치와 국가』(법문사, 1986); 강광식, 「분단체제하의 근대화유산과 그 문화적 함의: 정치문화의 왜곡양상을 중심으로」, 『한국사회의 구조변화와 그 문화적 함의』(한국정신문화연구원, 1996) 참조.

13) 미국의 대공산주의 전초기지로서 반공이데올로기적 고려가 우선하는 남한의 경우에 대하여, 월러스타인(I. Wallerstein)은 제3세계 일반의 '식민주의적 종속'과 달리 경제적 이해관계에 우선하여 정치·군사적 애해관계에 기반을 둔 이른바 〈후견-수혜관계〉가 특징이라고 지적한다. 그리하여 한국은 세계경제의 상승기에 외국자본과 기술의 유치에 의한 국내자본과의 연합을 통해 국가주도하에 세계시장을 개척하는 이른바 '초청에 의한 상승전략'을 통하여 경제적 성장을 보장받음으로써 제3세계의 여타 제국과는 달리 경제발전에 비교적 성공적이었다는 것이다.
이러한 관점에서 한국의 자본주의적 산업화과정을 설명하고 있는 예로서는, 임현진, 「사회과학에서의 근대성 논의: '근대화 프로젝트'를 중심으로」, 『한국의 근대와 근대성 비판』(역사비평사, 1996), 〈한국의 발전과 저발전: 근대화 프로젝트의 검토〉, pp.197-205 참조.

서 일탈되는 것일 수밖에 없었다.

회고하건대, 해방 당시 한국경제는 체제건설을 위한 물적 기반으로서 응분의 자족적인 기능을 수행할 수 없었다. 한국경제는 식민통치하에서 일본에 대한 식량공급, 원료생산 또는 노동력의 보급기지로서 보완적 의미로만 운영되어 왔기 때문이다. 그러던 것이 남북분단으로 이러한 불리한 여건들이 더욱 열악해졌음은 물론 산업 간 및 지역 간의 상호 보완성마저 단절되게 되었고, 게다가 6·25로 인하여 잔존하던 파행적 산업시설마저 완전히 파괴됨으로써 체제건설의 물질적 기반은 사실상 공백상태에 있었다고 할 수 있다. 이와 같은 열악한 사정 때문에 한국에서의 체제건설을 위한 근대화작업은 처음부터 시민사회적 배경과 별다른 연계 없이 외국원조와 국가에 의해서 추진될 수밖에 없었으며, 그만큼 자본주의적 산업화 본연의 지향에서 일탈되는 양상으로 전개될 수밖에 없었다. 이러한 사정은 1950년대의 자본축적과정에서 단적으로 확인될 수 있다. 즉 귀속일본인 재산의 처리, 원조비의 도입, 농지개혁 등 자본의 원시적 축적과 관련된 모든 계기들은 모두 정부의 결정과 깊은 관련을 맺고 있는 것들이었으며, 그 외에도 실제가격보다 훨씬 낮게 책정된 공정환율, 인플레성 자본공급, 그리고 원조의 특혜적 배분 등은 국가에 의해 후원된 자본축적과정을 더욱 가속시키게 되었다. 그리고 이러한 파행적 경제구조에서 연유하는 제반 문제점들은 미국의 원조에 의해서 보완될 수밖에 없었던 만큼, 한국경제의 대외의존성은 날이 갈수록 심화될 수밖에 없었다.

한국의 체제건설과정에서 산업화가 자족적인 관점에서 추진되게 된 것은 1960년대부터라고 할 수 있다. 1960년대 초에 정권을 잡은 군사정권이 자체의 정당성을 변호하기 위해 이른바 〈조국근대화〉라는 정책적 구호 하에 경제개발계획을 의욕적으로 추진하였음을 주지의 사실이거니와, 이를 계기로 산업화문제는 근대적 국민국가화의 자족적 기반을 형성하는 실질적 이슈로 대두되기 시작하였다. 이러한 사태진전은 물론, 1950년대 후반부터 무상원조에서 차관이나 직접투자의 형태로 전환되게 된 미국의 대외원조정책의 변화를 배경으로 한 것이었지만, 변칙적으로 정권을 장악한 군사정권이 스스로를 근대화 추진세력임을 자처함으로써 자체의 정당성 기반을 확보하려 하였다는 점에서, 그리고 그러한 시도가 상당한 수준의 국민적 지지를 받게 되었다는 점에서 중요한 의미를 갖는 것이었다.[14] 그리고 이러한 결과는 산업화의 추진에 국가의 개입이 적극화되는 전통의 시발점이 되게 하였고, 동시에 이러한 사정은 고전적 자본주의의 원리에 비추어 국가의 간섭정책이 정당성을 갖는지 어떤지 하는 논쟁의 근원을 이루게 되었다. 어쨌든 1960년대 이후 한국의 산업화과정에서는 국가의 간섭정책이 계속 강화되었고, 그 과정에서 국가는 기존의 자본가들을 우호적으로 대했을 뿐 아니라 그들과 연합하기도 하는가 하면 자신이 확보하고 있던 제도적 물적 자원을 바탕으로 자본가들을 새로 창출하기도 하였다. 이러한 상황하에서 실제 국가와 연합하였던 기존의 상업자본가들은 그 연합체제 하에서 전개된 자본축적 과정에서 상당한 부정과 추문을 드러내게 되었으며, 그 결과는 한국에서 산업화가 진전됨에 따라 자본주의라는 근대적 문화양식이 왜곡되게 인식되는 일종의 문화적 전통을 후유증으로 남기게 되었다.

---

14) 박상섭, 위의 논문, p.426.

이상에서 광복과 더불어 신생 한국의 체제이념으로 설정된 자유민주주의와 자본주의가 분단상황으로 인하여 왜곡되게 된 경위에 대해서 살펴보았거니와, 이하에서는 그러한 이념적 지향의 왜곡 속에서 추진된 체제건설작업의 기본적 성향에 대해서 살펴보기로 한다.

　결론부터 말하면, 신생 한국이 벽두부터 직면하게 된 분단상황은 체제건설의 이념적 지향뿐 아니라 그 내용과 성격까지 왜곡시키는 근본적 원인이 되었다. 그중에서도 우선 중요한 의미를 갖는 것으로는 국민국가체제건설의 정당성을 규정해 주는 국민형성(nation-building)의 과제에 비하여 상대적으로 국가형성(state-building)의 측면을 과대하게 성장시킴으로써 국가에 의한 사회적 통제를 강화하는 결과를 초래하게 되었다는 사실이다. 주지하듯이, 한국의 근대화과정에서 역대 정권들은 공산주의의 침략위협을 구실로 내세워 정치적 반대세력을 제거하거나 위협하는 경우가 허다하였다. 이러한 사실은 6·25동란의 경험과 더불어 빈번한 북한의 도발사태와 같은 객관적 상황과, 이에 상응한 국민의 현실적인 위협의식을 배경으로 한 것이었다. 따라서 제도화된 정치적 도전은 소위 충성스런 반대의 범주를 벗어나지 못하고 이를 넘어선 혁신세력이나 좌경세력들의 활동은 엄격히 불법화되어 탄압되었다. 그리하여 한국에서의 체제변동과정이란 결국 보수와 보수의 정권교체에 불과한 것이었고, 그 틈바구니에서 진보세력의 정치적 입지는 생성·발전될 수 없는 불모지가 되었다. 그리고 이에 수반하여 국민국가체제의 건설을 위한 근대화 작업을 추진하는 과정에서 '진보적' 지향이 투입될 수 있는 소지란 엄격히 배제되어 체제의 성격 자체가 총체적인 관점에서 파행성을 갖게 되었다.

한편, 이와 같은 정치정세가 오래 지속되는 과정에서 역대 정권들은 그것을 뒷받침하기 위한 필요에서 법적·제도적 안전장치를 지속적으로 보강하게 되었고, 그 결과로서 사회·정치적 규제목적의 국가기구가 비대해지게 되었다는 점을 주목할 필요가 있다. 1961년의 중앙정보부 발족을 필두로 하여 1972년의 유신체제를 거치는 동안 이러한 양상은 실로「과대성장」양상을 보여주게 되었다. 1980년대에 이르러 안전기획부(중앙정보부의 후신)·보안사·사회정화위원회 등의 제도적 장치가 이러한 기능을 두드러지게 발휘하게 되었음은 주지의 사실이거니와, 6·25동란 이후의 국가보안법·반공법을 비롯하여 정치정화법, 집회 및 시위에 관한 법률, 사회안전법, 국가보위에 관한 특별조치법, 노동관계법, 그리고 유신체제하에서 취해진 제반 긴급조치 등은 이러한 맥락의 법적 규제장치의 대표적인 사례에 해당한다.

그런데 여기서 다시 주목될 필요가 있는 것은, 규제목적의 국가기구가 과대성장하게 됨에 따라서 그 과정에서 사회적 갈등과 균열이 연속적으로 누적되어 체제정당성의 위기가 만성화되게 되었다는 사실이다.[15] 우선, 해방 직후 분단과정에서 노정된 이념적 갈등과 사회적 혼란은 분단체제의 장기화에 따라 현재까지도 하나의 유산으로 전수되고 있으며, 6·25, 4·19, 5·16, 10·26, 5·17, 6·29 등으로 이어지는 정치적 격변을 거치면서 그것이 때로는 잠재적으로 또 어떤 때는 현재적으로 한국사회의 정체성을 위협해 오고 있는 것이다. 그리고 이러한 양상은 국가기구의 독점성과 강압성을 지속적으로

---

15) 강광식,「한국체제논쟁사 서설」,『현대 한국체제논쟁사 연구』(한국정신문화연구원, 1992), p.10.

증폭시키는 결과를 가져오게 되었고, 거기에 수반하여 사회적 갈등은 더욱 심화되게 되었다. 그리하여 이러한 만성적인 사회적 갈등은 현대 한국정치사의 전 과정을 체제·반체제, 민주·반민주, 보수·혁신, 자본·노동, 통일·반통일 등으로 일컬어지는 2분법적 대결관계로 구조화시키는 결과를 가져오게 되었다.

이상, 국제적 분단상황하에 신생한국의 체제이념으로 이식된 자유민주의와 자본주의의 한국화과정에 대해서 개략적으로 살펴보았거니와, 그것들은 당초 남·북 분단에 따른 일종의 대항이데올로기로서의 국제정치적 도구에 지나지 않는 것이었다. 따라서 그것은 현실의 대내정치 면에서 그 준거이념 본연의 사상적 기능과는 상반되는 보수적 전통을 오히려 보강시켜 온존하게 하는 역기능을 수행하게 되었다. 그것은 말하자면 명분적 기반이 취약한 권력층의 권위를 장식적으로 보진하는 시위 역할을 담당해 줌으로써 한국정치문화의 발전적 지향과는 전혀 상위되는 역기능만을 수행하게 되었다. 그리고 이러한 사정은 냉전상황의 오랜 지속과, 특히 6·25 동존상잔을 겪은 이후 민족 내부의 갈등양상이 첨예화됨에 따라 더욱 왜곡되어 만성화되게 하는 결과를 가져오게 되었다.

그러나 여기서 다시 주목될 필요가 있는 것은, 한국인에게 새로이 수용되기 시작한 자유민주주의라는 근대적 문화양식은 그처럼 왜곡된 시대의 흐름 속에서도 본연의 정향이 점차 사회적으로 확산됨에 따라서 정치적 도구로서의 제약에서 벗어나는 자기발전과정을 보여주게 되었다는 점이다. 이러한 사태진전은 다음 두 가지 측면에서 해명될 수 있을 것이다.

첫째로, 이러한 사태진전은 우선 지식층의 의식에서부터 촉발되기 시작하였다는 사실이다. 지식층은 수단이나 도구로서 자유민주주의를 파악하지 않고 사상적 이념으로서 그 철학적 의미를 이해하기 시작하였거니와, 따라서 이들은 이러한 이해가 심화되어 감에 따라 권력의 장식으로서 자유민주주의가 이용되는 데 대하여 맹렬한 비판을 가하게 되었다.

둘째로, 이러한 사태진전은 역설적으로 통치권력에 의해서도 조장되는 결과를 가져오게 되었다는 사실이다. 통치권력은 자체의 명분 확립을 위해 자유민주주의를 정치적으로 선전하는 한편 교육매체를 통하여 각급 학교 학생들에게 전파하게 되었거니와, 따라서 새로운 세대는 온통 자유민주주의 이념을 중심으로 공동체 생활을 이해하는 새로운 가치관을 갖게 되었다. 그런데 여기서 특히 주목되는 것은, 이러한 교육을 담당한 사람들이 지식층이었던 만큼, 자유민주주의에 대한 새로운 세대의 정향은 권력층이 아닌 지식층의 이미지에 따라 전파되는 결과를 가져오게 되었고, 그것은 궁극적으로 권력층에 대한 저항이념의 형태로 현실의 정치세계에 표출되게 마련이었다는 점이다. 4·19는 이러한 맥락이 대대적으로 사회적 지평에 표출된 역사적 사건에 해당하는 것이었다. 그것은 다시 말해서, 분단구조하에서 권력층의 통치명분으로 작용하던 자유민주주의가 권력층에 대한 저항명분으로 전환되게 된 하나의 역사적 전환을 뜻하는 것이었다. 그리고 이러한 역사적 전환을 통하여 한국인에게 수용된 자유민주주의는 현실적 적합성을 갖는 하나의 문화양식으로서 뿌리를 내리기 시작하는 계기를 맞게 되었다.

그러나 자유민주주의의 한국화과정은 그렇게 순탄한 것이 아니었다. 자유민주주의란 그 자체가 국제주의를 표방하는 공산주의와는

달리 국내형의 이데올로기라는 기본적 특성이 있어서 그것은 필연적
으로 기존의 문화적 토양을 벗어날 수 없었기 때문이다. 당시의 문
화적 토양에서는 권위주의적인 집체 중시의 문화가 완강하게 작용하
고 있었던 탓으로 〈자유〉와 〈자율〉을 조화시킬 수 있는 성숙된 단
계에 이르지 못하고 있었거니와, 따라서 이러한 정치문화적 풍토 속
에서 권력에 대한 저항명분으로 작동되기 시작한 자유민주주의의 초
기적 변용단계에서는 그 일차적인 결과가 정치불안의 형태로 나타나
게 마련이었다. 그리고 이러한 정치불안은 권력층에게 시민적 자유
를 통제하고 제한하는 구실을 제공함으로써 한국인에게 수용된 자유
민주주의는 상당한 기간 동안 권력층의 문화와 피치층의 문화로 대
립되는 또 다른 차원의 중층구조를 보여주게 되었다. 전자는 자유민
주주의를 외래적 수입품이라 하여 토착성을 강조함으로써 결과적으
로 권위주의(authoritarianism)에 회귀하려는 경향을 보여주었고, 이에
반하여 후자는 자유민주주의의 보편성을 강조하여 민중주의(populism)
에 경도되는 경향을 보여주게 됨으로써 한국의 정치문화는 자기분열
적 대립구조를 나타내게 되었다.[16] 유신체제의 출범을 계기로 한국
의 정치사회가 내부적으로 첨예한 갈등양상을 나타내게 된 것은 문
화적으로는 바로 이러한 사정을 단적으로 반영한 것이었다.

그러나 여기에서 다시 주목할 필요가 있는 것은, 이상에서 살펴본
근대적 체제이념의 한국적 변용이 역설적으로 전통적인 기조 위에서
추진되었다는 사실이며, 그만큼 상당한 기간에 걸친 악순환을 수반
하게 마련이었다는 점이다. 앞에서 살펴보았듯이, 자유민주주의와 자

---

16) 노재봉, 「한국민족주의와 자유주의」, 『사상과 실천』(도서출판 녹두, 1985),
    p.359.

본주의로 대표되는 근대적 체제이념의 한국화과정은 〈위로부터〉 〈권위주의적 방식〉에 따라 추진되어 나름대로의 성과를 보여주게 되었거니와, 따라서 그것은 다음과 같은 변증법적인 변용양상을 보여주게 마련이었다. 첫째로, 그것은 일차적으로 준거이념의 자기발전적인 요소를 소외시킴으로써 앞서 언급한 바와 같이 사회계층 간에 분열·대립을 초래하였다. 둘째로, 대표기능의 약화로 말미암아 안정기반이 약화되고 또한 사회 내부의 부문별로 심각한 격차를 유발하였다. 셋째로, 그것은 관료와 행정의 역할을 강조하게 됨으로써 규제 위주의 국가기구를 비대하게 하는 한편으로 정치과정을 약화시키는 부작용을 수반하였다. 다시 말해서, 변화하는 사회적 가치나 이익을 계속 집약시켜 이것을 정치과정에 투입시키는 정치적 기제의 형성을 어렵게 하는 한편으로, 그것은 공공정책의 경직화현상을 초래, 사회분화에서 나타나는 다원적인 기대의 조정을 곤란하게 하여 활기 있는 자율적 통합 대신 동원적 통합으로 정치명분을 악화시키는 악순환을 가져오게 되었다. 1960년대 초부터 본격적으로 추진되기 시작한 한국의 근대화과정이 당초 〈군부 권위주의〉 방식으로 발전되어 1970년대의 이른바 〈관료적 권위주의〉의 단계를 거쳐 1980년대의 〈신군부 권위주의〉에 이르기까지, 권위주의라는 전통적 요소의 주도로 이루어졌음은 주지의 사실이거니와, 이 과정에서 전통적 요소가 잔존하게 됨과 더불어 새로운 문화양식의 변용을 위한 변증법적 단계를 거치게 되었다.

그러나 이처럼 전통적 요소의 연속성이 완강하게 잔존하는 상황 하에서도 내면적으로는 탈전통적인 새로운 문화적 변용양상이 서서히 대두되고 있었음을 주목할 필요가 있다. 그 구체적인 계기는 다

음 두 가지 관점에서 해명될 수 있을 것이다.[17)

첫째로, 새로운 문화적 변용이 개시되게 된 단서는 이른바 〈국제적 해빙〉의 충격에서 비롯되었다. 전통적 지배방식의 온존을 뒷받침하던 국제적 냉전정세가 해빙으로 전환됨에 따라 새로운 권위의 창출이 요구되었기 때문이다. 권력층은 당초 이러한 정세변화에 대응하기 위해 〈유신체제〉를 출범시켜 권위주의적 지배방식을 오히려 강화시키는 방향을 취하게 되었지만, 그것은 궁극적으로 시대조류에 역행하는 것이었으므로 결과는 역설적인 방향으로 나타나게 되었다. 해빙으로 인하여 국제정치적 차원의 획일적 반공주의가 퇴조함에 따라 통치권위의 정당성을 소극적인 반공주의에서만 추구한다는 것은 그 자체가 이미 근본적인 한계가 있었거니와, 따라서 구체적으로 〈누구를 위한〉, 〈무엇을 위한〉 반공주의냐 하는 〈반공주의의 내향화〉가 서서히 요구되고 있었기 때문이다. 그리고 이러한 요구는 궁극적으로 국민복지문제로 귀결되어 통치권위의 정당성 근거를 여기에서 추구해야 한다는 관심의 환기를 요구하는 것이었다.

그런데 한국의 〈유신체제〉는 이러한 역사적 요청에 대하여 권위주의적 근대화의 프로그램으로 대처하려 했던 것인데, 그 결과는 주지하듯이 역설적인 모순을 불러오게 되었다. 경제의 자유주의적 측면은 오히려 경제의 과두적 측면을 강화시켜 주면서 동시에 빈부의 격차를 더욱 확대시키는 결과를 초래하게 되었으며, 그리고 자유주의적으로 한정된 민주주의적 측면이 관료행정체제를 강화시키는 방향으로 나타나게 되었다. 따라서 이러한 상황하에서는 정부가 근대

---

17) 강광식, 「분단체제하의 근대화유산과 그 문화적 함의: 정치문화의 왜곡
    양상을 중심으로」, 위의 책, pp.16-17.

화를 위해 자유민주의의 제도적 원리에 따라 국민의 노력을 동원하려고 하면 할수록 국민의 정서에 부조리감만 증폭시켜 주는 결과를 가져오게 마련이었다. 그리고 이러한 상황에서 새로운 통치권위의 창출을 위해 권위주의를 강화하면 그럴수록 국민적 저항의식을 가속적으로 증폭시키는 결과를 가져오는 악순환을 반복할 뿐이었다. 권위주의적인 〈유신체제〉의 출범을 계기로 재야의 민권운동이 오히려 조직화되고 또 범사회적으로 확산되는 역설적인 결과를 가져오게 된 것은 바로 이러한 사정을 반영하는 것이었다.

둘째로, 자유민주주의와 자본주의의 한국적 변용을 결정적으로 촉발시키게 된 단서는 산업화의 성과에 따른 한국사회 자체의 내부적 구조변화와의 관련에서 구체적으로 확인될 수 있다. 한국사회는 그동안에 우여곡절을 거쳐 추진된 권위주의적 근대화 노력의 부산물로서 시민사회적 분화와 성장을 가져오게 되었기 때문이다. 이에 대해서는 좀 더 상세한 부연설명이 필요할 것이다.

1960년대 초부터 예의 권위주의적 군부에 의해 본격적으로 추진되기 시작한 산업화의 성과는 1970년대 초에 이르러 한국사회를 새롭게 변모시켜 나가는 원동력이 되었다. 1962-73년간 연평균 경제성장률 9.08%라는 수치는 산술적인 수치 이상으로 한국사회의 구조적 변모를 예시하기에 충분한 것이었다. 성장의 두 원천으로 작용한 해외부문의 확대와 저임금의 풍부한 노동력 자체가 이러한 구조적인 변모의 징표였다. 급속한 산업화는 수출에 연계된 노동인구의 급증과 이에 상응하는 도시화의 급속한 확산을 가져왔고, 이에 수반하여 새로운 사회·경제적인 이익의 분화와 참여욕구의 증대를 가져오게 되었다. 요컨대, 급속한 산업화의 충격은 이미 1970년대 초반부터 한국인의 물질적 생활조건을 변화시킨 것 이상으로 한국사회 전반에 걸쳐 변화에의 새로운 대응양식을 요청하게 되었다. 체제건설과 운영이 더 이상 권력층에 의해서 일방적으로 주도되거나 권위주의적 방식으로 밀어붙이는 종래의 전통적 양식은 더 이상 통용되기 어렵게 되었다. 이러한 맥락에서 산업화의 성과는 한국문화의 기조를 저변에서부터 변용시키는 새로운 규정력을 갖게 되었다고 할 수 있다. 사실, 한국사회에서 산업화의 성과가 가시화되기 이전에는, 예컨대, 분단과 전쟁, 이데올로기, 그리고 권위주의적 리더십 등이 변화의 충격을 주고 또 변화를 주도하던 핵심적 규정요인으로 작용하였다고 할 수 있지만, 그러한 추세가 전환되어 1970년대 초반을 전기로 산업화의 규정력이 종래의 주도적 요인들을 상쇄하거나 상회하기 시작하였다.

이러한 사정은 비단 사회·경제적인 측면에만 국한된 것은 아니었다. 역으로 민주화라는 근대화의 정치적 결과에도 이러한 맥락은 밀접히 연계되어 표출됨으로써 자유민주주의라는 준거문화양식의 한국화양상에도 가시화되게 되었다. 1972년 유신체제의 출범은 앞서 언급되었듯이, 그 자체가 이러한 사태변화에 대응하기 위한 현실의 절박한 필요에서 제기된 하나의 역설적인 현상이었다고 할 수 있거니와, 어쨌든 유신체제는 안보와 경제성장에 의한 일시적 지지 이외에는 이미 성장된 도시중산층과 지식계층 및 일반대중으로부터 계속된 지지를 받지 못하게 됨으로써 만성적인 정치불안을 겪게 되었다. 게다가 산업화의 진전에 따른 사회·경제적 지위의 향상은 초기 근대화론에서 지적하는 바의 정치적 참여 요구의 증대를 가져오고, 참여 요구의 증대는 다시 반정치적 현실의 개선을 요구하는 압력을 증폭시켜 민주화의 과제는 〈독재 청산〉이라는 원리적 요구의 차원을 벗어나 정치권위의 실질적 국민화를 지향한 체제 전체의 구조적 변화를 요구하는 새로운 차원의 정치운동으로 조직화되어 표출되었다. 그리고 이러한 양상은 이미 돌이킬 수 없는 시대적 대세를 형성, 1980년대에 이르러서는 이른바 〈탈권위주의 체제화〉를 전제로 절차적 민주주의와 더불어 실질적 민주주의를 실현하기 위한 변혁운동이 범사회적으로 확산되는 양상을 보여주게 되었다.

3) 〈보수 · 진보〉의 이념성향 구도와 그 갈등적 변용양상

국민국가체제 건설의 이념적 지표로서 운위되는 〈근대화〉의 준거이념들은 엄밀히 말하여 서구 근대의 역사적 경험이 세계사적 맥락에서 일반화된 개념장치에 다름 아니다. 한국을 비롯한 비서구국가의 경우에는 이러한 근대적 개념장치를 실질적으로 운용할 수 있는 주도세력(또는 그람시가 말하는 헤게모니)과 같은 사회 · 정치적 기반이 없이 그것을 준거이념으로 차용하여 체제건설에 충당한 것에 지나지 않는다. 따라서 이들 비서구 지역의 근대화과정에서 체제건설의 준거이념을 둘러싸고 갈등과 쟁론이 항구적으로 제기됨은 위에서 살펴보았듯이 전혀 이상할 것이 없다.

그런데 여기에서 다시 주목되는 것은, 체제건설의 준거이념을 뒷받침하는 사회 · 정치적인 실체적 기반이 결여되어 있다는 조건 때문에, 〈보수 · 진보〉의 이념성향을 가리는 사상적 기준 자체가 자주 혼미되어 쟁론거리가 된다는 점이다. 이 점은 곧 한국의 근현대사가 세계사적 차원의 표준시간과 일치되지 않는 데서 기인하는 일종의 사상적 '변방성(邊方性)'을 나타내는 것으로서, 그것은 이념문제를 보는 한국적 상황도의 체계적 구명을 위하여 반드시 해명될 필요가 있다.

특정한 이데올로기가 보수적인가 혹은 진보적인가 하는 문제는 엄밀한 의미에서 해당 사회의 역사적 발전단계와 관련해서 판별될 필요가 있다. 이러한 맥락에서 한국인에게 수용된 자유민주주의와 사회주의는 모두가 진보적인 사상임에 틀림이 없다. 그럼에도 불구하고, 제2차 세계대전의 종전과 더불어 한반도에 수용된 체제이념으로서의 자유민주주의와 사회주의는 그와 같은 한국사 자체의 내재적 상황과는 상관없이 전자는 〈보수〉로, 후자는 〈진보〉로 규정받게 되었다.[18] 미국과 소련을 양극으로 하는 동·서 냉전체제라는 세계사적 표준시간에 의해 한국사의 현대가 무차별하게 매몰되게 된 결과이다.

이러한 사실은 현대한국의 이데올로기적 지형을 근본적으로 왜곡시키는 결정적인 요인으로 작용하게 되었다. 자유민주주의가 세계사적 시간표에 의해 〈보수〉로 규정됨에 따라 〈자유민주주의체제〉는 장차 구현되어야 할 당위적 과제가 아니라 현재완료형의 '기존질서'로 간주되어야 했고, 이에 수반하여 한반도의 다른 일각에 존재하는 보다 진보적인 이데올로기에 해당하는 사회주의의 위협으로부터 이를 수호해야 한다는 그야말로 사상의 실체성과는 아무런 관계가 없는 가공적 모순이 중첩되었기 때문이다.[19]

18) 진덕규, 「한국의 보수주의와 지보주의」, 『신동아』(1979년 11월호), p.159.
19) 강정인, 「한국사회의 보수성에 관한 연구」, 한국산업사회학회(편), 『경제

그러면 이렇듯 기이한 현상이 생기게 된 연유는 구체적으로 어떠한 것인가? 이 문제와 관련한 한국적 위상을 파악하기에 앞서 먼저 세계사적 표준시간에서의 변용양상부터 살펴보기로 한다.

세계사적 시간에서 근대사상의 양대 지주로 일컬어지는 자유(민주)주의와 사회주의는 한말의 전제왕조나 일제식민통치하의 사회·정치적 조건에 비추어 본다면 양자가 모두 엄청난 변혁을 수반하는 〈진보〉이념에 해당한다. 그러나 위상적 이데올로기로서의 보수주의는 그것이 현존상태를 유지한다는 성격에 의해서 규정되는 것 못지않게 보다 진보적인 다른 이데올로기에 의해 역으로 규정되는 경우가 있거니와, 한국에 수용된 자유(민주)주의가 바로 이러한 예에 해당한다. 해방 후 한국에 수용된 자유민주주의란 태동기의 혁명적인 진보성에 넘친 이념이 아니라 세계사적으로 이미 보수화된 이념으로서 체제이념으로 설정되었기 때문이다. 따라서 그것은 당초부터 사상의 〈도입-성숙〉이라는 응분의 자기발전과정을 거칠 겨를이 없이 '반사적으로' 당연히 보수적인 것으로 자처할 수밖에 없는 처지에 놓이게 되었다. 냉전시대의 자유주의는 본고장인 서구에서도 이미 파시즘 및 공산주의와의 대결에서 자유주의적으로 주조된 기존질서의 보다 심화된 개혁보다는 그 유지에 에너지를 소모하다 보니 본래 지닌 역사적 진보성이 현저히 위축되고, 방어적인 소극적 이념이 되고 말았다. 다시 말하면, 자유주의의 이상은 서방세계에서는 이미 다 실현되었으니 이제 필요한 것은 밖으로 공산주의에 대항하고 안으로는 극단주의에 대항하여 스스로를 방어하는 것뿐이라는 보수적 태도

와 사회』, 제37호(1998년 봄), p.19.

를 내면화하는 양상을 취하게 되었다. 그리고 보수화된 자유민주주의자들은 '인민에 의한 지배'의 구현이라는 고전적 민주주의의 열망을 외면하고 민주주의를 입헌적 절차와 선거에 의한 공직자의 선출 정도로 축소시켜 일종의 정부형태나 통치방법으로 이해하는 퇴조양상을 보여주었다. 요컨대, 분단된 한국에 수용된 자유민주주의는 이미 도입 초기단계에서부터 이렇듯 축소 해석된 이념이었다.

이상에서 근대사상의 본고장인 서구의 보수주의전통과 관련하여 자유(민주)주의 이념의 현대적 변용양상과 더불어 그것의 한국적 수용양태에 대해서 개략적으로 살펴보았거니와, 그것은 사상 본연의 내용체계와 상관없이 당초부터 극히 협소화된 보수이념의 형태로 이식됨으로써 실제의 체제건설과정에서 응분의 탄력성을 발휘할 수 없었다. 그리고 이에 추가하여, 한국에서는 '보수하고자 하는 기존질서'라는 것이 당초부터 준거이념의 명분과 괴리된 형태로 제기되고 있었기 때문에 이데올로기문제를 보는 지적 상황도 더욱더 복잡한 양상을 띠게 마련이었다. 한국정치에서는 체제가 표방하는 이념적 지향과 현실정권의 실제적 속성 간에 괴리가 너무나 현저하여 준거이념의 명분적 기준만 가지고는 〈보수·진보〉의 구도를 판가름할 수 없기 때문이다.

원래 서구에서 〈보수·진보〉가 대립하게 된 계기는 일단 하나의 체제가 생성되어 성장하게 됨에 따라서 체제의 내재적 모순이 현재화(顯在化)되고, 이에 수반하여 기존체제에 도전하는 새로운 이념과 운동이 출현하는 경우에 제기되는 것으로 이해된다. 그런데 한국의 경우에는 하나의 체제가 형성되어 정형화되는 과정에 있기 때문에, 엄밀한 의미에서 '기존질서'란 존재하지 않으며 존재한다고 하더라도 그것은 극히 불안정하고 유동적이게 마련이다. 요컨대, 이러한 이유 때문에 한국의 경우에는 〈기존질서의 유지〉나 또는 〈새로운 질서의 창조〉라는 관점에서 〈보수·진보〉의 구도를 가지고 준거이념의 성향을 논할 수는 없다. 우리가 이념문제의 한국적 지형을 염두에 두고 〈보수·진보〉의 구도를 판별할 필요가 있는 경우에는 세계사적 시간과 한국사적 시간의 괴리에 기인하는 바로 이러한 맥락의 한국적 특수성을 예의 고려해야 한다.

현대한국의 이데올로기적 지형이 매우 복잡한 중층구조를 나타내고 있다는 사실은 이 문제와 관련한 학계의 논의에서도 확인된다. 즉 한상진은 한국사회 중산층의 보수성을 논하는 한 논문에서, 보수와 진보를 규정하는 기준설정의 곤란성이 "우리가 명분으로 내걸고 있는 정치제도의 이념과 현실적으로 작용하고 있는 제도가 현저히 괴리되어 있기 때문"에 야기된다고 지적하고, 이처럼 체제의 명분과 현실이 심각하게 괴리되어 있을 때는 객관적 현실에 근거하여 보수와 진보를 판단해야 한다고 주장하고, 그 〈객관적 현실〉을 반영하는 '기존질서'를 〈관료적 권위주의〉로 규정할 것을 제안한 바 있다.[20] 그런데 여기서 〈객관적 현실 규정〉을 요구하는 그의 기준에 따른다면, 구체적인 체제적 성격을 불문하고 자유민주주의를 무차별하게 보수로 규정하던 기존의 입장들은 한마디로 '난센스'가 된다. 자유민주주의를 무차별 보수로 규정하는 경우에는 그동안의 체제건설과정에서 제기된 모든 변혁운동이 보수주의적인 것으로 규정되어야 하는 모순에 빠지기 때문이다. 이러한 맥락에서 볼 때, 〈관료적 권위주의〉라는

---

20) 한상진, 「한국중산층은 보수적인가」, 『사상과 정책』, 제3권 3호(1986), pp.114-131.

현실규정의 적실성 여부에 상관없이, 그가 제기한 문제의식은 요컨대 한국적 현실에 내재하는 이데올로기적 이중성 때문에 '기존질서'를 일의적으로 규정하기가 쉽지 않다는 점을 역설적으로 강조한 것이며, 우리가 〈보수ㆍ진보〉를 논하는 경우에는 바로 이 점을 특별히 유의할 필요가 있다.

3. 맺는말

한국사회가 보여주고 있는 이념적 지형의 복잡성은 한마디로 외생적 근대화과정으로 특징되는 근현대사과정의 산물로서, 그것은 곧 세계사적 시간과 민족사적 시간의 불일치로 인해 야기되는 일종의 이데올로기적 착종현상이라고 할 수 있다.

세계사적 표준시간에서 말하는 자유ㆍ자본주의 체제란 구조상으로 그것을 뒷받침하는 응분의 체제정당성과 헤게모니계급 및 이념의 존재를 전제로 하되 기능상으로는 정치ㆍ이데올로기ㆍ경제가 각기 독립된 영역을 유지하면서 서로 보합적으로 작동함으로써 유지되는 것을 생리로 한다. 그러나 한국의 경우에는 이들 세 영역 간의 접합관계와 기능이 본고장에서와 전혀 다른 양상을 보여주게 되었다. 무엇보다도 우선 자유민주주의 이념은 사회주도세력의 세계관, 즉 그람시가 말하는 헤게모니적 이념으로 확립되지 않았고, 또 현실정치상에서 그 이념은 권위주의적인 집권세력에 의해 자주 경시되거나 또는 부인됨으로써 기존체제의 유지를 위한 이데올로기적 기초로 작용하지 못하였다. 그리고 바로 그 권위주의 세력에 의해 국가주도의 자본주의 체제가 확립됨에 따라서 이른바 〈국가와 시민사회의 분리〉라는 본고장의 명제는 당초부터 성립될 수 없었다. 그리하여 한국사회에서는 헤게모니적 지위를 주장하는 주도계급이 여전히 부재하는 조건 속에서 국가의존적 사회세력만이 성장하는 결과를 가져오게 되었다. 그리고 이렇게 성장된 사회세력들의 경우, 〈국가후견하의 성장〉이라는 제약조건상 독자적인 정치세력으로서의 자생적 기반을 결여하고 있었기 때문에, 그들에게 있어서 자유민주주의 이념이란 그들이 가지고 있는 기존의 정치적·사회적 이해관계상 별다른 관심거리가 되지 못하였다. 이러한 맥락에서 볼 때, 한국에서 체제이념을 둘러싼 이데올로기적 지형이 본고장의 경우와 대비됨은 물론이고 다른 제3세계 국가들과도 구별되는 독특한 기상도를 나타내게 마련이었다.

그런데 여기서 다시 주목되는 것은, 한국의 체제이념으로 설정된 자유·자본주의가 초기 이식단계의 냉전체제적 제약에서 벗어나 나름대로의 자생적 기반을 갖추게 된 1970년대 후반부터는 체제이념 본연의 역동성을 보여주게 되었다는 점이다. 한국사회는, 위에서도 잠시 언급되었듯이, 권위주의 세력이 주도한 근대화작업의 성과가 점차 가시화됨에 따라서 그러한 작업을 주도한 세력들의 의도와는 상관없이 시민사회적 성장을 가져오게 되었고, 특히 산업화의 성과는 새로운 사회·경제적 이익의 분화와 참여욕구의 증대를 가져오게 됨으로써 한국의 사회·문화적 기조를 저변에서부터 변용시키는 역동적인 결과를 가져오게 되었기 때문이다. 그리고 이에 수반하여 한국사회에서는 체제논쟁이나 이념논쟁이 더 이상 사회·정치적 실체성을 도외시한 공리공론으로 그칠 수 없는 실천적 의미를 갖게 되었다.

참고문헌

강광식 외, 『현대한국체제논쟁사연구』(한국정신문화연구원, 1992).

강광식, 「한국의 정치문화에 대한 진단과 그 21세기적 방향모색」, 『한국문화의 진단과 21세기』(한국정신문화연구원, 1994), pp. 309 - 354.

_____, 「분단체제하의 근대화유산과 그 문화적 함의: 정치문화의 왜곡양상을 중심으로」, 『한국사회의 구조변화와 그 문화적 함의』(한국정신문화연구원, 1996), pp. 3 - 26.

강민, 「관료적 권위주의의 한국적 생성」, 『한국정치학회보』, 제17집(1983), pp. 341 - 362.

강정인, 「한국사회의 보수성에 관한 연구」, 『경제와 사회』, 제37호(한국산업사회학회, 1998).

구범모 외(저), 『자유민주주의의 한국적 모형 연구』(한국정신문화연구원, 1990).

김동춘, 「사상의 전개를 통해 본 한국의 '근대'모습」, 역사문제연구소 (편), 『한국사회의 근대와 근대성 비판』(역사비평사, 1996).

김성국, 「세계체제와 한국의 정치경제」, 『현대사회』(현대사회연구소, 1982년 여름호).

_____, 「한국보수세력의 사회계층배경 연구」, 『사상과 정책』, 제3권 3호 (1986).

김영명, 「한국의 정치변동과 유신체제」, 『현대한국정치와 국가』(법문사, 1986).

김의수, 「한국의 보수주의, 그 역사와 이념」, 『사회평론』, (1991. 10).

김정원, 『분단한국사』(동녘, 1985).

김홍명, 「보수냐 진보냐: 한 사상사적 입장」, 『사상과 정책』, 제3권 3호(1986).

노재봉, 『사상과 실천: 현실정치인식의 기초』(도서출판 녹두, 1985).

박광주, 「집정관주의적 중상주의국가론」, 『현대정치와 국가』(법문사, 1986).

_____, 「한국의 국가이념과 현실」, 『한국정치학회보』, 제22권 2호(1988), pp. 33 - 48.

박명림, 「근대화프로젝트와 한국민족주의」, 『한국의 근대와 근대성 비판』(역사비평 사, 1996).

박상섭, 「한국정치와 자유민주주의: 현대한국정치사의 정치사회학적 이해를 위한 일 시론」, 『현대한국정치와 국가』(법문사, 1986).

박충석, 「한국의 보수주의, 왜 취약한가」, 『민족지성』(1987. 6).

신명순, 「4.19이후의 민주화운동과 체제논쟁」, 『현대한국체제논쟁사연구』(한국정신문화연구원, 1992).

심지연, 「보수야당의 뿌리, 한민당의 공과」, 『한국의 정당』(한국일보사, 1987).

_____, 「한국보수정당론」, 『사상과 정책』, 제3권 3호(1986).

_____, 「4.19이후의 민주화운동과 체제논쟁」, 『현대한국체제논쟁사연구』(한국정신문화연구원, 1992).

양승태, 「한국보수주의연구를 위한 방법론적 시론」, 『한국정치학회보』, 제28권 2호(1994).

역사문제연구소(편), 『한국정치의 지배이데올로기와 대항이데올로기』(역사비평사, 1996).

_____, 『한국의 근대와 근대성 비판』(역사비평사, 1996).

염홍철, 『권위주의정권의 해체와 민주화』(한울, 1987).

이정식, 「한국보수주의의 현실세계와 그 전망」, 『사상과 정책』, 제3권 3호(1986).

이종은, 「유신체제의 출범과 체제논쟁」, 『현대한국체제논쟁사연구』(한국정신문화연구원, 1992).

임현진, 「사회과학에서의 근대성논의: 근대화프로젝트를 중심으로」, 『한국의 근대와 근대성 비판』(역사비평사, 1996).

임현진·백운선, 「한국에서의 국가자율성: 도구적 가능성과 구조적 한계」, 『현대한국정치와 국가』(법문사, 1987).

정천구, 「60년대 조국근대화운동과 체제논쟁」, 『현대한국체제논쟁사연구』
　　(한국정신문화연구원, 1992).

조희연, 「80년대 민주화운동과 체제논쟁」, 『현대한국체제논쟁사연구』(한
　　국정신문화연구원, 1992).

진덕규, 「한국의 보수주의와 진보주의」, 『신동아』(1979. 11.).

＿＿＿, 『현대민족주의의 이론구조』(지식산업사, 1983).

차기벽, 「한국 저항민족주의의 제문제」, 『한국민족주의의 이념과 실태』
　　(까치, 1978).

최장집, 「과대성장국가의 형성과 정치균열의 구조」, 『한국사회연구』, 제
　　3집(한길사, 1985).

＿＿＿, 『현대한국정치의 구조와 변화』(도서출판 까치, 1989).

최장집·이성형, 「한국사회의 정치이데올로기」, 한국산업사회연구회(편),
　　『한국사회와 지배이데올로기』(녹두, 1991).

한국산업사회연구회, 『한국사회와 지배이데올로기』(녹두, 1991).

한국정신문화연구원, 『현대한국체제논쟁사연구』(1992).

＿＿＿＿＿＿＿＿＿, 『한국사회의 구조변화와 그 문화적 함의』(1996).

＿＿＿＿＿＿＿＿＿, 『자유민주주의의 한국적 모형 연구』(1990).

한국정치학회(편), 『현대정치와 국가』(법문사, 1986).

한배호(편), 『세계화와 민주주의』(세종연구소, 1996).

한상진, 「관료적 권위주의와 한국사회」, 『한국사회의 전통과 변화』(법문
　　사, 1983).

＿＿＿, 「한국중산층은 보수적인가」, 『사상과 정책』, 제3권 3호(1986).

황성모, 「보수와 진보, 개념적 분석」, 『월간조선』(1980. 7.).

Arblaster, Anthony, *The Rise and Decline of Western Liberalism*(Oxford:
　　Basil Blackwell, 1984).

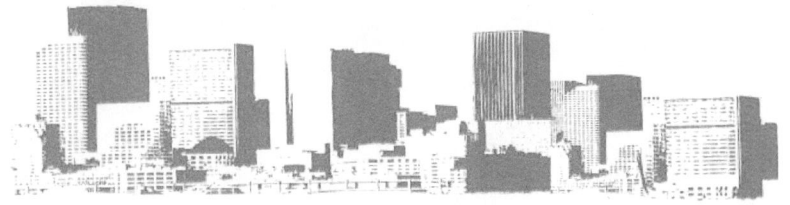

제2장:

분단체제하의 근대화 유산과
그 문화적 함의

분단체제 하의 근대화 유산과 그 문화적 함의

1. 문제의 제기

한국사회는 지난 한 세기 동안 실로 혁명적인 사회변동을 경험해 왔다. 그것은 이른바 〈근대화〉로 지칭되는 구조적인 사회변동으로서, 정치구조의 민주화, 경제구조의 산업화, 생태구조의 도시화, 계층구조의 평등화 등으로 일컬어지는 사회구조 전반에 걸친 광범하고도 심층적인 변동이었다. 그리고 이러한 한국사회의 구조적 변동은 일정한 시차를 두고 가치체계의 변동을 수반하여 개인주의·평등주의·물질주의·합리주의 등을 강화하고 증대시키는 광범한 문화변동을 가져오게 되었다.

그러나 한국사회가 겪은 이와 같은 사회변동과 문화변동은 그 계기 면에서 극히 부자연스런 우여곡절을 거쳐 이루어진 것이었기 때문에 그만큼 다른 사회와 구별되는 다음과 같은 문제성을 내포하게

마련이었다.[1)

우선, 한국사회가 겪은 근대화과정은 그 시발점에서부터 외세의 강압에 의한 개국이라는 타율적 조건 하에서 갑작스럽게 이루어졌기 때문에 당초부터 문화적인 적합성의 위기(relevancy crisis)를 드러내게 마련이었다.

다음으로, 개국과 더불어 수용되기 시작한 이른바「근대적 차용문화」가 제대로 소화되기 이전에 일제의 식민지 지배체제로 이어지게 됨에 따라서 이후의 근대화과정 역시 총체적으로 왜곡되어 당초의 적합성 위기에 정체성의 위기(identity crisis)까지 중첩되는 비운을 겪게 되었다.

셋째로, 제2차 세계대전의 종전과 더불어 광복을 맞이하게 된 현대에 접어들어서는 이러한 문제상황을 민족 자주적으로 극복할 수 있는 계기를 갖게 되는 것으로 여겨졌으나, 국제적 분단에 이은 동족상잔의 전쟁, 그리고 냉전상황이 오래 지속됨에 따라서 근대화과정 자체가 다시 이데올로기적 요인에 의해 왜곡됨으로써 통합성의 위기(integrity crisis)까지 심화되는 결과를 가져오게 되었다.

요컨대, 한국사회가 경험한 근대화과정은 개항 이후 역사적으로 중요한 계기마다 부자연스런 우여곡절을 거쳐 진행된 것이었기 때문에 그 과정에서 야기된 사회변동양상의 파행성도 문제려니와 이에 수반하여 야기된 문화구조 역시 여러 면에서 왜곡된 위기적 양상을 나타내게 되었다. 전통적 요소와 근대적 요소, 보편주의와 특수주의 등 계통과 연원을 달리하는 갖가지의 상반된 요소가 어설프게 혼재

---

1) 강광식,「한국적 사회병리의 원인진단: 그 역사적 맥락과 갈피」,『한국사회병리의 진단 및 처방연구』(한국정신문화연구원, 1995), pp.34-35.

하는 「비동시적인 것의 동시적 존재」 양상을 보여주고 있는가 하면, 여기에 이데올로기적인 왜곡양상이 중첩되어 일반적인 적실성을 갖는 행위양식·행위규범을 발견하기 어려운 문화적 아노미현상을 드러내고 있다. 그리하여 현재의 한국사회에서는 근대적 시민사회의 중심적 가치지향의 하나인 개인주의가 레비(M. J. Levy)가 말하는 「결손형 개인주의」(individualism-by-default)로 변질되어 이기주의적 방어기제로 횡행되는가 하면, 평등주의는 무분별한 모방심리나 질투심을 부추기는 천박한 민중주의 이데올로기로 변질되어 공동체 유지에 필요불가결한 모든 권위를 파괴하는 무기로 오용되고 있다. 그리하여 한국사회는 현재 뒤르껭(Emile Durkheim)이 말하는 바의 전형적인 아노미현상을 드러내고 있다.

이 글은 지난 한 세기 동안 한국사회가 겪은 근대화과정 중에서 세 번째 계기에 해당하는 광복 이후의 경우에 주목하여 〈근대적 국민국가의 건설〉을 지향한 근대화의 유산과 그 문화적 함의를 구명하려는 데 일차적인 목적을 두고 있다. 따라서 이 글에서는 〈근대적 국민국가의 건설〉이라는 근대화의 정치적 결과에 관심의 초점을 맞추되, 특히 분단에 따른 냉전구조가 그러한 근대적 국민국가화의 지향과 관련한 정치문화의 변용양상을 어떻게 규정하게 되었는지를 규명하는 데 역점을 두게 될 것이다.

2. 분단체제 하에서 주어진 근대적 국민국가화의
지향과 준거문화양식의 왜곡양상

광복 이후 한국 현대사에서 근대화의 정치적 지표는 한마디로 근
대적 국민국가체제를 완성하는 일이었다. 그러나 이러한 과제를 실현
하는 일은 그 시발점에서부터 심각한 난관에 봉착하게 되었다. 제2
차 세계대전의 종전과 더불어 광복을 맞이했으나 뒤이어 미·소 냉
전이라는 국제적 요인에 의해서 민족과 국토가 남·북으로 분단되는
비운을 겪게 됨으로써 민족적 자주성과 통합성에 엄청난 제약과 손
상을 받게 되었기 때문이다. 특히 타율적인 민족분단은 한국인에게
오래전부터 전승되어 온 조국에 대한 관념을 공간적으로 양분시키는
데 그치지 않고 새로운 국가건설을 위한 이념적 지향을 이데올로기
적으로 양분시키는 결과를 가져오게 되었다. 그리고 더욱 심각한 것
은 이러한 상황이 그 후 6·25동란을 거쳐 대내외적으로 체제화되어
장기화됨에 따라서 이후의 국가건설과정에서 이념적 지향과 체제의
성격을 왜곡시키는 구조적 요인으로 작용하게 되었다. 이하에서는 그
구체적인 양상을 남한의 경우에 국한하여 살펴보기로 한다.[2]

첫째로, 분단상황은 근대적 국민국가체제를 건설하는 데 요구되는
준거문화양식으로서 이념적 지향 자체를 왜곡시키는 만성적 요인으

---

2) 이하의 논의는 필자의 선행연구 「한국의 정치문화에 대한 진단과 그 21
세기적 방향모색」 중, 특히 〈한국정치문화의 기조 진단〉의 일부 내용을
간추려 정리한 것이다. 김형효·강광식 외, 『한국문화의 진단과 21세기』
(한국정신문화연구원, 1994), pp.337-340 참조.

로 작용하게 되었다. 한국의 체제이념으로 설정된 자유민주주의란 원래 역사적 형성 면에서나 기능 면에서 자본주의적 사회·경제질서에 상응하는 상부구조적 문화양식으로서 그것은 기본적으로 정치적 권위의 국민화와 사회적 다원성을 생리적 조건으로 삼는 사상체계라고 할 수 있다. 그러나 한국의 경우에는 이것이 주어진 이데올로기로서 수용된 것이었기 때문에 당초부터 본고장에서와는 전혀 다른 변용양상을 보여주게 마련이었다. 게다가 6·25동란을 겪은 이후에는 남·북 간에 정치·군사적 대립관계가 만성화됨에 따라서 전쟁 콤플렉스를 한국인의 의식 속에 깊이 침투시켜 다원주의적 가치관이나 자유의식보다 단세포적인 반공의식으로 귀일되게 하는 사회적 분위기를 조성하게 되었다. 그리고 지배세력들은 그들 나름대로의 정통성을 확립하기 위한 필요에서 분단구조가 조성하는 안보상의 위기 상황에 대응한다는 구실하에 이념적 획일성을 강요하게 되었다. 따라서 이러한 현상이 가져온 정치·사회적인 결과는 자유민주주의를 체제이념으로 표방하면서도 현실적으로는 자유보다 안보와 반공을 강조함으로써 그 본연의 이념적 지향을 왜곡시키는 기이한 현상을 나타내게 되었다. 그리하여 자유민주주의는 이후의 체제건설과정에서 정치이상으로서는 지속적으로 생명력을 발휘하게 되었으나 현실의 구체적인 정치프로그램으로서는 실효성을 나타낼 수가 없었고, 이에 수반하여 준거문화양식의 사회적 확산과정 역시 반복적으로 왜곡되어 오래도록 정착되지 못하게 하는 결과를 가져오게 되었다.

그러면 이러한 현상은 분단상황과의 관련에서 구체적으로 어떻게 파악할 것인가?

회고하건대, 분단 이후 남·북 간의 첨예한 대립관계가 만성화되어 있는 한국적 상황 속에서 자유민주주의이념이 국내외적인 대좌익 투쟁에서 정치적 무기로 사용되었다는 점을 고려한다면, 자유민주주의의 이상이 이러한 양상으로 왜곡되는 악순환을 거듭하게 된 것은 오히려 당연한 사태의 귀결이었다. 무엇보다도 한국에서의 자유민주주의는, 앞서 언급되었듯이, 당초 자생적인 바탕 위에서 체제이념으로 설정되었다기보다는 타율적인 해방과 더불어 제공되었던, 말하자면 해방자로서 미국의 이상과 체제를 모사한 〈차용된 문화양식〉에 지나지 않는 것이었다. 그리고 그것은 어느 의미에서는 북한에 공산주의 체제가 존치됨에 따라 반사적으로 설정된 국제정치적 차원의 이데올로기적인 도구로서의 성격을 갖는 것이었다. 바로 이와 같은 〈정치이데올로기적 도구〉로서의 성격 때문에 한국에서의 자유민주주의란 자생적인 기반의 성숙 여하에 상관없이 현실적 수요에 충당하기 위해 「완제품」의 형태로 차용될 수밖에 없었고, 따라서 그러면 그럴수록 준거문화양식과 현실과의 관계는 갈수록 괴리될 수밖에 없었다. 그리하여 한국에서의 자유민주주의는 그 이념의 역사적·사회적 함의는 사상된 채 그 외연적 의미(denotation)만이 고려되어 현실과 괴리된 구호로만 고창되는 정치문화적 이중구조를 이루게 마련이었다. 그리고 이에 수반하여 자유민주주의라는 문화양식은 그만큼 현실의 정치과정에서 응분의 탄력성을 발휘하지 못하게 마련이었다.[3]

---

3) 한국에 수용된 자유민주주의가 분단상황으로 인하여 비탄력적이고 비유기적인 성격을 갖게 되었다는 사실을 상세히 고찰하고 있는 예로서는, 노재봉, 「이데올로기로서의 민주주의: 한국의 경우」, 『현대 이데올로기의 제문제』(민음사, 1978); 박상섭, 「한국정치와 자유민주주의: 현대 한국정치사의 정치사회학적 이해를 위한 일 시론」, 『현대한국정치와 국가』(법문사, 1986) 참조.

분단상황은 또한 자유민주주의 체제의 물적 기반을 형성해 주는 자본주의적 산업화의 기본적 지향을 왜곡시키는 데도 근원적 요인으로 작용하였다. 그것은 무엇보다도 분단 이후 미국의 대한 원조정책의 성격에서 단적으로 확인할 수 있다. 주지하듯이 분단 이후 미국의 대한 원조정책은 군사원조와 경제원조로 대별될 수 있거니와, 두 가지 모두 대공산권 전초기지로서의 기능수행에 그 기본적 목적이 국한되어 있었다. 특히 경제원조는 한국의 체제건설에 필요한 산업화라는 자족적인 물질적 기반의 조성에 주안점을 둔 것이 아니라, 대공방위 전초기지로서의 군사적 태세를 뒷받침하는 경제적 수요를 충당하는 데 국한되어 있었던 것이다. 따라서 이러한 사정 하에서 한국인에게 수용된 자본주의적 산업화의 기본적 지향은 당초부터 본연의 의미에서 일탈되는 것일 수밖에 없었다.

회고하건대, 해방 당시 한국경제는 체제건설을 위한 물적 기반으로서 응분의 자족적인 기능을 수행할 수 없었다. 한국경제는 식민통치하에서 일본에 대한 식량공급, 원료생산 또는 노동력의 보급기지로서 보완적 의미로만 운영되어 왔기 때문이다. 그러던 것이 남·북 분단으로 이러한 불리한 여건들이 더욱 열악해졌음은 물론 산업 간 및 지역 간의 상호 보완성마저 단절되게 되었고, 게다가 6·25로 인하여 잔존하던 파행적 산업시설마저 완전히 파괴됨으로써 체제건설의 물질적 기반은 사실상 공백상태에 있었다. 이와 같은 열악한 사정 때문에 한국에서의 체제건설을 위한 근대화작업은 처음부터 시민사회적 배경과 별다른 연계 없이 외국원조와 국가에 의해서 추진될 수밖에 없었으며, 그만큼 자본주의적 산업화 본연의 지향에서 일탈되는 양상으로 전개될 수밖에 없었다. 이러한 사정은 1950년대의 자본축적과정에서 단적으로 확인할 수 있다.[4] 즉 귀속일본인 재산의 처리, 원조비의 도입, 농지개혁 등 자본의 원시적 축적과 관련된 모든 계기들은 모두 정부의 결정과 깊은 관련을 맺고 있는 것들이었으며, 그 외에도 실제가격보다 훨씬 낮게 책정된 공정환율, 인플레성 자본공급, 그리고 원조의 특혜적 배분 등은 국가에 의해 후원된 자본축적과정을 더욱 가속시키게 되었다. 그리고 이러한 파행적 경제구조에서 연유하는 제반 문제점들은 미국의 원조에 의해서 보완될 수밖에 없었던 만큼, 한국경제의 대외의존성은 날이 갈수록 심화될 수밖에 없었다.

체제건설을 위한 한국의 근대화과정에서 산업화가 자족적인 관점에서 추진되게 된 것은 1960년대부터라고 할 수 있다. 1960년대 초에 정권을 잡은 군사정권이 자체의 정당성을 변호하기 위해 이른바 〈조국근대화〉라는 정책적 구호 하에 경제개발계획을 의욕적으로 추진하였음을 주지의 사실이거니와, 이를 계기로 산업화문제는 근대적 국민국가화의 자족적 기반을 형성하는 실질적 이슈로 대두되기 시작하였다. 이러한 사태진전은 물론, 1950년대 후반부터 무상원조에서 차관이나 직접투자의 형태로 전환되게 된 미국의 대외원조정책의 변화를 배경으로 한 것이었지만, 변칙적으로 정권을 장악한 군사정권이 스스로를 근대화 추진세력임을 자처함으로써 자체의 정당성 기반을 확보하려 하였다는 점에서, 그리고 그러한 시도가 상당한 수준의 국민적 지지를 받게 되었다는 점에서 중요한 의미를 갖는 것이었다.[5] 그리고 이러한 결과는 산업화의 추진에 국가의 개입이 적극화

---

4) 홍성유, 『한국경제와 미국원조』(박영사, 1962); 이대근·정운영(편), 『한국 자본주의론』(까치, 1984).

되는 전통의 시발점이 되게 하였고, 동시에 이러한 사정은 고전적 자본주의의 원리에 비추어 국가의 간섭정책이 정당성을 갖는지 어떤지 하는 논쟁의 근원을 이루게 되었다.

어쨌든 1960년대 이후 한국의 산업화과정에서는 국가의 간섭정책이 계속 강화되었고, 그 과정에서 국가는 기존의 자본가들을 우호적으로 대했을 뿐 아니라 그들과 연합하기도 하는가 하면 자신이 확보하고 있던 제도적 물적 자원을 바탕으로 자본가들을 새로 창출하기도 하였다. 이러한 상황 하에서 실제 국가와 연합하였던 기존의 상업자본가들은 그 연합체제 하에서 전개된 자본축적과정에서 상당한 부정과 추문을 드러내게 되었으며, 그 결과는 한국에서 산업화가 진전됨에 따라 자본주의라는 근대적 문화양식이 왜곡되게 인식되는 일종의 문화적 전통을 후유증으로 남기게 되었다.

이상에서 광복과 더불어 신생 한국의 체제이념으로 설정된 자유민주주의와 자본주의가 분단상황으로 인하여 왜곡되게 된 경위에 대해서 살펴보았거니와, 이하에서는 그러한 이념적 지향의 왜곡 속에서 추진된 체제건설작업의 기본적 성향에 대해서 살펴보기로 한다.

결론부터 말하면, 신생 한국이 벽두부터 직면하게 된 분단상황은 체제건설의 이념적 지향뿐 아니라 그 내용과 성격까지 왜곡시키는 근본적 원인이 되었다고 할 수 있다. 그중에서도 우선 중요한 의미를 갖는 것으로는 국민국가체제건설의 정당성을 규정해 주는 국민형성(nation-building)의 과제에 비하여 상대적으로 국가형성(state-building)의 측면을 과대하게 성장시킴으로써 국가에 의한 사회적 통제를 강화

---

5) 박상섭, 「한국정치와 자유민주주의」, 한국정치학회(편), 『현대 한국정치와 국가』(법문사, 1986), p.426.

하는 결과를 초래하게 되었다는 점을 지적할 수 있다.

주지하듯이, 한국의 근대화과정에서 역대 정권들은 공산주의의 침략위협을 구실로 내세워 정치적 반대세력을 제거하거나 위협하는 경우가 허다하였다. 이러한 사실은 6·25동란의 경험과 더불어 빈번한 북한의 도발사태와 같은 객관적 상황과, 이에 상응한 국민의 현실적인 위협의식을 배경으로 한 것이었다. 따라서 제도화된 정치적 도전은 소위 충성스런 반대의 범주를 벗어나지 못하고 이를 넘어선 혁신세력이나 좌경세력들의 활동은 엄격히 불법화되어 탄압되었다. 그리하여 한국에서의 체제변동과정이란 결국 보수와 보수의 정권교체에 불과한 것이었고, 그 틈바구니에서 진보세력의 정치적 입지는 생성·발전될 수 없는 불모지가 되어 왔다. 그리고 이에 수반하여 국민국가체제의 건설을 위한 근대화 작업을 추진하는 과정에서 「진보적」지향이 투입될 수 있는 소지란 엄격히 배제되어 체제의 성격 자체가 총체적인 관점에서 파행성을 갖게 되었다.

한편, 이와 같은 정치정세가 오래 지속되는 과정에서 역대 정권들은 그것을 뒷받침하기 위한 필요에서 법적·제도적 안전장치를 지속적으로 보강하게 되었고, 그 결과로서 사회·정치적 규제목적의 국가기구가 비대해지게 되었다는 점을 주목할 필요가 있다. 1961년의 중앙정보부 발족을 필두로 하여 1972년의 유신체제를 거치는 동안 이러한 양상은 실로 〈과대성장〉 양상을 보여주게 되었다. 1980년대에 이르러 안전기획부(중앙정보부의 후신)·보안사·사회정화위원회 등의 제도적 장치가 이러한 기능을 두드러지게 발휘하게 되었음은 주지의 사실이거니와, 6·25동란 이후의 국가보안법·반공법을 비롯하여 정치정화법, 집회 및 시위에 관한 법률, 사회안전법, 국가보위에 관한 특별조치법, 노동관계법, 그리고 유신체제하에서 취해진 제반 긴급조치 등은 이러한 맥락의 법적 규제장치의 대표적인 사례에 해당한다.

그런데 여기에서 다시 주목할 필요가 있는 것은, 규제목적의 국가기구가 과대성장하게 됨에 따라서 그 과정에서 사회적 갈등과 균열이 연속적으로 누적되어 체제정당성의 위기가 만성화되게 되었다는 사실이다.6)

우선, 해방 직후 분단과정에서 노정된 이념적 갈등과 사회적 혼란은 분단이라는 원초적 바탕이 없었던들 그렇게 격심한 양상을 나타내지는 않았을 것이 분명하다. 분단 초기에 조성된 좌·우 대립과 보·혁 갈등은 분단체제의 장기화에 따라 현재까지도 하나의 유산으로 전수되고 있으며, 6·25, 4·19, 5·16, 10·26, 5·17, 6·29 등으로 이어지는 정치적 격변을 거치면서 그것이 때로는 잠재적으로 또 어떤 때는 현재적으로 한국사회의 정체성을 위협해 오고 있다. 그리고 이러한 양상은 국가기구의 독점성과 강압성을 지속적으로 증폭시키는 결과를 가져오게 되었고, 거기에 수반하여 사회적 갈등은 더욱 심화되게 되었다. 그리하여 이러한 만성적인 사회적 갈등은 현대 한국정치사의 전 과정을 체제·반체제, 민주·반민주, 보수·혁신, 자본·노동, 통일·반통일 등으로 일컬어지는 2분법적 대결관계로 구조화시키는 결과를 가져오게 되었다.

이상에서의 고찰을 통해 우리가 도출할 수 있는 하나의 결론은 한국현대사의 시발이 분단상황에서 출발되었다는 사실이 체제건설을

---

6) 강광식, 「한국체제논쟁사 서설」, 『현대 한국체제논쟁사 연구』(한국정신문화연구원, 1992), p.10.

위한 이념적 지향뿐 아니라 그 성격과 내용 전반에 걸쳐 왜곡시키는
결과를 가져오게 되었다는 점이다. 그것은 사회부문에 대한 국가 개
입과 억압을 조장하는 한편으로 대외존성을 심화시키는 구조적 요인
으로 작용함으로써 근대적 국민국가체제의 건설이라는 규범적 지향
의 실현을 교란·지연시키는 결과를 가져오게 되었다.

3. 분단된 냉전구조 하에서 추진된 〈조국근대화〉의
   성과와 문화적 양상의 파행성

　광복과 더불어 한국인에게 수용된 자유민주주의라는 문화양식은
위에서 보았듯이 남·북 분단에 따른 일종의 대항이데올로기로서의
국제정치적 도구에 지나지 않는 것이었다. 따라서 그것은 현실의 대
내정치 면에서 자유민주주의 본연의 사상적 기능과는 상반되는 보수
적 전통을 오히려 보강시켜 온존하게 하는 역기능을 수행하게 되었
다. 그것은 말하자면 명분적 기반이 취약한 권력층의 권위를 장식적
으로 보진하는 시위 역할을 담당해 줌으로써 한국정치문화의 발전적
지향과는 전혀 상위되는 역기능만을 수행하게 되었다. 그리고 이러
한 사정은 냉전상황의 오랜 지속과, 특히 6·25 동존상잔을 겪은 이
후 민족 내부의 갈등양상이 첨예화됨에 따라 더욱 왜곡되어 만성화
되게 하는 결과를 가져오게 되었다.
　그러나 여기에서 다시 주목할 필요가 있는 것은, 한국인에게 새로
이 수용되기 시작한 자유민주주의라는 근대적 문화양식은 그처럼 왜

곡된 시대의 흐름 속에서도 본연의 정향이 점차 사회적으로 확산됨에 따라서 정치적 도구로서의 제약에서 벗어나는 자기발전과정을 보여주게 되었다는 점이다. 이러한 사태진전은 다음 두 가지 측면에서 해명될 수 있을 것이다

첫째로, 이러한 사태진전은 우선 지식층의 의식에서부터 촉발되기 시작하였다. 지식층은 수단이나 도구로서 자유민주주의를 파악하지 않고 사상적 이념으로서 그 철학적 의미를 이해하기 시작하였거니와, 따라서 이들은 이러한 이해가 심화되어 감에 따라 권력의 장식으로서 자유민주주의가 이용되는 데 대하여 맹렬한 비판을 가하게 되었다.

둘째로, 이러한 사태진전은 역설적으로 통치권력에 의해서도 조장되는 결과를 가져오게 되었다. 통치권력은 자체의 명분확립을 위해 자유민주주의를 정치적으로 선전하는 한편 교육매체를 통하여 각급 학교 학생들에게 전파하게 되었거니와, 따라서 새로운 세대는 온통 자유민주주의 이념을 중심으로 공동체 생활을 이해하는 새로운 가치관을 갖게 되었다. 그런데 여기에서 특히 주목되는 것은, 이러한 교육을 담당한 사람들이 지식층이었던 만큼, 자유민주주의에 대한 새로운 세대의 정향은 권력층이 아닌 지식층의 이미지에 따라 전파되는 결과를 가져오게 되었고, 그것은 궁극적으로 권력층에 대한 저항이념의 형태로 현실의 정치세계에 표출되게 마련이었다는 점이다. 4·19는 이러한 맥락이 대대적으로 사회적 지평에 표출된 역사적 사건에 해당하는 것이었다. 그것은 다시 말해서, 분단구조 하에서 권력층의 통치명분으로 작용하던 자유민주주의가 권력층에 대한 저항명분으로 전환되게 된 하나의 역사적 전환을 뜻하는 것이었다. 그리고

이러한 역사적 전환을 통하여 한국인에게 수용된 자유민주주의는 현실적 적합성을 갖는 하나의 문화양식으로서 뿌리를 내리기 시작하는 계기를 맞게 되었다.

그러나 자유민주주의의 한국화과정은 그렇게 순탄한 것이 아니었다. 자유민주주의란 그 자체가 국제주의를 표방하는 공산주의와는 달리 국내형의 이데올로기라는 기본적 특성이 있기 때문에 그것은 필연적으로 기존의 문화적 토양을 벗어날 수 없었기 때문이다. 당시의 문화적 토양에서는 권위주의적인 집체 중시의 문화가 완강하게 작용하고 있었던 탓으로 〈자유〉와 〈자율〉을 조화시킬 수 있는 성숙된 단계에 이르지 못하고 있었거니와, 따라서 이러한 정치문화적 풍토 속에서 권력에 대한 저항명분으로 작동되기 시작한 자유민주주의의 초기적 변용단계에서는 그 일차적인 결과가 정치불안의 형태로 나타나게 마련이었다. 그리고 이러한 정치불안은 권력층에게 시민적 자유를 통제하고 제한하는 구실을 제공함으로써 한국인에게 수용된 자유민주주의는 상당한 기간 동안 권력층의 문화와 피치층의 문화로 대립되는 또 다른 차원의 중층구조를 보여주게 되었다. 전자는 자유민주주의를 외래적 수입품이라 하여 토착성을 강조함으로써 결과적으로 권위주의(authoritarianism)에 회귀하려는 경향을 보여주었고, 이에 반하여 후자는 자유민주주의의 보편성을 강조하여 민중주의(populism)에 경도되는 경향을 보여주게 됨으로써 한국의 정치문화는 자기분열적 대립구조를 나타내게 되었다. 유신체제의 출범을 계기로 한국의 정치사회가 내부적으로 첨예한 갈등양상을 나타내게 된 것은 문화적으로는 바로 이러한 사정을 단적으로 반영한 것이었다. 그리고 이러한 양상은 분단구조를 지탱하고 있는 냉전적 상황하에서는 정치문화를 위시한 한국문화 전반에 걸친 유산으로 잔존하게 되었다.

그러나 여기에서 특별히 주목할 필요가 있는 것은, 이상에서 살펴본 근대적 문화양식의 한국적 변용이 역설적으로 전통적인 기조 위에서 추진되었다는 사실이며, 그만큼 상당한 기간에 걸친 악순환을 수반하게 마련이었다는 점이다. 앞에서 살펴보았듯이, 자유민주주의와 자본주의로 대표되는 근대적 문화양식의 한국화과정은 〈위로부터〉 〈권위주의적 방식〉에 따라 추진되어 나름대로의 성과를 보여주게 되었거니와, 따라서 그것은 다음과 같은 변증법적인 변용양상을 보여주게 마련이었다.[7]

첫째로, 그것은 일차적으로 준거문화양식의 자기발전적인 요소를 소외시킴으로써 앞서 언급한 바와 같이 사회계층 간에 분열·대립을 초래하였다. 둘째로, 대표기능의 약화로 말미암아 안정기반이 약화되고 또한 사회 내부의 부문별로 심각한 격차를 유발하였다. 셋째로, 그것은 관료와 행정의 역할을 강조하게 됨으로써 규제 위주의 국가기구를 비대하게 하는 한편으로 정치과정을 약화시키는 부작용을 수반하였다. 다시 말해서, 변화하는 사회적 가치나 이익을 계속 집약시켜 이것을 정치과정에 투입시키는 정치적 기제의 형성을 어렵게 하는 한편으로, 그것은 공공정책의 경직화현상을 초래, 사회분화에서 나타나는 다원적인 기대의 조정을 곤란하게 하여 활기 있는 자율적 통합 대신 동원적 통합으로 정치명분을 악화시키는 악순환을 가져오게 되었다. 1960년대 초부터 본격적으로 추진되기 시작한 한국의 근대화과정이 당초 〈군부 권위주의〉 방식으로 발전되어 1970년대의

---

7) 강광식, 「한국적 사회병리의 원인진단」, 이서행·강광식 외, 『한국사회병리의 진단 및 처방 연구』(한국정신문화연구원, 1995), pp.58-62.

이른바 〈관료적 권위주의〉의 단계를 거쳐 1980년대의 〈신군부 권위
주의〉에 이르기까지, 권위주의라는 전통적 요소의 주도로 이루어졌
음은 주지의 사실이거니와, 이 과정에서 전통적 요소가 잔존하게 됨
과 더불어 새로운 문화양식의 변용을 위한 변증법적 단계를 거치게
되었다.

그러나 이처럼 전통적 요소의 연속성이 완강하게 잔존하는 상황
하에서도 내면적으로는 탈전통적인 새로운 문화적 변용양상이 서서
히 대두되고 있었음을 주목할 필요가 있다. 그 구체적인 계기는 다
음 두 가지 관점에서 해명될 수 있을 것이다.

첫째로, 새로운 문화적 변용이 개시되게 된 단서는 이른바 〈국제
적 해빙〉의 충격에서 비롯되었다. 전통적 지배방식의 온존을 뒷받침
하던 국제적 냉전정세가 해빙으로 전환됨에 따라 새로운 권위의 창
출이 요구되었기 때문이다. 권력층은 당초 이러한 정세변화에 대응
하기 위해 〈유신체제〉를 출범시켜 권위주의적 지배방식을 오히려
강화시키는 방향을 취하게 되었지만, 그것은 궁극적으로 시대조류에
역행하는 것이었으므로 결과는 역설적인 방향으로 나타나게 되었다.
해빙으로 인하여 국제정치적 차원의 획일적 반공주의가 퇴조함에 따
라 통치권위의 정당성을 소극적인 반공주의에서만 추구한다는 것은
그 자체가 이미 근본적인 한계가 있었거니와, 따라서 구체적으로
〈누구를 위한〉, 〈무엇을 위한〉 반공주의냐 하는 〈반공주의의 내향
화〉가 서서히 요구되고 있었기 때문이다. 그리고 이러한 요구는 궁
극적으로 국민복지문제로 귀결되어 통치권위의 정당성 근거를 여기
에서 추구해야 한다는 관심의 환기를 요구하는 것이었다.

그런데 한국의 〈유신체제〉는 이러한 역사적 요청에 대하여 권위

주의적 근대화의 프로그램으로 대처하려 했던 것인데, 그 결과는 주지하듯이 역설적인 모순을 불러오게 되었다. 경제의 자유주의적 측면은 오히려 경제의 과두적 측면을 강화시켜 주면서 동시에 빈부의 격차를 더욱 확대시키는 결과를 초래하게 되었으며, 그리고 자유주의적으로 한정된 민주주의적 측면이 관료행정체제를 강화시키는 방향으로 나타나게 되었다. 따라서 이러한 상황 하에서는 정부가 근대화를 위해 자유민주주의 제도적 원리에 따라 국민의 노력을 동원하려고 하면 할수록 국민의 정서에 부조리감만 증폭시켜 주는 결과를 가져오게 마련이었다. 그리고 이러한 상황에서 새로운 통치권위의 창출을 위해 권위주의를 강화하면 그럴수록 국민적 저항의식을 가속적으로 증폭시키는 결과를 가져오는 악순환을 반복할 뿐이었다. 권위주의적인 〈유신체제〉의 출범을 계기로 재야의 민권운동이 오히려 조직화되고 또 범사회적으로 확산되는 역설적인 결과를 가져오게 된 것은 바로 이러한 사정을 반영하는 것이었다.

둘째로, 자유민주주의와 자본주의의 한국적 변용을 결정적으로 촉발시키게 된 단서는 산업화의 성과에 따른 한국사회 자체의 내부적 구조변화와의 관련에서 구체적으로 확인될 수 있다. 한국사회는 그동안에 우여곡절을 거쳐 추진된 권위주의적 근대화노력의 부산물로서 시민사회적 분화와 성장을 가져오게 되었기 때문이다. 이에 대해서는 좀 더 상세한 부연설명이 필요할 것이다.

1960년대 초부터 예의 권위주의적 군부에 의해 본격적으로 추진되기 시작한 산업화의 성과는 1970년대 초에 이르러 한국사회를 새롭게 변모시켜 나가는 원동력이 되었다. 1962-73년간 연평균 경제성장률 9.08%라는 수치는 산술적인 수치 이상으로 한국사회의 구조적 변모를 예시하기에 충분한 것이었다. 성장의 두 원천으로 작용한 해외부문의 확대와 저임금의 풍부한 노동력 자체가 이러한 구조적인 변모의 징표였다. 급속한 산업화는 수출에 연계된 노동인구의 급증과 이에 상응하는 도시화의 급속한 확산을 가져왔고, 이에 수반하여 새로운 사회·경제적인 이익의 분화와 참여욕구의 증대를 가져오게 되었다. 요컨대, 급속한 산업화의 충격은 이미 1970년대 초반부터 한국인의 물질적 생활조건을 변화시킨 것 이상으로 한국사회 전반에 걸쳐 변화에의 새로운 대응양식을 요청하게 되었다. 체제건설과 운영이 더 이상 권력층에 의해서 일방적으로 주도되거나 권위주의적 방식으로 밀어붙이는 종래의 전통적 양식은 더 이상 통용되기 어렵게 되었다. 이러한 맥락에서 산업화의 성과는 한국문화의 기조를 저변에서부터 변용시키는 새로운 규정력을 갖게 되었다고 할 수 있다. 사실, 한국사회에서 산업화의 성과가 가시화되기 이전에는, 예컨대, 분단과 전쟁, 이데올로기, 그리고 권위주의적 리더십 등이 변화의 충격을 주고 또 변화를 주도하던 핵심적 규정요인으로 작용하였다고 할 수 있지만, 그러한 추세가 전환되어 1970년대 초반을 전기로 산업화의 규정력이 종래의 주도적 요인들을 상쇄하거나 상회하기 시작하였다.[8]

이러한 사정은 비단 사회·경제적인 측면에만 국한된 것은 아니었다. 역으로 민주화라는 근대화의 정치적 결과에도 이러한 맥락은 접

---

8) 윤홍근, 「한국사회의 변화와 정치변동」, 『자유민주주의의 한국적 모형연구』(한국정신문화연구원, 1990), p.97; 강광식, 「한국의 정치문화에 대한 진단과 그 21세기적 방향 모색」, 『한국문화의 진단과 21세기』(한국정신문화연구원, 1994), p.345.

히 연계되어 표출됨으로써 자유민주주의라는 준거문화양식의 한국화 양상에도 가시화되게 되었다. 1972년 유신체제의 출범은 앞서 언급 되었듯이, 그 자체가 이러한 사태변화에 대응하기 위한 현실의 절박 한 필요에서 제기된 하나의 역설적인 현상이었다고 할 수 있거니와, 어쨌든 유신체제는 안보와 경제성장에 의한 일시적 지지 이외에는 이미 성장된 도시중산층과 지식계층 및 일반대중으로부터 계속된 지 지를 받지 못하게 됨으로써 만성적인 정치불안을 겪게 되었다. 게다 가 산업화의 진전에 따른 사회·경제적 지위의 향상은 초기 근대화 론에서 지적하는 바의 정치적 참여 요구의 증대를 가져오고, 참여 요구의 증대는 다시 반정치적 현실의 개선을 요구하는 압력을 증폭 시켜 민주화의 과제는 〈독재 청산〉이라는 원리적 요구의 차원을 벗 어나 정치권위의 실질적 국민화를 지향한 체제 전체의 구조적 변화 를 요구하는 새로운 차원의 정치운동으로 조직화되어 표출되었다. 그리고 이러한 양상은 이미 돌이킬 수 없는 시대적 대세를 형성, 1980년대 〈신군부〉에 의한 권위주의 체제가 재등장하게 되었을 때 그것은 더욱 증폭되는 양상을 보여주게 되었다.

4. 한국정치문화의 현주소: 그 주조와 초점
    불일치의 다양한 변조들

    광복 이후 한국사회에서 추진되어 온 근대화노력은 앞에서 보았듯 이 〈위로부터〉의 권위주의적 방식에 의해 이루어졌고, 따라서 그것의 현실적 전개과정에서는 역설적인 갈등의 악순환을 보여주게 마련이었다. 그런데 여기에서 다시 주목되는 것은, 전통적 요소의 연속성이 지배하는 근대화과정 하에서도 내면적으로는 탈전통적인 새로운 문화적 변용이 서서히 대두되고 있었다는 점이다. 한국사회는 권위주의적 근대화의 부산물로서, 그러한 작업을 주도한 세력들의 의도와는 상관없이 시민사회적 성장을 가져오게 되었기 때문이다. 특히 산업화의 성과는 새로운 사회·경제적 이익의 분화와 참여욕구의 증대를 가져오게 됨으로써 한국문화의 기조를 저변에서부터 변용시키는 역동성을 갖게 되었다. 그리고 그 연장선상에서 정치권위를 비롯한 모든 사회적 권위의 국민화라는 새로운 지향을 가시화시키게 되었다. 이러한 지향은 전통사회의 집체(集體)에 근거를 둔 권위주의적 문화양식에서 탈피, 한국적 문화양식의 역사적 기조 자체를 총제적으로 변용시키는 것을 의미하는 것이었다.

그러나 여기에서 다시 유의되어야 할 것은, 그와 같은 변용양상이란 대체적인 추세일 뿐 구체적인 현실에 있어서는 다음과 같이 초점 불일치의 다양한 변조들이 혼재하는 그야말로 과도기적인 양상을 보여주고 있다는 점이다.[9]

첫째로, 공동체생활에 직결된 정치문화적 측면에서 볼 때, 한국의 전통사회에서 오랜 역사적 기조를 이루고 있었던 집체우선의 국권론(國權論)적인 정치의식성향과 저항적 성향이 아직도 완강하게 잔존하고 있다는 점이다. 이러한 전통적 성향은 물론 1970년대의 유신체제기를 전기로 점차 개체(個體)를 중시하는 민권론(民權論)적 성향

9) 강광식, 「한국의 정치문화에 대한 진단과 그 21세기적 방향모색」, 위의 책, pp.347-349.

으로 변용되어 가는 추세를 보여주고 있는 것이 사실이지만, 구체적인 현실에 있어서는 그러한 일반적 추세와는 달리 양자에 편재적인 성향이 무원칙하게 교차되는 과도기적 현상을 나타내고 있는 것이다. 예컨대, 〈민족 지상〉이나 또는 〈국가 지상〉이라는 구호가 별다른 거리낌 없이 운위되는 경우가 있는가 하면, 동시에 그러한 집체를 구성하는 시민적 자유나 또는 개인의 권리도 결코 양보할 수 없다는 또 다른 규범적 요구도 만만찮은 호소력을 가지고 제기되고 있기 때문이다. 그리고 여기에서 더욱 곤란한 것은, 이처럼 상반되는 규범적 요구가 단순히 병존하는 데 그치지 않고 편재적인 규범적 요구를 현실적 이해관계의 필요에 따라 편의적으로 제기하여 절대화하려는 교조적 양상을 보여주고 있다는 점이다. 공동체로서의 민족이나 국가의 목표와, 그리고 시민으로서 개인의 권리·의무관계를 어떻게 설정하는 것이 마땅한가 하는 문제는 근대사상의 중심과제이며, 또한 한국사회가 직면하고 있는 공동선(共同善)의 성격을 이해하는 데에도 적용되는 중요한 과제이지만, 현 단계에서는 이 두 가지가 극단적인 대립양상을 나타내고 있다는 점이 문제이다. 그리하여 현재 한국사회에서는 양자 간의 균형점을 모색하여 국민적 차원에서 통용성을 갖는 공준(公準)을 도출하는 일 자체가 어렵게 되어 있다.

둘째로, 이러한 과도기적 현상은 각종 사회관계를 영위하는 데 적용되는 사회의식성향에서도 확인될 수 있다. 한국사회가 1960년대 이래의 연속된 근대화 노력의 결과로서 산업화되고 도시화됨에 따라서 연고를 중시하던 전통적 공동사회의 귀속주의로부터 이해타산과 타협을 중시하는 근대적 이익사회의 계약주의로 변용되어 가는 추세를 보여주고 있는 것이 사실이지만, 구체적인 현실에 있어서는 그러한 일반적 추세에서 일탈하는 무원칙한 변조들을 다양하게 드러내고 있기 때문이다. 근대화의 성과가 가시화됨에 따라 객관적인 생활환경조건이 이미 돌이킬 수 없을 정도로 이익사회화되어 있고 또 이에 수반하여 사회계층도 다원적인 분화양상을 보여주고 있는 데도 불구하고 전통적인 공동사회에서나 통용될 수 있을 뿐인 권위주의적 지배의식이나 또는 귀속주의적 시혜의식이 별다른 거리낌 없이 횡행되는가 하면, 이와는 달리 현실의 이해관계가 첨예하게 결부되어 있는 사안에 있어서는 산업사회적 지향을 구실로 내세워 타협적 계약정신을 강조하기도 하는 것이다. 그리고 여기에서 사정을 더욱 곤란하게 만드는 것은, 양자의 논리가 무질서하게 혼재하는 와중에서 갖가지 연고의 집단이기주의가 창궐하여 본질인식이 전도된 문화적 도착현상을 자주 드러내고 있다는 점이다. 공동사회적인 사안에 계약논리를 적용하려 든다든지, 그런가 하면 이와 반대로 이익사회적인 사안에 「고통분담론」과 같은 낭만적 논리를 편의적으로 결부시키려드는 것과 같은 전도된 현상이 비일비재하게 제기되고 있다. 그야말로 특정한 개인이나 집단의 현실적 편의에 따라 편재적인 논리가 수시로 교차되는 무원칙한 양상을 자주 드러내고 있다.

이상에서 한국정치문화의 과도기적 양상에 대해서 살펴보았거니와, 사태가 이러한 양상을 보여주는 한 정치공동체로서 〈나라〉나 문화공동체로서 〈사회〉란 단순히 언설상의 의례적인 의미밖에 없으며, 그것은 가족주의도 아니고 전근대적 신분종속체 집단도 아니면서 그렇다고 해서 현대적인 이익사회가 가지는 계약적 조직체도 아닌 매우 무원칙한 사회적 혼란상을 보여줄 뿐이다. 조직형태는 현대적이면서도 조직체의 기능방법이 전근대적이라는 점에서 한국사회는 별 통들의 병합체처럼 시민사회적 공감대를 갖추고 있지 못한 무구조성 을 드러내고 있다. 따라서 현재 한국사회에서는 조직체의 수만큼 판 단기준이나 규범가치가 생기게 마련이기 때문에 이러한 상황하에서 는 그러한 조직체들 간의 관계를 연계시켜 주는 사회적 기제가 새로 이 마련되지 않는 한 그들 간에 폐쇄성과 배타성이 강해져서 만인 대 만인의 피해의식이 증폭되어 나타나기 마련이다.[10]

요컨대, 현재 한국사회는 공동사회적인 전통사회로부터 이익사회 적인 근대적 산업사회로 이행하는 과도기적 상황 하에서 계통과 연원 을 달리하는 갖가지 규범과 가치체계가 무질서하게 혼재하고 있기 때 문에 사회적 통용력을 가진 공준부재의 아노미현상을 드러내고 있다.

그러면 이러한 아노미현상은 전통적인 문화양식과의 관련에서 어 떻게 파악할 것인가?

뒤르껭의 아노미이론에 의하면, 근대화에 따라 전통사회가 산업사 회로 이행되는 과정에서 기존의 규범체계가 해체되고 새로운 질서규 범이 미처 자리잡지 못하여 무규범적 아노미현상이 야기된다고 하거 니와, 한국사회가 겪고 있는 아노미현상 역시 근대화에 따른 급격한 사회변동의 산물임에 틀림이 없다. 그러나 근대화에 따라 급격한 사 회변동을 겪는 것은 세계사적 현상으로서 비단 한국사회만이 겪는 것은 아니려니와, 한국사회 특유의 아노미현상을 파악하기 위해서는 한국의 전통적 문화양식과의 구조적 연관성에 주목할 필요가 있을 것이다. 이러한 맥락에서 이하에서는 구조주의적 문화인류학의 관점

---

10) 황성모, 「현대 한국사회의 정신적 상황」, 『한국사회사론』(심설당, 1984), p.148.

에 비추어 전통적 문화양식에 내재하는 무의식적 구조로서의 〈계열체적 집합〉(paradigmatic set)과의 연관성을 살펴보기로 한다.

김형효에 의하면, 한국사회가 보여주고 있는 예의 아노미현상은 단순히 급격한 사회변동의 소산이 아니라 다음과 같은 보충논리에 의거해서 재해석될 필요가 있다는 것이다.[11] 즉 그것은 한국문화의 패러다임에 내재하는 이른바 「결합적 우리」의 의식구조가 〈근대화〉라는 새로운 문화양식의 충격에 의한 사회변동에 적응하지 못하여 「분산적 우리」로 퇴색·변질·왜곡되고 있는 데서 생기는 하나의 병리현상이라고 보아야 한다는 것이다. 다시 말해서, 그것은 타인을 타아(他我)로 여기는 화수회(花樹會)적인 사고문법이 한국인의 무의식적 생활공간 속에 심층적으로 은닉되어 작용하고 있는 데 반하여, 현실적인 생활공간 속에서는 예의 전통사회의 화수회적 보자기가 찢어지고 해체되어 남은 것이라고는 〈고독한 자아〉밖에 없게 된 데서 야기되는 것이라는 지적이다. 그리고 이러한 상황하에서 자아의식은 종래보다 강해졌지만 타인을 자신의 타아(他我)로 여기는 감정상의 일체감이 현실 속에서 확인될 수 없는 딜레마에 봉착, 이것이 아노미로 표출된다는 것이다.

그러면 한국인이 현재 보여주고 있는 바의 〈한국적〉 개인주의와 평등주의의 성향은 이러한 관점에서 어떻게 해명할 수 있는가?

먼저, 한국인이 현재 보여주고 있는 개인주의 의식은 분명히 근대화의 충격에 따른 새로운 문화변용의 산물임에 틀림이 없지만 그 내용과 갈피가 영미계통의 그것과 구별되는 특이성을 갖는다는 데 주

---

11) 김형효, 「한국문화의 생리와 병리에 대한 철학적 담론」, 『한국문화의 진단과 21세기』(한국정신문화연구원, 1994), p.26, p.38.

목할 필요가 있다. 한국인의 개인주의는 전통적 문화양식의 무의식적 구조에 내재하는 〈결합적 우리〉가 〈분산적 우리〉로 변질된 잔영으로서의 각일성(各一性)이 근저에 흐르고 있기 때문이다. 한국인의 자아의식은, 그것이 결합적인 것이건 또는 분산적인 것이건, 늘 〈우리〉라는 〈보자기〉를 의식하면서 각일성을 표시하는 무의식적인 구조를 가지고 있거니와, 따라서 한국인이 보여주는 예의 개인주의 의식이란 각자가 전일성(全一性)을 표상하거나 대표하기를 암묵적으로 요구하는 이중성을 나타내게 마련이다. 요컨대, 한국인이 현재 보여주고 있는 바의 개인주의 의식성향이 초점불일치의 아노미현상을 나타내고 있는 것은 전통적 문화양식과 근대적 문화양식이 어설프게 접목되어 이중인화현상을 보여주고 있는 과도적 양상이라고 할 수 있다.12)

다음으로, 한국적인 평등의식성향 역시 같은 맥락에서 해명될 수 있다. 평등의식 역시 근대화의 산물임에는 틀림이 없으나 거기에는 전통적 문화양식에 내재하는 무의식적 구조의 잔영이 드리워져 있기 때문이다. 다시 말해서 한국인의 평등의식은, 김형효의 지적대로, 정감적이고 다색편시적인 문화양식과 〈결합적 우리〉 의식의 전도된 주장과 생각의 유사성 등이 결합되어 나타난 중층구조의 산물이라고 할 수 있기 때문에, 새로운 생활환경조건 속에서는 이중인화양상을 표출시키고 있는 것이다.13) 따라서 이러한 평등의식은 이해관계를 달리하는 타자와의 공존공영을 전제로 하는 영미계통의 근대적 평등

---

12) 강광식, 「한국적 사회병리의 원인진단: 그 역사적 맥락과 갈피」, 『한국 사회병리의 원인진단 및 처방연구』(한국정신문화연구원, 1995), p.67.
13) 김형효, 위의 논문, p.74.

의식과는 다른 속성을 갖게 마련이다.

이상에서 근대화의 충격에 따라 이중인화양상을 보여주게 된 새로운 문화적 변용양상으로서 한국적인 개인주의와 평등주의에 대해서 살펴보았거니와, 이와 같은 한국적 변용양상은 그것이 내포하고 있는 과도적인 모순구조에도 불구하고 한국사회를 새로이 변동시키는 매우 탄력적인 활력소로서 작용한다고 할 수 있다. 한국인의 의식세계에 각인되기 시작한 개인주의와 평등의식은 과도적인 형태만으로도 욕망의 해방을 촉발시키는 결정적인 계기를 가져오게 되었기 때문이다. (비록 그것이 내면적인 모순구조의 잔존으로 인하여 문화적 통합성을 훼손시키는 부정적인 작용을 하고 있는 것이 사실이지만) 그 구체적인 경위를 살펴보면 다음과 같다.

전통사회의 생활환경 속에서 한국인은 정해진 위계질서의 테두리 안에서 〈내적 매개〉의 욕망보다 〈외적 매개〉의 욕망을 더 가까이 할 수밖에 없었다. 따라서 전통사회에서는 욕구불만의 한풀이가 신분질서나 전통규범에 의해서 순치될 수 있었다. 그런데 근대화에 따른 급격한 사회변동으로 예의 생활공동체가 〈결합적 우리〉로부터 〈분산적 우리〉로 자리이동하게 됨에 따라서 한풀이하고자 하는 욕망의 분출이 사회적으로 확산되게 되었다. 그리고 이러한 한풀이 욕망의 사회적 확산은 모두가 위계질서상에서 상위로 돌입하고자 하는 상승욕구의 욕망으로 표출되게 마련이었는데, 그러한 상승욕구가 충족될 수 없는 현실적 조건 속에서 무매개의 무분별한 모방심리로 변질될 수밖에 없었다. 이와 같이 변질된 형태의 심리(개인주의 및 평등주의)는 상향적 동일성이나 하향적 평준화를 불문하고 무조건 같기만을 바라는 동일성의 욕구이기 때문에 사회적인 친화력과 통합력은 그만큼 멀어지고 그것은 만인을 불신하고 배격하는 질투·증오·시샘·원한 등의 부정적 심리현상으로 표출되게 마련이었다. 한국인이 오늘날 소집단 이기주의 현상을 자주 보여주고 있는 것도 따지고 보면 그 근원이 여기에 있다고 할 수 있다. 그리고 이러한 왜곡된 심리현상이 사회적으로 확산되어 횡행되게 된 결과로서 예의 아노미현상을 증폭시키게 되었다고 할 수 있다.

5. 맺는말

지금까지 우리는 광복 이후 분단체제 하에서 추진된 근대화 노력의 성과를 근대적 국민국가체제의 형성을 위한 준거문화양식의 변용양상을 구명하는 데 주안점을 두고 고찰하였다. 그 결과 우리는 그러한 이상실현을 위한 준거문화양식 자체가 당초 국제적 냉전구조 하에서 〈주어진 이데올로기〉로서 〈차용〉되었던 탓으로 현실의 사회·정치과정에서 응분의 탄력성을 발휘하지 못하게 되었으며, 이에 수반하여 문화변용양상 역시 본연의 이념적 지향에서 일탈하는 왜곡된 양상과 파행성을 보여주게 되었음을 확인할 수 있었다. 그리고 이러한 발생배경상의 근본적 결함 때문에, 국제적 해빙추세가 가시화되고 또 산업화의 성과에 따라 근대적 생활환경조건이 어느 정도 조성되게 된 1970년대 이후에 있어서도 그 유산이 완강하게 잔존하여 초점불일치의 다양한 문화적 변조들이 어설프게 병존하는 과도적인 양상을 보여주고 있음을 확인할 수 있었다.

그런데 여기에서 특히 주목되는 것은, 분단된 냉전구조 하의 현실 정치적 필요성 때문에, 권위주의를 비롯한 전통적 문화양식이 오래도록 온존되게 하는 유산을 남기게 되었다는 사실이다. 그리고 그 결과로서 한국사회는 전통적 요소와 근대적 요소가 이중인화되어 있는 그야말로 특이한 문화구조를 보여주고 있다는 점이다. 앞에서 살펴본 〈한국적〉인 개인주의와 평등의식이 그 단적인 예이다. 그리하여 이러한 문화적 이중구조가 사회적 공준의 성립을 어렵게 하는 아노미현상의 근원이 되고 있다.

이러한 맥락에서 볼 때, 한국사회가 보여주고 있는 이러한 문화적 이중구조가 적절한 수준으로 불식되지 않는 한 탈근대화의 새로운 과제는 고사하고 근대화라는 금세기의 과제가 미결과제로 남게 된다고 할 수 있다.

참고문헌

강광식, 「한국체제논쟁사 서설」, 강광식 외, 『한국체제논쟁사연구』(한국
　　정신문화연구원, 1992).

강광식, 「한국의 정치문화에 대한 진단과 그 21세기적 방향모색」, 김형
　　효 · 강광식 외, 『한국문화의 진단과 21세기』(한국정신문화연구원,
　　1994), pp.309－354.

김형효, 「한국문화의 생리와 병리에 대한 철학적 담론」, 김형효 · 강광식
　　외, 『한국문화의 진단과 21세기』(한국정신문화연구원, 1994), pp.3
　　－119.

노재봉, 「이데올로기로서의 민주주의: 한국의 경우」, 『현대이데올로기의
　　제문제』(민음사, 1978); 『사상과 실천』(도서출판 녹두, 1985), pp.331
　　－345.

노재봉, 「한국민족주의와 자유주의」, 『한국민족주의의 이념』(아세아정책
　　연구원, 1979); 『사상과 실천』(도서출판 녹두, 1985), pp.347－
　　368.

박상섭, 「한국정치와 자유민주주의: 현대 한국정치사의 정치사회학적 이
　　해를 위한 일 시론」, 『현대한국정치와 국가』(법문사, 1986).

윤홍근, 「한국사회의 변화와 정치변동」, 『자유민주주의의 한국적 모형
　　연구』(한국정신문화연구원, 1990).

황성모, 「현대 한국사회의 정신적 상황」, 『한국사회사론』(심설당, 1984).

제3장:

한국의 정치문화에 대한 진단과
그 21세기적 방향 모색

제3장

한국의 정치문화에 대한 진단과
그 21세기적 방향 모색

1. 문제의 제기

이 글은 〈한국문화, 한국인의 의식 진단과 21세기적 방향 모색〉이라는 공동과제를 수행함에 있어서, 정치공동체의식에 관심의 초점을 두는 정치문화적 측면을 고찰하는 데 기본 임무를 두고 있다. 다시 말해서, 본고의 중심과제는 한국인 특유의 정치의식상황을 나타내는 정치문화의 갈피와 위상을 진단하고 그 바탕 위에서 21세기의 새로운 환경적 조건에 효과적으로 대처하기 위한 새로운 정치문화의 이념상을 모색하는 것이다.

그러면, 이러한 연구목적과의 관련에서 한국인 특유의 정치문화적 위상은 구체적으로 어떤 근거에서 어떻게 접근하여 파악할 것인가?

이를 위해서는 무엇보다도 먼저, 본고에서 핵심적인 분석개념으로 설정하고 있는 〈정치문화〉라는 말의 개념적 함의부터 분명히 밝혀 둘 필요가 있다.

첫째로, 여기서 말하는 정치문화란 일상적으로는 정치의식성향을 뜻하는 말로 통용되고 있지만 본고에서는 엄밀히 정의하여 다음과 같은 개념적 함의를 갖는 말로 사용한다. 즉 정치문화란 공동체 생활을 함께 영위하는 사람들 간에 시간적(역사적)·공간적(사회적)으로 일정한 공유된 분포를 나타내는 유형화된 정치적 정향(patterned political orientations)을 지칭하는 말로서, 거기에는 정치적 사상(事象)에 대한 그들 공유의 인식·감정·평가의 정향(cognitive, affective, and evaluative orientations to political objects)이 포함되어 있는 것으로 이해한다.1) 따라서 여기서 말하는 정치문화 개념에는 특정한 개인의 개별적 정치의식성향을 넘어서는 집단적 성향과 더불어 그 집단 특유의 사회성과 역사성이 함축되어 있음을 주목할 필요가 있다. 그러므로 이러한 맥락에서 우리가 〈한국(인)의 정치문화〉를 말하게 되는 경우에 그것은 공시적으로 한국인 특유의 민족성이나 국민성에 상응하는 정치의식성향을 지칭하는 것이라고 할 수 있으며, 그리고 통시적으로는 조선조·일제시대·해방 이후 등 각 시대 공유의 정치

---

1) 비교정치학 분야의 주요 분석개념의 하나인 정치문화 개념은 개별 학자의 연구관심 여하에 따라 여러 가지 다양한 정의를 가지고 있다. 본고에서는 각국(또는 국민) 특유의 정치현상을 비교연구하기 위한 이론적 관심을 가장 체계적으로 대변하고 있는 알몬드(G. Almond)의 정의를 취하기로 한다. Gabriel A. Almond, "Comparative Political Systems," *Journal of Politics*, Vol.18 No.3(August, 1956); Gabriel A. Almond, *Political Development* (Boston: Little & Brown, 1970), p.35. 참조.

의식성향을 주목하는 것이라고 할 수 있다.

둘째로, 여기서 말하는 정치문화라는 개념은 또한 정치공동체생활과 관련되는 공공적인 현실규정 개념의 총체를 가리키는 역동적인 개념으로 사용한다. 〈유형화된 정치적 정향〉이라는 단순한 현상적 의미를 넘어서 정치행위와 정치공동체생활 전체를 역으로 규정해 주는 가치규범으로서의 역동적 의미를 함축하는 개념으로 정치문화를 이해한다. 정치문화는, 위의 개념 정의에서도 살펴보았듯이, 특정한 정치공동생활의 역사적·사회적 산물이라는 생성배경에 비추어 기존 생활체험의 학습된 결과를 반영하는 것이기도 하지만 그것은 동시에 그 정치공동체생활의 현실적 운영양상을 규정해 주는 공공적인 행위준칙으로서의 규범적 기능을 갖는다. 그리고 나아가서는 그것이 새로운 현실을 만들어 내는 데 필요한 이념적 지표로서의 기능도 수행한다. 기존의 생활조건을 합리화하고 유지·강화하는 기능과 더불어 경우에 따라서는 기존 생활조건의 개혁과 재구성을 시도하는 현실개변의 기능도 수행한다. 요컨대, 정치문화는 만하임(K. Mannheim)이 말하는 〈이데올로기〉와 〈유토피아〉의 기능을 수행하기도 한다. 이러한 맥락에서, 여기서 말하는 정치문화 개념은 특정한 시대, 특정한 사회를 풍미하는 사조 또는 사상성향을 지칭하는 뜻으로도 이해한다.

셋째로, 여기서 말하는 정치문화 개념은 문화 일반의 개념이 그러하듯이 생활조건의 변천에 따라 기본적으로 가변성을 갖는 것으로 보되 그 구체적인 변용양상에 있어서는 기조와 변조의 중층구조를 나타내는 개념으로 사용한다.

문화변용론에 의하면, 모든 문화는 생활조건의 변천에 수반하여 기본양식이 거의 불변하는 심층문화(또는 기층문화)와, 그리고 가변성이 높은 표층문화로 구성되어 있는 것으로 보거니와, 여기서 말하는 정치문화의 기조와 변조는 각기 심층문화·표층문화에 대응되는 정치의식 성향을 나타내는 것이라고 할 수 있다. 민족성이나 국민성과 같이 해당 집단 고유의 존재양식을 나타내는 정치문화는 외부의 충격이나 내부의 사회작용에 의해 생활조건이 변천된다 하더라도 구체적인 표현양태를 달리할 뿐 기본적 양식에 있어서는 대체로 연속성을 나타낸다는 점에서 〈기조〉에 해당한다고 할 수 있으며, 이와는 달리 표현양태는 물론 기본양식의 가변성을 나타내는 정치문화는 〈변조〉라고 명명할 수 있다. 우리가 〈한국의 민족문화〉를 운위하면서 이를 전통문화와 외래문화로 대별해서 말하는 경우, 대체로 전자와 관련된 정치문화를 기조에 해당하는 것으로 이해할 수 있지만, 여기에서 특별히 유의할 필요가 있는 것은 후자(외래문화)와 관련된 것이라도 그 변용양상 여하에 따라 기조에 포함시킬 수도 있다. 외래사상이나 외래문화라 하더라도 그것을 받아들여 학습하는 과정에서 그것을 충분히 소화하여 한국인 고유의 생활양식과 퍼스낼리티에 내면화(또는 내인화)시키는 과정을 거쳤다면 그것은 이미 한국인 고유의 존재양식에 접목된 것이라고 할 수 있기 때문이다. 같은 논리로, 외양상 전통적인 것이라도 실생활과 유리된 것이라면 그것은 이미 실질적으로 기조의 범주에서 벗어난 것이라고 할 수 있다. 이러한 맥락에서 볼 때, 여기서 말하는 정치문화의 〈기조〉(基調)와 〈변조〉(變調)의 구분은 거시적인 관점에서 상대적인 것에 지나지 않는 것이며, 양자를 구분하는 기준은 사상·문화의 변용양상, 즉 그것의 내인화 여부에 달려 있다는 점을 특별히 유의할 필요가 있다.

　이상에서 이 글의 중심개념인 정치문화의 개념적 함의에 대해서 개략적으로 살펴보았거니와, 이러한 개념적 시각을 구체적으로 적용하여 한국정치문화의 위상과 갈피를 진단하는 데 있어서는 사상적 요소의 변용양상에 특별히 주목하여 그 구조적 연관성을 살피는 데 분석전략상의 관심의 초점을 두려고 한다.

그 주된 이유를 부연설명하기로 하면 대략 다음과 같다.

첫째는, 분석방법상의 전략적 편의를 고려한 것이다. 본고의 목적은 〈오늘〉·〈여기〉에 나타나 있는 정치문화의 현상적 측면을 파악하는 데 그치지 않고 그 현상적 측면의 역사적·사회적 맥락과 갈피를 아울러 구명하려는 데 두고 있거니와, 따라서 이러한 거시적 접근에서는 분석편의상 그러한 역사성과 사회성을 대표하는 함축성 있는 문헌자료의 분석에 주로 의존하지 않을 수 없는 것이다. 사상적 요소란 그 자체가 특정한 시대의 역사성과 사회성을 대표하는 체계화된 가치정향을 함축하고 있는 만큼, 이러한 함축적 요소를 대표하는 문헌자료에 주로 의존하여 한국정치문화의 거시적 맥락을 파악하려고 한다.

둘째로는, 한국정치문화의 내용적 특성을 효과적으로 파악하기 위한 전략적 고려이다. 한국사의 전개과정은, 특히 서세동점 이후의 근대적 역사과정에서는 정치공동체생활조건의 변천이 외부세력의 충격에 의하여 주도되어 왔다고 할 수 있거니와, 따라서 정치문화 역시 이러한 역사과정과의 관련에서 그 중요한 특성이 규정되어 온 것으로 파악될 필요가 있다. 특히 외부세력의 충격에 의해 전래되는 외래 사상요소란 그것을 받아들이는 사람들의 수용양상 여하에 따라 다양한 편차를 나타낼 수 있기 때문에 전통적 요소와의 연관구조와 그 구체적 양상에 대한 세심한 고려가 요구된다. 그리고 정치문화란 일반적으로 역사적 및 사회적 계열을 달리하는 갖가지 정향의 사상적 요소들이 일정한 양상으로 조합된 복합구조를 가지고 있는 것이 통례이거니와, 따라서 정치문화가 가지고 있는 특유의 정향성을 파악하기 위해서는 그것을 구성하고 있는 주요 사상적 요소들이 어떠한 양상으로 조합되어 일정한 연관구조를 이루고 있는가를 체계적으로 파악할 필요가 있다. 개별적 정향의 사상적 요소들이 전체적으로 어떠한 연관구조를 이루고 있느냐 하는 문제는 관련 정치문화 자체의 총체적 정향성은 물론 그 안정성 및 역동성 여부를 규정하는 핵심적 요인이 되기 때문이다.

이상에서 이 글의 분석전략으로서 사상적 요소의 향배에 대한 관심의 중요성에 대해서 살펴보았거니와, 그러면 이러한 분석관점에서 현대 한국정치문화의 위상은 구체적으로 어떻게 파악할 것인가?

이러한 관련에서 현대한국의 정치사상적 상황을 진단하고 있는 한 논자의 분석결과[2]는 본고의 연구목적상 매우 요긴한 시사점을 제시해 주고 있다고 할 수 있을 것이다. 그것은 현대 한국정치문화의 위상과 갈피를 고찰하는 데 있어서 논의의 출발점이 되는 몇 가지 중요한 실마리를 함축하고 있기 때문이다. 이를 간추려 소개하면 다음과 같다.

첫째로, 현대한국의 정치사상이 나타내고 있는 제1주조는 민족의 종속적 상황에 대한 반태를 드러내고 있는 현상으로서 그것은 대내외적인 착취와 억압을 총체적으로 규탄하는 저항적 정치의식성향의 근원이 되고 있다는 것이다.

---

2) 노재봉, 「현대 한국의 정치사상에 있어서 방법의 문제」, 노재봉(저), 『사상과 실천: 현실정치인식의 기초』(도서출판 녹두, 1985), pp.271-280. 참조.

둘째로, 민족의 자립과 통일성을 강조하는 규범적 성향이 제2주조를 이루고 있다는 것이다. 오늘날의 국학연구가 독립성 또는 자주성을 중심으로 한 소재와 상징을 다루는 데 경주되어 있는 것은 이러한 사상성향을 반영하는 것이라고 할 수 있다.

셋째로, 제3주조는 이른바 근대성에 관한 사상성향으로서 그것은 주로 다른 외부세계에서 개발된 사상적 요소의 영향을 받아 외부적인 도구로써 민족적 발전을 꾀하려는 의식성향으로 표출되어 외계에 적응하면서 동시에 주체의 존속을 목적으로 전통성과 근대성의 접목을 시도하는 실천적 성향을 보여주고 있다는 것이다.

요컨대, 현대한국의 정치사상적 상황을 지배하고 있는 것은 저항·자주·근대화로 집약되는 세 가지 주조로 특징되거니와, 여기에서 이들 세 가지 주조들에 수반되는 현실생활조건과의 모순내용을 방법론적으로 한국의 입장에서 어떻게 타개할 것이냐가 핵심적인 과제라는 것이다. 〈저항〉으로 특징되는 주조 속에서도 현실과의 구체적인 관련에서는 보수와 진보의 갈등이 있고, 〈자주〉라는 기본적 지향 속에서도 개방과 폐쇄의 갈등이 개재하며, 또 〈근대화〉의 지향 속에서도 신화와 이성이 야합하고 있는 현실의 갈등적 양상을 어떻게 정리하여 수렴시키느냐 하는 것이 오늘의 과제라는 것이다.[3]

그런데 여기에서 다시 주목할 필요가 있는 것은, 이 세 가지 주조가 별개로 존재하는 것이 아니라 상호 유기적인 관계를 가지고 있을 뿐 아니라 역사적 의미를 가지고 있으며, 또 그럼으로써 현대라는 시점과 연결되는 것이다. 따라서 그것들을 유기적으로 보면 이른바

---

3) 노재봉, 위의 책, pp.276-277.

한국민족주의라는 말로 집약되는 한국인 특유의 정치의식성향으로 표현되고 있다는 점에서 한국의 현대사와 비로소 깊은 관련을 갖는다는 점이다. 그러므로 우리가 정치사상이나 정치문화를 파악함에 있어서 이와 같은 역사적 의미나 구조적 연관성을 간과하게 되는 경우에는 개별적인 주조의 표피적이고 단편적인 의미만을 주목하게 되는 결과를 가져옴으로써 궁극적으로 정치사상이나 정치문화의 역동적 의미를 파악하지 못하게 된다. 그렇게 되는 경우에는 한국민족주의의 한 주조인 저항개념이 한말 위정척사(衛正斥邪)사상의 신판으로 나타나며, 자립개념이 열등의식의 논리로 전개되기도 하며, 그리고 근대화 개념이 쇼비니즘의 합리화로 나타나게 됨으로써 한국민족주의의 기본적 지향은 현실적인 역동성이 결여된 한낱 슬로건에 지나지 않게 된다.

본고에서는 바로 이와 같은 맥락에 특히 유의하여 한국정치문화의 역사성과 그 구조적 연관성 구명에 분석의 초점을 두게 될 것이다. 그리고 그러한 현상 진단의 토대 위에서 앞서 살펴본 주조들에 내포되어 있는 갈등적 양상의 원인과 갈피를 구명하여 그것을 극복할 수 있는 새로운 이념상을 도출하게 될 것이다.

2. 예비적 고찰: 정치문화 진단을 위한 이론적 준거틀 탐색

한국인 특유의 정치문화적 위상은 기본적으로 한국민족주의로 표상되는 정치사상성향과 궤를 공유한다고 할 수 있다. 그런데 한국민족주의의 현대적 표현양태는, 앞서 살펴보았듯이, 저항・자주・근대화로 집약되는 특징적 양상을 보여주고 있으며, 그러한 양상이 현실과의 관련에서 각기 혼돈과 갈등적 양상을 드러내고 있는 것이다. 이러한 사상성향의 모순 내용과 갈등양상을 한국(인)의 입장에서 어떻게 타개할 것이냐 하는 것이 한국사상사의 핵심과제인 동시에 한국정치문화의 새로운 이념상을 모색하는 본고의 중심과제이다.

그러면 여기에서 말하는 한국민족주의의 3대 주조는 구체적으로 정치문화와 어떠한 연관성을 가지고 있는 것인가?

이에 대한 해답을 얻기 위해서는, 정치공동체생활과 관련한 한국인 특유의 사유양식에 대한 구명이 선행될 필요가 있을 것이다. 정치문화란 일반적으로 특정한 정치공동체생활체험(사상체험 포함)이 누적된 결과로서 형성되는 것이지만, 그 구체적인 표현양태는 언제나 그 체험주체인 해당 집단 특유의 사유양식에 의해서 기본적 윤곽이 규정되기 때문이다. 요컨대, 한국인 특유의 정치문화 패턴을 판가름해 주는 「기조」의 성격규명이 선행될 필요가 있다.

첫째로, 한국인 특유의 정치적 사유 패턴은 어떤 것인가? 어떤 현상을 「정치」・「정치적인 것」으로서 사유하며, 또 그것이 외향적인가, 아니면 내향적인가?

둘째로, 한국인 특유의 사상선호 패턴은 어떤 것인가? 보편주의적인가, 특수주의적인가? 그리고 이러한 관련에서 특히 외래사상을 받아들이는 태도는 어떤 것인가? 〈해바라기〉성향인가, 아니면 자기중심적인가?

셋째로, 한국인 특유의 사회관계의식 패턴은 어떤 것인가? 개체적인가, 아니면 집체적인가? 합리주의에 바탕을 둔 계약관계를 중시하는가, 아니면 낭만적 귀속주의에 바탕을 둔 인척관계를 보다 중시하는가?

위의 세 가지 질문에 대한 분석적인 해답을 구하기 위하여, 여기에서는 예비적으로 이 문제의 분석에 준거가 될 만한 이론적 시각을 먼저 검토해 보기로 한다.

1) 정치의 본질에 관한 두 가지 개념과 정치문화의 패턴

정치공동체생활체험의 누적된 결과로서 형성되는 정치문화는 우선 어떠한 현상을 〈정치〉·〈정치적인 것〉으로 생각하느냐 하는 정치적 사유양식에서부터 기본적인 패턴이 달라진다고 할 수 있다. 정치의 본질을 어떻게 생각하느냐에 따라 정치에 관한 제반 정향이 근본적으로 달라지기 때문이다.

정치의 본질에 대하여 서로 다르면서도 중요한 의미를 갖는 두 가지의 유형개념이 있다. "사회를 위한 제가치의 권위적 배분"(authoritative allocation of values for a society)으로서 정치를 정의하는 이스턴(D. Easton)의 개념이 그 하나이며,4) 다른 하나는 이른바 우적관계를 결정하는 일(Freund—Feind Bestimmung)을 정치의 고유 영역으로 파악하는 슈미트(Carl Schmitt)의 개념이다.[5] 이 두 개념은 정치의 본질에 관한 유럽 지식인들의 오랜 논쟁점을 대변하는 것인 동시에 그 자체가 상이한 정치공동체생활체험의 산물인 정치관념 패턴을 각기 대변하는 것이라는 점에서 정치문화 분석에 매우 중요한 준거가 된다고 할 수 있다.

먼저, 양자의 개념내용부터 간추려 정리해 보기로 한다.

이스턴은 한정되고 희소한 가치를 추구하기 위하여 다양한 개인과 집단이 행하는 상호 작용이 지속적으로 흐르는 사회과정을 〈정치〉로 보고 있다. 여기서 추구되는 가치는 물질적인 재화일 수도 있고 권력이나 존경과 같은 추상적인 것이 될 수도 있다. 그러나 그러한 가치를 배분하는 과정은 아무렇게나 일어나는 것이 아니다. 이스턴에 의하면, 그것은 반드시 "명령에 의한 배분"(allocation by command), 즉 가치를 배분받는 피치자의 잠정적인 복종과 불복자세에 제재를 수반하는 배분이어야 한다는 것이며 이것이 바로 정치의 본질적인 영역이라는 것이다.[6] 이렇게 보면, 이스턴에게 있어서 정치는 본질적으로 제한된 상호 작용이라는 맥락에서 일어나며, 이렇듯 상호 작용하는 개인과 집단 사이에 가치를 배분하는 기능적인 문제를 다루는 것이 정치이다.

이에 비하여, 슈미트의 경우는 이스턴과는 전혀 다른 각도에서 정치의 본질을 파악하고 있다. 이스턴이 "제한된 상호 작용"이라는 맥

---

4) David Easton, *The Political System*(New York: Alfred Konopt, 1953).
5) Carl Schmitt, *Der Begriff des Politischen*(Berlin, 1965).
6) David Easton, *op cit.*, chap. 5.

락을 전제로 하여 상당히 "질서화된 가치배분과정"을 〈정치적〉이라고 규정하고 있는 데 비하여, 그는 무질서와 재앙의 위협이 상존하는 정치공동체생활을 전제로 하여 정치의 고유 영역을 찾고 있다. 그에 의하면, 정치의 본질적인 기능은 외부의 위협이 상존하는 생활환경 속에서 누가적이며 동지인지를 결정하는 일이라는 것이다. 불안정하고 결과를 예측할 수 없는 위급한 상황에서 무엇이 필요하며 무엇이 편리하다는 것을 감지하여 대처하는 일이 중요하다는 것이다. 따라서 여기서는 필요와 편의가 행동의 준칙이 된다. 정치적 행동이 합법성(legality)보다는 효율성(effectiveness)에 의존한다는 것이다. 따라서 여기서는 정치적 결정을 내리는 데 있어서 다른 영역의 결정과 혼동하는 일이 있어서는 안 된다는 것이다. 즉 궁극적인 정치적 결정은 실존적인 것이지 결코 규범적인 것이 아니라는 것이다. 예컨대, 〈타인〉이 〈우리〉를 적으로 정의하고 〈우리〉에게 적으로 행동하면, 〈타인〉이 왜 그렇게 하는지는 생각할 필요가 없고 오직 같은 종류로 보복하는 일뿐이라는 것이다.[7] 요컨대, 슈미트에게 있어서 정치는 적대적인 타자와의 가능한 갈등에 대하여 지속적으로 준비하는 일을 본질로 하기 때문에, 인간의 다른 어떤 활동보다도 우선적인 의미를 갖는다는 것이다. 집단이 존재하지 않고는 다른 모든 활동을 할 수 없기 때문이다. 정치적 결정은 집단의 존립 자체가 문제시되는 무질서한 상황에서 집단의 보존을 확보하는 일에 우선적인 관심을 두기 때문이다.

　이와 같은 슈미트의 입장에서 보면, 이스턴이 〈정치〉라고 보는 것

---

7) Carl Schmitt, *Ibid,* pp.33－37.

은 극히 사소한 지엽적인 문제에 지나지 않는다. 공동체 전체가 외부의 위협에 노출되어 있는 위급한 상황하에서 내부의 가치배분문제에만 몰두한다는 것은 실로 한심하기 짝이 없는 일이 될 것이기 때문이다. 규범이 부재하는 다른 집단과의 관계 속에서 집단 내부의 사회적 가치 배분문제와 관련한 규범이나 규칙을 들먹인다는 것은 전혀 의미가 없기 때문이다.

이상에서 정치의 본질에 관한 양자의 개념내용에 대해서 개략적으로 살펴보았거니와, 우리는 여기에서 정치문화의 패턴과 관련되는 몇 가지 중요한 대조점을 확인할 수 있다.

첫째로, 이스턴의 견해는 정치공동체의 내부문제에 관심의 초점을 두는 내향성을 보여주고 있는 데 비하여 슈미트의 경우는 정치공동체의 외부환경을 주목하는 외향성을 보여주고 있다는 점이다. 그리고 더욱 중요한 사실은 양자의 대조적인 성향이 유럽인들이 겪었던 두 가지 유형의 정치공동체생활체험을 각기 대변하는 것이라는 점이다. 전자가 섬나라 영국이 겪었던 독특한 정치적 경험을 대변하는 것인 데 비하여 후자는 대체로 대륙적 체험을 반영하는 것이기 때문이다.[8]

주지하듯이 영국은 노르만의 정복을 제외하면 역사적으로 오랫동안 바다에 의해서 외적의 위협으로부터 격리되어 있었기 때문에 영국의 정치사상과 관행은 이러한 지정학적 조건을 반영하여 자연히 내부지향적인 것이 되었다. 따라서 여기서는 공동체 성원의 권리를

---

8) 이에 관한 상세한 논의와 이론적 쟁점에 대해서는, Giafranco Poggi, *The Development of the Modern State: A Socialogical Introduction*(Stanford: Stanford University Press, 1978), p.9 참조.

보장하고 법질서의 틀을 갖추어 집행하는 것이 정치적인 일의 본질로 부각되게 마련이었다.

이에 비하여, 유럽대륙의 경우는 일찍이 마키아벨리의 군주론에서도 여실히 보여주고 있듯이 정치공동체생활을 영위하는 데 있어서 잠재적이거나 실재적인 위협이 상존하는 역사과정을 보여주었다. 각국은 다른 나라에 대하여 위협적인 존재로서 늘 부각되었으며, 따라서 모든 나라가 받아들일 수 있는 균형을 모색하는 것이 주요 관심사로서 부각될 수밖에 없었다. 이러한 상황에서는 정치사상이나 관행은 외부지향적인 것이 되어 외교와 전쟁을 대비하는 일에 정치의 우선순위를 부여하는 성향이 심화되게 마련이었다.

요컨대, 이스턴과 슈미트의 정치개념은, 역사적 및 지정학적 입지조건을 달리하는 두 가지 서로 다른 유형의 정치공동체생활체험을 각기 대변하는 정치적 사유양식을 집약한 것이라고 할 수 있다.

둘째로, 이스턴의 견해는 정치공동체생활조건의 궁극적인 양상을 사회적 가치의 희소성(scarcity)에 두고 정치에 대한 경제적 관점을 전개하고 있는 데 비하여 슈미트의 경우는 정치공동체 전체의 위험성(danger)에 주목하여 정치에 대한 안보적 관점을 전개하는 성향을 보여주고 있다는 점이다. 이스턴이 이해하는 정치과정에서는 정치공동체 성원들이 그들의 사적인 능력을 향유할 수 있는 것을 정치체가 개인들에게 배분하는 것이 관심의 초점을 이루고 있는 데 비하여, 슈미트의 경우에는 오로지 정치공동체 전체의 안전과 통합성을 보존하는 일이 주된 관심사일 뿐이라는 점이다. 이러한 맥락에서 볼 때, 전자가 민권론적 정치의식성향을 대변하는 것이라면 후자는 국권론적 정치의식성향을 대변하는 것이라고 할 수 있다.

2) 보편·특수 사상선호 성향과 정치문화의 패턴

정치문화는 정치공동체생활체험의 반영이라고 할 수 있지만 그것의 정향성은 생활체험에 나름대로의 체계화된 의미를 부여해 주는 사상적 요소에 의해서 규정된다고 할 수 있다. 따라서 특정한 집단이 가지고 있는 정치문화상의 고유한 정향성은 바로 이러한 사상성향 여하에 따라서 기본적 패턴이 달라진다고 할 수 있다.

그러면 여기에서 특정한 집단이 선호하는 사상성향은 구체적으로 어떤 요인에 의해서 어떻게 규정되는가?

특정한 집단이 선호하는 사상성향은 크게 보편주의와 특수주의로 구분할 수 있거니와, 이러한 성향의 차이는 일차적으로 그 집단 내부의 구성적 조건을 반영한다고 할 수 있다. 예컨대, 다양한 인종들의 복합체를 형성하고 있는 집단의 경우에는 구성집단의 잡다한 문화적 요소들을 공시적 체계로 용인하지 않으면 안 되는 정치적 필요성 때문에 사상과 문화의 보편주의적 성향을 보여주게 마련이며, 이와는 달리 단일 혈통의 비다원적 집단은 자체의 순수성을 고수하려는 폐쇄적 특수주의의 성향을 보여주게 마련이다.

그러나 여기에서 다시 주목할 필요가 있는 것은 보편·특수의 사상성향이 해당 집단 내부의 구성적 조건만을 단순히 반영하는 정태적인 것이 아니라는 점이다. 그것은 외부집단과의 상관관계에서 그 집단이 어떠한 정치적 성향을 나타내느냐 하는 동태, 즉 대외팽창적인 패권주의 노선을 추구하느냐 또는 수세적인 고립주의 노선을 추구하느냐에 따라서도 달라진다는 점이다. 비다원적인 집단이라도 자체의 내적 응집력을 바탕으로 패권주의 노선을 추구할 경우에는 자체의 특수주의적인 사상·문화체계를 보편주의로 포장하여 새로운 사상성향을 보여줄 수 있기 때문이다. 이러한 사실은 세계사의 역동적 전개과정에서 얼마든지 확인할 수 있다. 예컨대, 동양의 역사를 오랫동안 지배해 온 이른바 〈Pax Sinica〉라는 중국의 사상성향은 기실 한족중심의 사상성향을 중화의식으로 포장한 보편주의에 지나지 않았으며, 그리고 서양 중세의 이탈리아 중심의 〈Pax Romana〉를 비롯하여 근대의 〈Pax Franca〉·〈Pax Britanica〉, 그리고 20세기에 있어서의 〈Pax Americana〉·〈Pax Sovietica〉로 대표되는 보편주의적 사상성향 역시 기본적으로는 그것을 표방하던 개별국가의 자기중심적인 사상과 문화를 보편주의로 포장한 것에 지나지 않았다. 그것들은 형식은 보편적 표현양식을 취하고 있었을 뿐, 그 실제적 내용에 있어서는 예의 보편주의가 자국의 문화적·정신적·언어적 우월주의를 주변에 확산시켜 판매하기 위한 제국주의 이데올로기에 지나지 않았다. 여기에서 차이가 있었다면 그 사상들의 역동적 전개방향으로서, 말하자면 문제의 사상성향이 본질적으로 〈원심적〉이냐 또는 〈구심적〉이냐 하는 차이가 있었을 뿐이다.

여기서 우리는 특정집단의 사상성향을 파악하는 데서 유의해야 할 중요한 사실을 확인할 수 있다. 그것은 형식적인 표현양식상의 보편·특수를 주목할 것이 아니라 그 역동적 전개방향을 주목해야 한다는 점이다. 역동적 전개방향의 원심·구심 여하에 따라 본질적 의미의 보편·특수성향이 판별되기 때문이다. 그리고 여기에서 문제의 역동성이란 기본적으로 그 집단 자체의 사상수용·발전자세를 반영하는 것이라는 점을 감안하면, 특정집단의 사상성향은 궁극적으로 자세문제로 관심의 초점이 귀결된다고 할 수 있다.

그러면 여기에서, 특정집단의 사상수용·발전자세는 구체적으로 어떤 기준에서 어떻게 평가할 것인가?

이 문제에 대해서는 정치사회학에서 나름대로의 검증된 이론적 준거를 제시하고 있거니와, 본고의 목적과의 관련에서는 사상의 내인성 및 그 구조적 연관성 문제에 특별한 주목을 기울일 필요가 있을 것이다.

첫째로, 여기서 말하는 사상의 내인성 문제란 특정한 사상적 요소가 어느 정도 사회화(socialization)되고 또 내면화(internalization)되고 있는지를 주목하는 것으로서, 그것은 궁극적으로 특정한 사상을 고유의 생활양식에 어느 정도 접목시켜 생활화하고 있는가를 문제삼는 것이라고 할 수 있다. 여기에서 내인성이 결여된 사상적 요소가「사상」으로서의 역동성을 가질 수 없듯이, 외부로부터 받아들인 사상적 요소 역시 그것이 응분의 내인화과정을 거치지 않았을 경우에는 언설상으로 완제품이 운위된다 하더라도 한낱 공이공론에 지나지 않음으로써 사상으로서의 역동성을 갖지 못하게 된다.

둘째로, 여기서 말하는 사상의 구조적 연관성이란 특정한 사상에 내포되어 있는 본질적인 요소들이 어느 정도 실생활조건과의 연계하에 인식되고 있는지를 주목하는 것으로서, 그것은 궁극적으로 특정한 사상에 대한 유기적인 연관인식 여부를 문제삼는 것이라고 할 수 있다. 여기에서 유기적인 연관인식이 결여된 사상적 요소가 〈사상〉으로서 체계화될 수 없듯이 외부로부터 받아들인 사상적 요소 역시 본질적인 요소와 무관한 단편적인 측면만을 수용하는 경우에는 그 사상에 대한 구조적 인식이 결여됨으로써 그 사상 본연의 역동성을 취할 수 없게 된다.

이상의 맥락에서 볼 때, 특정한 집단의 사상수용·발전자세는 정치문화의 역동성 여부에도 그대로 반영된다고 할 수 있다. 그것이 주체적인 양상을 나타낼 경우에는 사상성향의 보편·특수 여하에 상관없이 문제의 정치문화가 응집력을 갖게 됨으로써 원심적 또는 구심적인 역동성을 갖게 되는 데 비하여 무주체적인 양상을 나타내게 될 경우에는 상황변화에 충동적인 반응만을 불규칙적으로 표출하는 〈해바라기〉성향의 정치문화를 보여줄 뿐 거기에서는 사태진전에 적극적인 영향을 미치는 어떠한 역동성도 기대할 수 없다.

4) 사회관계 의식성향과 정치문화의 패턴

정치공동체생활체험의 누적된 결과로서 형성되는 정치문화는 그러한 생활체험을 공유하는 사람들과의 관계가 어떤 것이냐에 따라 그 기본적 패턴이 달라진다. 요컨대, 정치문화는 특정한 정치공동체 내부의 사회관계의식의 공시적 집합을 반영하게 마련이므로, 그 공동체에서의 사회관계가 어떤 유형의 것이냐에 따라 정치문화의 패턴이 달라진다.

그러면 정치문화의 기본패턴을 규정하는 사회관계의 유형에는 어떤 것이 있는가?

이 문제와의 관련에서 우리는 퇴니스(Ferdinand Tönnies)가 말하는 공동사회(Gemeinschaft)와 이익사회(Gesellschaft)라는 유형개념에 특별한 주목을 기울일 필요가 있다. 이러한 유형개념은 모든 정치공동체에 내포되어 있는 사회관계의 요소들이지만 두 가지 요소 중에 어느 요소가 사회관계의 대종을 이루고 있느냐에 따라 공동체 전체의 의식성향 패턴이 달라진다고 할 수 있기 때문이다.

이러한 맥락에 유의하여 여기에서는 먼저, 퇴니스가 말하는 두 가지 유형개념의 구체적 함의부터 살펴보기로 한다.[9]

퇴니스는 사회적 실체를 파악하기 위한 유형개념으로서 공동사회와 이익사회를 구분해서 사용하고 있다. 즉 그는 본질 의지에 기반을 둔 사회적 실체의 일반개념을 〈공동사회〉라고 부르고, 선택의지에서 나타나는 사회적 실체의 일반개념을 〈이익사회〉로 지칭하고 있는 것이다. 따라서 퇴니스가 말하는 두 가지의 유형개념은 공동체의 구성원리, 거기에 기반을 둔 사회관계와 의식패턴을 근본적으로 달리하는 개념적 속성을 가지고 있는 것으로 파악될 필요가 있다.

우선, 여기서 말하는 〈이익사회〉란 서로 결합되어 있는 개인들이 각기 다만 일정한 목적을 위한 수단이라고 생각되는 사회적 실체를 지칭하는 것으로서, 여기에서 핵심적인 요소는 이해관계(interest)이다. 따라서 이러한 사회적 실체는 공유하고 있는 목적 자체가 없어진다든지 또는 변질될 경우에는 사회적 실체 자체도 소멸되든지 또는 변질되는 속성을 갖게 마련이다. 이에 비하여, 여기서 말하는 〈공동사회〉란 취향·습관 또는 신념에서 욕구된 사회적 실체를 지칭하거니와, 따라서 이러한 사회적 실체의 원형은 혈족관계를 근간으로 하는 촌락공동체나 자율적인 폴리스(polis)나 신앙단체 등에서 찾을 수 있다.

그러나 여기에서 다시 주목할 필요가 있는 것은, 이러한 개념들은

---

9) Ferdinand Tönnies, *Gemeinschaft und Gesellschaft*, 황성모(역), 『공동사회와 이익사회』, 세계사상전집 30(삼성출판사, 1982), pp.108‒165.

다만 이념형적인 단순화에 지나지 않는다는 점이다. 현실적으로는 이와 같은 개념에 꼭 해당하는 사회적 실체가 있다는 것은 아니다. 예컨대, 만약 우리가 가족을 꼭 공동사회로서만 규정해야 한다면, 바로 그 이유 때문에 우리는 사회과학적 인식의 길을 잃게 되는 것이다. 왜냐 하면, 그것은 바로 위의 공동사회라는 개념은 경험에 입각한 사회적 실체이기 이전에 하나의 이념형으로서 존재하기 때문이다. 다만 여기에서 문제가 되는 것은 어느 한 가족이 얼마만큼 하나의 이념형으로서의 사회적 실체에 가까운가 하는 것뿐이다. 공동사회와 이익사회의 두 개념은 엄밀하게 서로 반제적인 것이 아니라 순수하게 이익사회적인 사회질서란 있을 수도 없기 때문이다. 그것은 인간이 결코 지능과 이성만으로 그의 사회적 태도를 결정하는 것이 아니기 때문이며, 동시에 사회관계가 공동사회적인 관계에 입각해서만 존재한다고 생각할 수 없기 때문이다. 퇴니스는 계약을 이익사회적 관계의 한 원형이라고 보고 있지만, 이것조차도 비록 미약한 상태라고는 하나 공동사회라는 배경이 없다면, 계약 당사자 간에 계약이 지켜질 수 없다.

이상에서 퇴니스가 말하는 공동사회·이익사회의 개념내용에 대해서 개략적으로 살펴보았거니와, 여기에서 우리는 정치문화의 패턴을 규정하는 사회관계의식성향의 이념형을 확인할 수 있다. 퇴니스의 선택의지(이익사회적 사회관계의 바탕) 개념이 마르크스·베버의 이른바 사회적 행위의 목적합리적 지향과 일맥상통하는 것이라면 그의 본질의지(공동사회적 사회관계의 바탕) 개념을 베버의 이른바 심정적·전통적·가치합리적 지향과 동일한 것이라고 할 수 있기 때문이다. 그리고 이러한 맥락에서 공동사회와 이익사회의 차이는 전자가 역사적으로 생성된 사회적 형성체이며, 후자는 인위적으로 만들어진 것이라는 데서 찾을 수 있다. 따라서 그것은 스펜서(H. Spencer)가 말하는 유기적인 통합과 기계적인 결합의 차이와 같은 것이다. 이러한 맥락에서 볼 때, 특정한 집단이 어떤 유형의 사회관계를 공동체 생활의 근간으로 삼고 있느냐에 따라 중심적인 사회관계 의식성향이 달라질 것이며, 이에 부수하여 정치문화의 패턴도 달라질 것이다. 공동사회적 사회관계가 대종을 이루고 있는 경우에는 귀속주의적인 사회관계의식(전합리적·집체적·폐쇄적 성향)이 지배하여 화가위국적(化家爲國的)인 정치의식성향이 주로 통용되는 정치문화 패턴을 보여주게 될 것이고, 이와는 달리 이익사회적 사회관계가 대종을 이루고 있는 경우에는 계약적인 사회관계의식(합리적·개체적·개방적 성향)과 더불어 계약국가적 정치의식성향이 주로 통용되는 정치문화 패턴을 보여주게 된다.

이상에서 정치공동체 의식성향의 패턴을 규정하는 주요 사유양식 패턴에 대해서 살펴보았거니와, 그것은 대체로 정치공동체생활의 외적 환경변수(정치관념 패턴)·내적 환경변수(사회관계의식 패턴)·내외환경조건을 실생활과 연결시키는 매개변수(사상선호 패턴)에 각기 대응하는 기본적 사유양식의 규정요인을 유형별로 고찰한 것이다. 따라서 그것은 정치문화의 근간을 이루는 주요 구성적 사유양식의 규정요인을 개별적으로 고찰한 것에 지나지 않는다. 정치문화란 위에서 살펴본 제 변수의 총체개념을 지칭하는 것이려니와, 이러한 맥락에서 정치문화 진단을 위한 분석틀을 도출하기 위해서는 이를 민족집단에 조준점을 맞추어 종합해서 고찰할 필요가 있다.

민족집단을 기준으로 한 정치문화 패턴은 〈민족주의〉로 집약되거니와, 그것은 기본적으로 다음 두 가지의 사상적 유형으로 분류된다. 그 하나는 정치적 민족주의이며, 다른 하나는 낭만적 민족주의이다. 이 두 가지 유형개념은 민족주의 사상의 두 원조로 지칭되는 루소(Rousseau)와 헤르더(Herder)의 사상적 영향에 각기 대응하는 개념이라고 할 수 있으며, 동시에 그것들은 앞에서 살펴본 주요 변수별 유형개념들을 총체적으로 함축하고 있는 개념이라고 할 수 있다. 그 특징적 개념내용을 살펴보기로 하면 다음과 같다.

먼저, 정치적 민족주의는 철학적으로 합리주의 위에 서서, 영토를 바탕으로 하여, 일반원리에 따라, 개인들의 상호 이익을 위하여 자유스러운 개인들의 법적 통합을 그 주요 내용으로 한다. 그러므로 여기서는 법과 시민이 중요시되고 특수주의·폐쇄주의가 배격되며, 개인을 중심으로 한 국제주의가 포용되고, 계약적인 정치관계를 중심으로 하는 공동사회적인 성격이 두드러진다. 그리고 이러한 정치적 민족주의에서는 기존 국가에 대하여 자유로써 개혁하려는 것을 목적으로 하거니와 사상의 폭이 개방적이고 역사에 대해서도 전진적인 자세를 취하게 마련이다. 주요 속성을 낭만적 민족주의와 대비하여 열거하면 〈표 1〉과 같다.

다음으로, 낭만적 민족주의는 전(前) 정치적·전 합리적 기반 위에 공동언어·민속전통 등 특수주의적 성향의 〈민족정신〉(Volksgeist)을 기준으로 내세운다. 그러한 민족개념에 따라, 개인은 민족적 공동체가 통합부분으로서만 의미를 갖고, 법적 보장이 문제되지 않고 유기적인 공동체가 개성을 부여받게 된다. 따라서 민족국가의 사회는 법적인 결사가 아니라 자연과 역사에 바탕을 둔 공동사회로 부각된다. 그리고 국제주의는 여기에서 설 자리가 없고, 특수성에 입각한 폐쇄주의가 강한 위치를 차지한다. 주요 속성을 열거하면, 〈표 1〉과 같다.

〈表 1〉 민족주의 이념형의 주요 가치정향 대비

유형 정향	정치적 민족주의 (Rousseau적인 사상성향)	낭만적 민족주의 (Herder적 사상성향)
	합리주의적	전 합리주의적
	정치적	전 정치적
	영토적	역사적
	인민주권	민족공동체
	권력적	유기적
	보편법	민족정신
	개체적	집체적
	Staatnation	Nationstaat
	개방적	폐쇄적
	미래지향형	과거집착형

이상에서 민족주의 유형개념의 개념적 함의를 살펴보았거니와, 여기서 말하는 유형개념은 정치공동체현실을 그대로 대표하는 것은 물론 아니다. 현실에서는 양자 사이에 여러 가지 결합이 있을 수 있다. 그러나 역사의 전개과정에서 보면 양자는 대체로 변증법적인 관계에 있다고 할 수 있다. 정치적 민족주의는 〈민족적〉 기반이 이미 근대적으로 굳혀지고 난 뒤에 그 기반의 구조를 개혁하려는 〈민족주의적〉이 사상유형이고, 낭만적 민족주의는 근대적인 〈민족적〉 기반이 없는 곳에 〈민족주의〉를 실현시켜 보려는 데서 나온 사상유형이다. 따라서 양자는 도전과 응전의 관계에 선다고 할 수 있으며, 그 관계 속에서 개별 민족집단의 사정에 따라 양자 중 어느 한 가지가 압도하게 되는 것이다. 역사의 경험에서 보면, 전자는 대체로 선발의

〈우월의 민족주의〉였고 후자는 후발의 〈저항의 민족주의〉였다.[10] 그리고 이 두 모형개념은 오늘날의 비서양 지역에 공히 영향을 미치게 되었거니와, 여기에서 국제정치적인 외부의 충격에 자극되어 민족주의가 시작된 대부분의 신생국들은 후자가 압도적이라고 할 수 있다. 한국도 여기에서 예외가 아님은 두말할 나위가 없다. (일본의 경우는 절충적인 수용 예를 보여주고 있다.)

3. 한국정치문화의 위상 진단

앞에서는 한국정치문화의 위상을 진단하기 위한 예비적 고찰로서 정치문화의 패턴을 좌우하는 기본적 요소와 그에 대한 이론적 준거에 대해서 살펴보았다. 이를 다시 간추려 정리하면 다음과 같다.

첫째로, 무엇을 〈정치〉·〈정치적인 것〉으로 생각하느냐 하는 정치관념의 패턴에는 외향적인 것(Carl Schmitt의 정치개념)과 내향적인 것(D. Easton의 정치개념)으로 대별할 수 있거니와, 그것은 기본적으로 정치공동체생활체험의 역사적 산물이기도 하지만 궁극적으로는 지정학적 입지조건에 의해서 기본적 패턴이 규정된다는 점이다.

둘째로, 정치공동체생활을 함께 영위하는 사람들 간의 상호 관계가 어떤 성격의 것이냐를 규정해 주는 사회관계의식성향의 패턴에는 공동사회적인 것과 이익사회적인 것으로 대별할 수 있거니와, 그것은 기본적으로 정치공동체 내부의 생활조건을 반영하는 것이지만 궁

---

10) 이용희(저), 노재봉(편), 『한국의 민족주의』(서문당, 1979), p.74.

극적으로는 산업화에 수반한 계약관계의 사회적 확산 정도 여하에 따라서 기본적 패턴이 규정된다.

셋째로, 특정한 정치관념과 사회관계의식을 상호 연계시켜 공동체 생활에 구체적인 의미(정향성)를 부여해 주는 사상성향의 패턴에는 보편주의적인 것과 특수주의적인 것으로 대별할 수 있거니와, 그것은 기본적으로 정치공동체생활을 영위하는 구성원들의 구성적 조건(인종적 구성 및 지적·문화적 조건)을 반영하지만 궁극적으로는 그들의 사상수용·발전자세 여하에 따라서 그 구체적인 역동성의 패턴이 달라진다.

끝으로, 위의 세 가지 측면의 기본적 성향을 종합, 〈민족주의〉라는 총체적 집단성향에 조응하여 그 패턴을 보기로 하면, 낭만적 민족주의(Herder적인 사상)와 정치적 민족주의(Rousseau적인 사상)로 대별할 수 있거니와, 그것은 기본적으로 관련 민족집단 특유의 체질과 더불어 공동체 생활체험의 성격을 반영하는 것이지만 궁극적으로는 〈근대적 정치공동체〉 생활체험의 선후관계에 수반된 국제정치적 위상 여하에 따라 그 기본적 패턴이 달라진다.

이상의 준거에 비추어 볼 때, 한국정치문화의 위상은 대체로 분명해진다고 할 수 있다. 즉 한국정치문화의 역사적 기조는 ① 슈미트의 정치관념으로 대표되는 외향적 정치관념이 대체로 우세를 유지해 왔으며, ② 정치공동체 내부의 사회관계의식성향에 있어서는 압도적으로 귀속주의적인 공동사회적 성향이 지배해 왔으며, ③ 사상성향에 있어서는 주도적 외세의 보편주의적 사조를 주로 추종하는 〈해바라기〉성향을 보여 온 것으로 특징되며, 그리고 그것은 궁극적으로 저항적 성격의 낭만적 민족주의로 집약되는 특징적 양상을 보여주게 되었다.

이하에서는 바로 이와 같은 기조의 위상과 갈피를 좀 더 구체적으로 진단하기 위하여 그 역사적 연원을 구명해 보고 그 바탕 위에서 그러한 기조의 변용양상과 추세를 살펴보기로 한다.

1) 한국정치문화의 역사적 기조

한국정치문화는 한국인이 지니고 있는 문화적 존재양식의 정치적 표현에 다름 아니다. 다른 문화현상이 그러하듯이 정치문화 역시 객관적인 생활환경조건에 대한 주관적인 체질의 반응으로 그 구체적 양상이 표출된다고 할 수 있다. 저항적 성격의 낭만적 민족주의로 특징되는 한국정치문화의 역사적 기조 역시 이러한 맥락의 표현임은 두말할 나위가 없다.

한국인의 역사적 생활터전인 한반도는 대륙도 아니고 고도(孤島)도 아니다. 엄밀히 말해서 반도일 뿐이다. 따라서 한국문화는, 이러한 지리적 조건의 문화적 함의에 있어서 대륙적일 수도 고도적일 수도 없다.[11] 그런가 하면 동시에, 양자 중 어느 한 가지에 편향적일 수도 있고 또 혼합적일 수도 있다. 요컨대, 문화주체인 한국인의 체질을 나타내는 구체적인 선호양상이 문제의 향방을 좌우한다고 할 수 있다.

한국인의 인종적 구성은 중국이나 프랑스, 미국처럼 다민족국가가

---

11) 지리적 조건의 문화적 함의를 〈대륙〉과 〈고도〉로 대별하여 그 특징적 양상을 비교 고찰하고 있는 예는, 김형효, 「한국정신문화의 이념형을 찾아서: 한국민족정신의 철학적 요체에 답함」(한국국민윤리학회 세미나 주제논문, 1993), pp.45 - 48. 참조.

아니고 오히려 일본이나 독일처럼 단일민족국가에 가깝다. 따라서 이러한 단일민족으로서의 자연적인 문화적 속성에 따르기로 하면 한 국문화는 당연히 폐쇄적 특수주의로 경도되는 양상을 보였어야 한 다. 그런데 실제로는 오히려 보편주의적 성향을 계속 보여 왔다. 전 통적으로 오랫동안 보편적인 〈Pax Sinica〉의 일원으로 소중화(小中 華)라는 자부심을 가지고 살아왔으며, 서세동점 이후 특히 현대에는 〈Pax Americana〉·〈Pax Sovietica〉와 같은 범세계적 차원의 보편주 의에 경도되는 양상을 보여주고 있다.

그런데 여기에서 다시 주목되는 것은, 이러한 양상이 어디까지나 언설상(言說上)으로 표출되는 일반적인 현상일 뿐 실제의 내면상으 로는 초점불일치의 복잡한 갈등 양상을 내포하고 있는 매우 불안정 한 보편주의라는 점이다. 한국인이 선호하는 사상이나 교리가 대체 로 보편성을 띠고 있는 것이 통례이나,[12] 그것이 현실의 정치공동체 생활과의 관련에서 작동되는 실제적인 양상은 극히 배타적이고 폐쇄 적인 교조성을 드러내는 경우가 허다하기 때문이다. 대표적인 예로 서 조선조의 주자학사상이 그러했고, 또 근자에 있어서는 자유민주 주의를 비롯한 모든 외래사상체계의 현실적 표현양태가 그러했으며, 북한 지역에 수용된 마르크스·레닌주의도 여기에서 예외가 아님을 확인할 수 있다.

그러면 여기에서 이러한 현상을 정치문화적으로 어떻게 해명해야

---

12) 예컨대, 한국의 자생적 종교인 민족종교(천도교·증산교, 원불교 등)도 그 출자성(出自性)은 토착적이지만 사상이나 교리체계는 거의 예외 없 이 보편성을 지향한다. 이러한 현상은 유태인의 유태교나 일본인의 신 도(神道)처럼 〈닫힌 종교〉가 아니라는 점에서 한국인 특유의 현상이라 고 할 수 있다. 김형효, 위의논문, P.48.

할 것인가?

이 질문에 대하여 진정한 해답을 얻기 위해서는 한국인에 고유한 체질이 어떤 것인가를 밝히는 철학적 측면의 근원적 성찰이 선행되어야 하겠지만, 그것은 본고의 취급범위를 벗어나는 벅찬 과제라고 생각되므로, 여기서는 정치공동체생활체험의 역사적 맥락과 갈피를 살피는 것에 한정하여 간접적으로 그 실마리를 모색할 수밖에 없다.

이러한 맥락에서, 이하에서는 우선 한국정치문화의 기조적 정향을 이루고 있는 저항적 성향의 역사적 연원부터 살펴보기로 한다.

한국인의 정치공동체생활체험에서 저항적 성격의 낭만적 민족주의 관념이 주조를 이루게 된 것은 다음 두 가지 관점과의 관련에서 대체적인 윤곽이 해명될 수 있다.

첫째로, 한국인 고유의 집단적 성향이다. 한국인은 주지하듯이 이미 고대사 단계에서부터 단일민족으로서의 인종적·문화적 공통기반을 형성해 놓고 있었거니와, 따라서 한국인은 역사적으로 일찍부터 자체의 순수성을 잃지 않으려는 특수주의적 집단성향을 체질화하는 계기를 갖게 되었다고 할 수 있다. 물론 이러한 집단성향이 씨족이나 부족의 차원을 넘어 민족적 차원으로까지 발전하게 된 것은 고려조의 대원항쟁기 이후의 일로 보는 것이 역사학계의 통설로 되어 있지만, 어쨌든 한국인이 가지고 있는 단일민족으로서의 고유한 집단적 성향은 그 연조가 상당히 오래된 것이다.

둘째로, 한국인의 집단성향을 규정하는 환경적 조건이다. 한국인은 국제적 차원의 정치공동체생활을 영위하는 데 있어서 대륙과 해양을 연결하는 지정학적 입지조건상 역사적으로 대륙세력과 해양세력의 동향에 민감한 반응을 보일 수밖에 없었거니와, 따라서 한국인은 자체의 존립을 위해 정치적으로 사대주의와 같은 외부지향적 적응주의 성향을 보여줄 수밖에 없었다고 할 수 있다. 대륙이나 또는 해양에서 주도권을 장악한 특정 세력이 대외팽창적인 패권주의 노선을 추구하는 경우에는 거의 예외 없이 한국인의 민족적 존립 자체가 위협되게 마련이었으므로 이러한 적응주의적 성향은 국제적 세력변동이 거듭됨에 따라서 한국인에게 체질화되게 되었다.

요컨대, 저항적 성향의 낭만적 민족주의로 특징되는 한국인의 집단성향은 단일민족으로서의 고유한 체질과 더불어 지정학적 입지조건에 기인하는 적응주의적 관행의 역사적 산물이라고 할 수 있다. 그리고 한국인이 자주 보여주고 있는 〈해바라기〉 사상성향이라는 것도 따지고 보면 이러한 적응주의적 관행의 한 부산물에 지나지 않는다.

그러나 여기에서 다시 주목할 필요가 있는 것은, 한국인이 보여준 적응주의적 관행이 일의적인 방향으로만 표출되었던 것이 아니라는 사실이다. 주도적 외세의 정치적 성향 여하에 따라 매우 개성적인 반응을 보여주었음을 특별히 주목할 필요가 있는 것이다. 여기에는 약간의 부연설명이 필요할 것이다.

동양의 전통적 국제질서에서 주도세력을 대하는 적응주의적 관행은 이른바 사대주의라는 개념으로 일찍이 정착된 바 있거니와, 그것은 크게 두 가지로 구분할 수 있다.[13] 그 하나는 문화주의적인 사대

---

13) 사대주의의 역사적 연원과 개념적 함의에 대한 상세한 논의는, 이용희·신일철(대담), 「사대주의: 그 현대적 해석을 중심으로」, 『지성』 2 - 3월호(1972); 이용희(저) · 노재봉(편), 『한국민족주의』(서문당, 1977), pp.136 - 187. 참조.

주의로서 거기에는 〈사대·자소〉(事大·字小)라 하여 유교의 예(禮) 관념이 전제되어 있는 일종의 국제법질서상의 관계개념이다. 다른 하나는 〈사대·자소〉를 힘의 강약관계에서 보는 반문화주의적 사대주의로서 그것은 물리적 강제력의 행사가 전면에 드러나는 정치·군사적 관계개념이다. 그런데 이러한 두 가지의 사대주의관념은 한국의 역사적인 현실 속에서 서로 예리하게 대립하는 양상을 보여주었다는 사실이다. 예컨대, 한국인이 당대의 주도적 외세를 대하는 데 있어서 명분으로서 〈사대의 예〉를 갖추는 데에는 하등의 굴욕감이나 열등의식을 느낌이 없이 오히려 자발적인 적극성을 보여주었던 데 비하여, 실력관계를 전면에 내세워 〈사대〉를 강요해 올 경우에는 말할 수 없는 굴욕감과 더불어 완강한 저항의식을 나타내게 되었던 것이다. 원·명 교체기와 명·청 교체기에 한국인이 보여준 대외의식은 이러한 맥락에서 매우 개성적인 것이었다. 요컨대, 한국인의 적응주의적 관행에서는 명분으로서의 〈사대의 예는〉 오히려 고수할 만한 일인 데 비하여 힘에 의한 〈사대〉는 굴욕이요 수치로서 그 자체가 저항의 대상으로 부각되는 특이한 양상을 보여주었다. 그리고 더욱 특이한 것은, 힘에 의한 〈사대〉의 요구가 완강하게 지속될수록 그 저항의식은 현실과 괴리된 일종의 관념적 보상심리작용에 의해 더욱 규범화되어 정치문화 자체를 총체적으로 경직화시키는 결과를 초래하게 되었다.

이상에서 한국정치문화의 기조를 이루고 있는 적응주의적 성향의 역사적 연원과 갈피에 대해서 개략적으로 살펴보았거니와, 이러한 성향은 일제 식민화과정을 겪으면서 결정적인 타격을 받게 되어 심각한 자기분열현상을 보여주게 되었다. 일제의 국권유린으로 저항과 적응주의의 구심점이 되는 정치체가 소멸됨으로써 한국인의 자기정체성(self-identity)이 총체적으로 파탄을 겪게 되었기 때문이다. 일제의 강점하에 들어가기 전만 하더라도 적어도 전통적 지배층의 의식에 있어서는 자기정체성의 준거점으로서 존왕양이(尊王洋夷)관념이 지속될 수 있었지만, 국권이 일제의 수중에 넘어가 있는 상황에서는 그 준거점 자체를 전혀 새로운 차원, 즉 일차원적인 소집단의식(小孝世界)에로 귀의하여 안주하든지 아니면 일제의 천황체제에 귀의하여 새로운 적응을 모색하든지 하는 실로 난감하기 짝이 없는 궁벽한 처지에 몰리게 되었기 때문이다.[14] 한국인은 바로 이와 같은 상황에서 어떠한 선택에도 안주할 수 없는 심각한 정체성 위기(identity crisis)를 겪게 마련이었다. 소집단에 안주하는 것도 수치스럽고 혐오스런 일이었지만, 현실체제에 적응하는 것은 그 자체가 일제와 동일시되어 민족의 공적으로 지탄받게 마련이었기 때문이다. 바로 이러한 상황에서 한국인의 의식세계는 편재적인 규범의식으로서의 민족감정과 현실생활에서 강요되는 적응적 행위가 서로 상충하는 이중구조를 나타내게 되었고, 그것은 정치문화상으로 심각한 자기분열 양상을 나타내게 되었다.

한국인의 전통적 의식세계에서는 그런대로 대효(大孝)세계와 소효(小孝)세계가 이분법적인 관계를 유지하면서도 유교적 지도층의 이른바 위정척사(衛正斥邪)라는 공동목표하에서 어느 정도의 통합관계를 유지할 수 있었다. 그리하여 한국인의 행위는 한일합방 전까지만 하더라도 사실상 가치합리적이었다. 그러나 1910년 이후에는 일제에

---

14) 황성모, 「식민지 체제와 의식구조의 분화」, 『한국사회사론』(심설당, 1984), pp.122-128.

의해서 새로운 규범체계가 한국인에게 강제되면서 마르크스·베버가 말하는 〈가치합리적〉 행동양식이 분열되어 거기에서 별도로 〈목적합리적〉 행동양식이 제도적으로 발생하게 되었다. 이러한 행동양식의 분열은 일제 지배체제가 심화되어 감에 따라서 한국의 사회·문화구조의 특징을 이루게 되었다. 전통사회시대에서의 소효세계와 대효세계와의 잠재적 갈등관계는 여기서부터 현재적 갈등관계로 일변하게 되었다. 민족주의적 행동양식으로서 움츠려진 소효세계는 정치적 가치판단 위에서 일제에 의한 의제(擬制)국가를 악으로 보고, 따라서 여기에 수반되는 사회통합적 기능을 악으로 보게 되는 그야말로 새로운 가치관의 이분법적 중층구조를 만들어 내게 되었다.

그런데 여기에서 다시 유의되어야 할 것은, 이러한 2분법적 중층구조가 식민지시대에만 국한되지 않고 해방 후에까지 하나의 정치문화적 유산으로 남게 되었다는 사실이다. 일제 식민지체제로부터의 해방은 전통적 정치규범의식에 대한 통제로부터의 해방을 의미하는 것이었던 만큼, 이를 계기로 대효·소효세계의 극단적 분열양상이 극복될 수 있는 새로운 전망이 기대되었으나, 타율적인 민족분단으로 이어짐에 따라서 초점불일치의 갈등양상은 다시 만성화되게 되었다. 이러한 맥락에서 볼 때, 해방과 더불어 한국인이 맞이한 타율적인 민족분단은 식민지적 의식상황을 불식시킬 수 있는 계기를 무산시키는 데 그치지 않고, 특히 다음과 같은 관점에서 모처럼 맞이한 정치문화 현대화의 계기를 지연시키는 결과를 가져왔다.

첫째로, 타율적인 민족분단은 정치의식 면에서 오래전부터 전승되어 온 조국에 대한 관념을 공간적으로 양분시키는 결과를 가져오게 되었다는 점이다. 이것은 해방 전부터 이미 태동되기 시작한 독립운동세력 내부의 음성적 분열양상을 양성화시킨 결과라고도 할 수 있지만, 어쨌든 한국인의 민족주의적 전통은 이를 계기로 양분되어서, 이남에서는 자유민주주의, 이북에서는 공산주의라는 두 개의 외래사상이 정치문화의 정향성을 총체적으로 달리 규정하여 이질화시키는 결정적인 도화선이 되었다.

둘째로, 분단과 더불어 외세에 의해서 주어진 새로운 사상체계가 민족사상의 〈자기소외현상〉을 초래함으로써 전통적 민족주의가 역사적으로 발전할 수 있는 길을 교란시켜 지연되게 하는 결과를 가져오게 되었다는 점이다. 이에 대해서는 좀 더 구체적인 부연설명이 필요할 것이다.

한국인에게 주어진 자유민주주의와 공산주의라는 현대적 사상체계는 애당초 자생적인 바탕 위에서 체제이념으로 설정되었다기보다는 타율적인 해방과 더불어 제공되었던, 말하자면 〈해방자〉로서 미국과 소련의 이상과 체제를 본뜬 것에 지나지 않는 것이었다. 그것은 말하자면 미·소 냉전체제의 성립에 따른 그 전초기지로서의 남·북 분단체제가 형성·존치됨에 따라 반사적으로 설정된 일종의 정치적 도구로서의 이데올로기에 지나지 않는 것이었다. 그리하여 이러한 현실정치의 도구적 성격 때문에 한국에서는 그 사상체계가 가지고 있는 역사적·사회적 함의는 사상된 채 그 외연적 의미(denotation)만이 고려되어 그 사상체계의 본질적인 내용과는 무관한 언설(言說)만이 구호로서 외쳐지는 또 다른 의미에서의 정치문화적 이중구조를 가져오게 되었다.[15]

---

15) 이러한 관점에서 한국에 수용된 민주주의와 자유주의의 변용양상을 상세히 분석하고 있는 예는, 노재봉, 「이데올로기로서의 민주주의: 한국의

예컨대, 한국인에게 수용된 자유민주주의의 경우를 보기로 하면, 그것은 거의 전적으로 북한 지역에 들어선 공산주의 체제에 대한 대항 이데올로기라는 국제정치적 무기에 지나지 않는 것이었기 때문에 현실의 대내정치 면에서는 자유민주주의의 본연의 사상적 기능과 상반되는 보수적 전통을 오히려 보강시켜 온존하게 하는 역기능을 수행하게 되었던 것이다. 그것은 말하자면 명분적 기반이 취약한 권력층의 권위를 장식적으로 보진하는 시위역할을 담당해 줌으로써 한국민족주의의 자율적 기반을 신장시켜 주는 일과는 전혀 상관없는 역기능만을 수행하는 결과를 가져오게 되었다. 그리하여 한국인에게 부여된 타율적 분단과 냉전은 한국민족주의가 당연히 통과하고 나가야 할 역사적인 발전과정을 지연시키는 작용을 하게 되었던 것이다. 그리고 그러한 상황은 냉전의 지속과 6·25전란으로 말미암아 오히려 더욱 경직화되어 장기화되게 하는 결과를 가져오게 되었다.

이상에서, 타율적인 민족분단이 한국민족주의의 발전적 지향을 왜곡시키게 된 역기능적 맥락에 대해서 살펴보았거니와, 그러나 여기에서 다시 주목할 필요가 있는 것은 한국인에게 수용되기 시작한 자유민주주의가 그와 같이 왜곡된 시대흐름 속에서도 본연의 정향이 점차 사회화됨에 따라 국제정치의 도구적 성격에서 서서히 벗어나는 자기발전과정을 보여주게 되었다는 사실이다. 이러한 사태진전은 다음 두 가지 측면에서 해명할 수 있다.

첫째로, 이러한 사태진전은 우선 지식층의 의식에서부터 촉발되었

경우」, 『사상과 실천』(도서출판 녹두, 1985), pp.331－346; 노재봉, 「한국민족주의와 자유주의」, 『사상과 실천』(도서출판 녹두, 1985), pp.347－368 참조.

다고 할 수 있다. 지식층은 수단이나 도구로서 자유민주주의를 파악하지 않고 사상적 이념으로서 그 철학적 의미를 이해하기 시작하였거니와, 따라서 그들은 이러한 이해가 심화됨에 따라 권력의 장식으로서 자유민주주의가 이용되는 데 대하여 맹렬한 비판을 가하게 되었다.

둘째로, 이러한 사태진전은 역설적으로 통치권력에 의해서도 조장되는 결과를 가져오게 되었다고 할 수 있다. 통치권력은 권력의 명분확립을 위하여 자유민주주의를 정치적으로 선전하는 한편 교육매체를 통하여 각급 학교 학생들에게 전파하게 되었거니와, 따라서 새로운 세대는 온통 자유민주주의의 이념을 중심으로 공동체 생활을 이해하는 새로운 가치관을 갖게 되었다. 그런데 여기에서 특히 주목되는 것은, 이 교육을 담당한 사람들이 지식층이었기 때문에 자유민주주의에 대한 정향성은 권력층이 아닌 지식층의 이미지에 따라 전파되는 결과를 가져오게 됨으로써 그것은 통치층에 대한 저항이념의 형태로 현실의 정치세계에 표출되게 마련이었다는 점이다. 4·19는 이러한 맥락이 대대적으로 사회적 지평에 표출된 역사적 사건이었다. 그것은 분단구조하에서 권력층의 통치명분으로 작용하던 자유민주주의가 피치층의 저항명분으로서 전환되게 된 하나의 역사적 전환을 의미하는 것이었다. 그리고 이러한 역사 전환을 통하여 한국인에게 수용된 자유민주주의는 그것이 본질적 정향성에 부합되는 방향으로 한국인의 정치문화에 뿌리를 내리기 시작하는 계기를 갖게 되었다.

그러나 자유민주주의의 한국화과정은 그렇게 순탄한 것이 아니었다. 자유민주주의 사상체계는 그 자체가 국제주의를 표방하는 공산주의와는 달리 국내형의 이데올로기라는 기본적 특성이 있기 때문에 그것은 필연적으로 당시를 풍미하던 정치문화적 배경을 벗어날 수 없었기 때문이다. 당시 정치문화는 〈자유〉와 〈자율〉을 조화시킬 수 있는 단계에까지는 진전되어 있지 않았기 때문에, 권력에 대한 저항 명분으로 작동되기 시작한 자유민주주의의 한국화과정은 일차적으로 정치불안의 형태로서 나타나게 마련이었고, 따라서 이러한 정치불안을 구실로 삼아 〈시민적 자유〉를 제한하고 통제하는 권력층의 반작용을 초래하게 되었다. 그리하여 한국인에게 수용된 자유민주주의는, 적어도 그것이 한국화되는 초기단계에 있어서는, 상당한 기간 동안 통치층의 정치문화와 피치층의 정치문화로 대립되는 또 다른 차원의 중층구조를 보여주게 되었다. 전자는 자유민주주의를 외래적 수입품이라 하여 토착적 정치문화를 내세움으로써 권위주의에 회귀하려는 경향을 보여주었고, 이에 반하여 후자는 그것의 보편성을 내세워 민중주의(populism)에 경도되는 경향을 강렬하게 보여주게 됨으로써 한국의 정치문화는 자기분열적 대립구조를 나타내게 되었다.[16] 〈유신체제〉 출범을 계기로 한국의 정치사회가 내부적으로 첨예한 대립양상을 나타내게 된 것은 이러한 사정을 단적으로 반영한 것이었다. 그리고 이러한 양상은 분단구조가 계속 해소되지 않고 있는 한에서 오늘에 이르기까지 한국정치문화의 유산으로 잔존하고 있다. 한국인에게 수용된 자유민주주의는 이렇듯 대외적인 자유와 대내적인 자기발전적 지향을 둘러싸고 균형점을 모색하는 과도기적 양상을 드러내고 있다고 보는 것이 본고의 잠정적인 결론이다.

---

16) 노재봉, 「한국민족주의와 자유주의」, 위의 책, p.359.

2) 한국정치문화의 현대적 변용양상

해방 이후 한국인은 타율적 민족분단과 냉전상황이라는 극히 제약된 환경적 조건하에서도 자유민주주의를 체제이념으로 받아들여 그 변증법적인 자기발전과정의 초기단계를 경험해 왔다. 그러나 그 과정은 앞에서도 살펴보았듯이 순탄한 것이 아니었다. 그것은 자유민주주의의 본질적 성격에 외재적인 요인에 대한 자기발전적 저항을 수반했었다. 이 저항은 한국민족주의의 기조에 해당하는 역사적 맥락을 대표하는 것이었던 만큼 쉽게 회피할 수 없는 것이었다. 한국인이 영위해 온 정치공동체생활의 역사적 전통에 입각해서 보면, 앞에서도 고찰되었듯이 정치문화적으로 전 정치적인 낭만적 민족주의 관념이 계속 우세한 채로 현대로 연결되었기 때문이다. 일찍이 인종적·문화적 공통성을 가지고 있었던 단일민족으로서의 역사성에서 유래하여 일제치하의 민족주의의 실천적 주류가 그러했거니와, 또한 해방 이후에는 외세에 의한 타율적 분단상황하에서 오랫동안 강요된 냉전상황에 대처하는 방식이 모두 그러했다. 이러한 역사적 전통이 이어져 내려오는 한에서는 정치공동체의 총체성을 대표하는 〈민족〉과 그 구성요소로서의 〈개인〉이 동일시되는 정치문화상의 기조는 쉽게 변용되기 어려웠다. 이러한 맥락에서 한국인에게 수용된 자유민주주의의 한국화(사회화와 내면화) 과정은 실로 한국민족주의 그 자체의 코페르니쿠스적인 전환을 뜻하는 것이었다. 그것은 통치층의 정치문화와 피치층 정치문화 사이의 심각한 갈등을 지양하여 새로운 차원의 통일성을 모색하는 과정으로서 말하자면 낭만적 민족주의관념을 근대화하는 과정이었다. 그런데 그 근대화란 기존의 사회구조를 변경시킴으로써만 실효성이 가시화될 수 있는 것이었다. 다시 말해서 그것은 〈민족〉을 무계급적인 낭만적 실체로만 보지 않고 그 구성원들의 호혜적 결합으로 보는 〈시민사회〉의 성장을 배경으로 해서만 가시화될 수 있는 것이었다. 요컨대, 저항적 성격의 낭만적 민족주의로 특징되는 한국민족주의의 역사적 기조는 공동체 생활조건의 시민사회적 전환을 가져오는 사회경제적 근대화의 성과에 의해서만 질적인 변용을 보여줄 수 있는 것이었다는 말이다.

그런데 자유민주주의의 한국화를 위한 초기단계에서 보여준 근대화 노력은 당초 전 정치적·낭만적 사고에 입각해서 이루어졌기 때문에 그것은 부득이 〈위로부터〉의 권위주의적인 방법에 따라 행해질 수밖에 없었다. 따라서 그것의 현실적인 전개과정에서는 다음과 같은 역설적인 갈등양상을 보여주게 마련이었다.

첫째로, 그것은 자유민주주의의 자기발전적인 요소를 소외시킴으로써 앞에서도 살펴보았듯이 정치계층 간에 심각한 분열을 초래하였다. 둘째로는, 대표기능의 약화로 말미암아 안정기반이 약화되고 또한 사회 내부의 부문별로 심각한 격차를 유발시켰다. 셋째로, 그것은 관료와 행정의 역할을 강조하게 됨으로써 통치기구의 힘을 증대시키는 한편으로 정치과정을 약화시키는 부작용을 수반하였다. 종합적으로 말하자면, 변화하는 사회적 가치나 이익을 계속 집약시켜 이것을 정치과정에 투입할 수 있는 정치적 기제의 형성을 어렵게 하면서, 그것은 공공정책의 경직화를 초래, 사회분화에서 나타나는 다원적인 기대의 조정을 곤란하게 하여 활기 있는 자율적 통합 대신 동원적 통합으로 정치명분을 악화시키는 악순환을 가져오게 되었다. 1960년대 초부터 본격적으로 추진되기 시작한 한국의 근대화과정이 당초 〈군부 권위주의〉 방식으로 시작되어 1970年代의 〈관료적 권위주의〉 단계를 거쳐 1980년대의 〈신군부 권위주의〉에 이르기까지, 〈권위주의〉라는 전통적 요소의 주도로 이루어졌음은 주지의 사실이거니와, 이 과정에서 전통적 요소의 연속성이 장기화됨과 더불어 이상과 같은 역기능적 요소가 상당히 누적되는 결과를 가져오게 되었다.

그러나 이처럼 전통적 요소의 연속성이 지배하는 근대화과정 하에서도 내면적으로는 탈전통 지향의 새로운 정치문화적 변용양상이 서서히 대두되고 있었음을 주목할 필요가 있다. 그 구체적인 경위는 국제정세의 변화와 한국사회 내부의 사회변화와의 관련에서 해명될 수 있다.

먼저, 새로운 정치문화적 변용의 필요성은 이른바 국제정치적 해빙의 충격에서 비롯되기 시작하였다고 할 수 있다. 전통적 지배방식의 온존을 뒷받침하던 국제적 차원의 냉전정세가 해빙으로 전환됨에 따라 새로운 방식의 권위창출이 요구되었기 때문이다. 권력층은 당초 이러한 정세변화에 대응하기 위하여 〈유신체제〉를 출범시켜 권위주의적 지배방식을 오히려 강화시키는 방향을 취하게 되었지만, 그것은 시대조류에 근본적으로 역행하는 것이었다. 해빙으로 세계정치무대에 있어서의 획일적 반공주의가 퇴조함에 따라 통치권위의 정당성을 소극적인 반공주의에서만 찾는다는 것은 이미 근본적 한계가 있었기 때문이다. 국제적인 반공주의는 이제야 개별국가적인 반공주의의 양상을 띠기 시작하고 반공주의의 그러한 내향화에 따라 국내정치가 이에 결부되면서 구체적으로 누구를 위한, 무엇을 위한 반공주의냐는 의문이 제기되기 시작했었다. 이러한 의문은 국제적 차원의 해빙무드에 연하여 그때까지 제쳐두어 있었던 빈곤문제가 다시 등장함을 뜻하는 것이기도 하였다. 이것은 동시에 통치권위의 정당화가 국제적 차원에서 국내적 차원으로 옮아가야 하는 계기를 이룬 것을 뜻하는 것이었다. 이러한 의식과 인식의 기준은 이미 냉전의 변증법적인 체제경쟁 속에 스스로 내포되어 있었던 것으로서, 그것은 곧 복지문제로 귀결되게 마련이었다. 이 요소가 국제적 냉전기에는 군사적 요구의 우선적 성격 때문에 잠재해 있었던 것이려니와, 해빙은 이것을 전면에 부각시킨 것에 지나지 않는 것이었다. 한국의 유신체제는 이러한 역사적 요청에 대하여 권위주의적 근대화 프로그램으로 부응하려고 했던 것인데, 그 결과는 주지하듯이 역설적인 모순을 불러오게 되었다. 경제의 자유주의적 측면은 근대화에 의해 오히려 경제의 과두적 측면을 정당화시켜 주면서 동시에 빈부의 격차를 더욱 확대시키는 결과를 초래했으며, 그리고 민주주의적 측면이 관료행정의 보편화 현상으로 나타나게 되었다. 따라서 이러한 상황하에서는 정부가 근대화를 위해 자유민주주의의 제도적 원리에 따라 국민의 노력을 동원하려고 하면 할수록 그만큼 국민의 마음에 불조이감은 더욱 심화되게 마련이었다. 그리고 이러한 상황하에서 고조된 불만을 보상하여 성공적인 지도력의 발휘에 필요한 사회적·심리적 유대를 만들어 내기 위한 방편으로서 이데올로기를 정치적 신화로 바꾸고 그것을 양식화하려는 전통회귀방식을 취하게 되었다.[17) 그

---

17) 이러한 관점에서 유신이데올로기의 정치적 성격을 분석하고 있는 선례는, 박상섭, 「한국정치와 자유민주주의: 현대 한국정치사의 정치사회학적 이해를 위한 일시론」, 한국정치학회(편), 『현대 한국정치와 국가』(법문사, 1986), p.431 참조.

러나 자유민주주의란 본래 공산주의와는 달리 국내형적인 이데올로기였던 만큼, 통치권위의 창출을 위한 장식화의 의도와는 상관없이 국민들에게 전파되고 확산되는 과정을 오히려 증폭시키는 결과를 가져오게 되었던 것이다. 유신체제의 출범을 계기로 재야 민권운동이 오히려 조직화되어 국민적 차원으로 확산되는 역설적인 결과를 가져오게 된 것은 이러한 사정을 단적으로 나타낸 것이었다.

이상에서 새로운 정치문화적 변용을 촉발시킨 국제적 해빙의 충격과 그 반응양상의 한국적 전개과정에 대해서 개략적으로 살펴보았거니와, 이러한 변용양상은 그 후 한국사회의 구조적 변화과정과의 관련에서 보다 구체적으로 확인될 수 있다. 한국사회는 권위주의적 근대화의 부산물로서, 그러한 근대화 작업을 추진한 주도세력의 정치적 의도와는 상관없이 시민사회적 성장을 가져오게 되었기 때문이다. 이에 대해서는 좀 더 구체적인 부연설명이 필요할 것이다.

1960년대 초부터 본격적으로 추진된 군부 권위주의 정권에 의한 근대화(산업화)의 성과는 1970년대 초에 이르러 한국사회를 새롭게 변모시켜 나가는 원동력이 되었다. 1962~73년간 연평균 경제성장률 9.08%라는 수치는 산술적 크기 이상으로 한국사회의 질적·구조적 변모를 예시하는 것이었다. 성장의 두 원천으로 해외부문의 확대와 저임금의 풍부한 노동력 자체가 이미 이러한 질적·구조적 변모의 징표들이었다. 급속한 산업화는 수출에 연계된 노동인구의 급증과 이에 상응하는 도시화의 급속한 확산을 가져왔고, 거기에 수반하여 새로운 사회·경제적 이익의 분화와 참여욕구의 증대를 가져오게 되었다. 요컨대, 급속한 산업화의 충격은 이미 1970년대 초반부터 한국국민의 물질적 생활조건을 변화시킨 것 이상으로 한국사회의 전반에 걸쳐 변화에의 새로운 대응양식을 요청하게 되었다. 체제건설과 운영이 더 이상 권력층에 의해서 일방적으로 주도되거나 권위주의적 방식으로 밀어붙이는 종래의 양식은 이미 통용되기 어렵게 된 것이다. 이러한 맥락에서 산업화의 성과는 한국정치문화의 기조를 저변에서부터 변용시키는 새로운 규정력을 갖게 되었다고 할 수 있다. 사실 산업화의 누적적인 결과가 가시화되기 이전까지는 한국사회에 변화의 충격을 규정짓고 그 변화를 주도한 규정요인은 분단과 전쟁, 이데올로기, 그리고 권위주의적 리더십 등이었다고 할 수 있지만, 그러한 추세가 전환되어 1970년대 초반을 전환점으로 산업화의 규정력이 종래의 주도적 규정요인들을 상쇄하거나 상회하기 시작한 것으로 볼 수 있기 때문이다.[18]

이러한 사정은 비단 사회경제적 측면에만 한정되는 것은 아니었다. 정치적 민주화의 측면에서도 이러한 사정은 밀접히 연계되어 나타나게 되었다. 1972년 유신체제의 출범은 그 자체가 이러한 사태변화에 대처하기 위한 절박한 필요에서 제기된 하나의 역설적인 현상이었다고 할 수 있거니와, 어쨌든 유신체제는 안보와 경제성장에 의한 일시적 지지 이외에는 이미 성장된 도시 중산층과 지식인계층 및 일반대중으로부터 계속된 지지를 받지 못하게 됨으로써 만성적인 정치적 불안을 면치 못하게 되었다. 게다가 산업화의 진전에 따른 사회경제적 지위의 전반적 향상은 초기 근대화론에서 지적하는 바와 같이 정치적 참여의 요구 증대를 가져오고 참여 요구의 증대는 반정치적 현실의 개선을 요구하는 압력을 증대시키게 됨으로써 〈민주화〉

---

18) 강광식, 「한국체제논쟁사 서설」, 『현대한국체제논쟁사연구』(한국정신문화연구원, 1992), p.14.

의 과제는 단순한 〈반독재의 청산〉이라는 원리적 요구의 차원을 벗어나 체제 전체의 구조적 변화를 요구하는 새로운 차원의 정치운동으로 표출되게 되었다. 그리고 이러한 양상은 이미 되돌릴 수 없는 시대적 대세가 되어, 1980년대 〈신군부〉에 의한 권위주의 체제가 재등장하게 되었을 때 그것은 더욱 증폭되는 양상을 보여주게 되었다.[19]

이상에서, 자유민주주의가 한국정치문화의 새로운 정향성을 규정하는 체제이념으로 제기된 이래 변증법적인 자기발전과정을 거쳐 〈한국적〉으로 〈변용〉되어 온 추세에 대해서 개략적으로 살펴보았거니와, 그것은 한마디로 정치권위가 국민적 차원에서 새로이 정당화될 것을 요구하는 것이었다. 그것은 한국인이 정치공동체생활을 영위하는 데서 요구되는 정치의식성향을 새로운 차원에서 정립할 것을 요구하는 것으로서, 그것은 소효세계와 대효세계가 한국인의 의식세계에서 불완전한 균형을 유지하던 전근대적 정치의식성향과는 전혀 다른 의미를 갖는 것이었다. 따라서 여기서 말하는 정치권위의 국민화라는 지향은 전통사회의 집체(集體)에 근거를 둔 전통적 권위주의 체제에서 탈피하는 것을 지칭하거니와, 바로 이 점이 자유민주주義의 내면화와 역사적으로 연결되는 접점이며 동시에 근대적 민족주의의 지향과 일치하는 점이라고 할 수 있다.

그러나 여기에서 특별히 유의해야 할 것은 이와 같은 지향이 어디까지나 대체적인 변용추세상의 지향점을 나타내는 것일 뿐, 현실적으로는 거기에서 일탈하는 다양한 변조들이 복잡하게 혼재하는 그야말로 과도기적인 양상을 드러내고 있다는 점이다.

---

19) 강광식, 위의 논문, pp.17-18.

이하에서는 이러한 과도기적 양상의 구체적인 맥락과 갈피를 구명하기 위하여 그 주조의 변용추세에 연계되어 있는 갖가지 변조들에 대해서 살펴보기로 한다.

첫째로, 한국정치문화의 역사적 기조를 이루고 있었던 집체 우선의 국권론(國權論)적 정치의식성향은 특히 1970年代의 유신체제기를 전기로 하여 점차 개체(個體)를 중시하는 민권론(民權論)적 성향으로 변용되어 가는 추세를 보여주고 있는 것이 분명하지만, 구체적 현실에 있어서는 이러한 일반적 추세와는 달리 양자에 각기 편재하는 성향이 서로 불규칙하게 교차되는 과도적 현상 때문에 초점불일치의 다양한 변조를 드러내고 있다.

〈민족지상〉이나 또는 〈국가지상〉이라는 구호가 별다른 저항 없이 수긍되는 경우가 있는가 하면, 동시에 그러한 집체를 구성하는 시민 또는 개인의 권리도 양보할 수 없다는 또 다른 규범적 요구도 만만찮은 호소력을 가지고 제기되고 있기 때문이다. 그리고 여기에서 더욱 곤란한 것은, 이처럼 상반되는 규범적 요구가 병존하고 있다는 사실 그 자체가 문제인 것이 아니라 특정한 어느 한 가지의 규범적 요구를 현실의 필요에 따라 편의적으로 절대화하려는 교조적 양상을 드러내고 있다는 점이다. 공동체로서의 민족이나 국가의 목표와 시민으로서 개인의 권리나 의무의 관계를 어떻게 설정하는 것이 마땅한가는 바로 근대 정치사상의 중심과제이며 동시에 한국사회가 직면하고 있는 목표의 성격을 이해하는 데도 적용되는 중요한 과제인 것이지만, 현 단계에서는 이 두 가지가 서로 극단적인 대립양상을 나타내고 있다는 점이 문제이다. 그 대표적인 예로서 〈민중론〉에서 말하는 규범적 요구를 들 수 있다.

민중론은 주지하듯이 1970년대 유신체제기를 거치는 동안 권력층의 〈국가지상주의〉에 대항하기 위한 〈민족지상주의〉의 한 아류로서 대두되기 시작한 규범적 요구를 대변하는 것이거니와, 여기에서는 〈민중〉이 〈민족〉의 주체라고 단정 짓는 규범적 입장을 취하고 있다. 이러한 입장은 〈민족해방〉 또는 〈외세로부터의 해방과 더불어 지배계급으로부터의 해방〉이라는 명분논리에 입각하고 있다는 점에서 그 타당성의 명증이 불필요할 만큼 명약관화한 것으로 일단 수긍한다 하더라도 그러한 논리를 교조적으로 내세우는 경우에는 현실적으로 심각한 자가당착에 빠지게 마련이다. 예컨대, 〈민중〉이 〈민족〉의 전부가 아니고 일부임에도 불구하고 그들의 특수한 처지와 의식상의 정통성을 내세워 민족을 대표한다고 주장하는 경우, 그 대표성은 대표된 사람들의 동의나 위임을 받았을 때만 가능한 것인데, 이 경우에는 〈민중〉에 포함되지 못한 개인이나 집단은 민중의 〈적〉이거나 적어도 민중과 이익의 갈등을 가졌기 때문에 민중에 의하여 대표되는 것에 또는 〈민중〉이 민족을 대표한다는 것에 임의로 동의할 것을 기대할 수 없다. 그럼에도 불구하고 민중의 대표성을 고집하려면 적어도 마르크스이론에서 말하는 프롤레타리아독재와 유사한 정당화가 관철될 필요가 있지만, 그러나 민중을 민주화로 연결시키고 있는 민중이론으로서는 어떤 형식의 독재도 쉽사리 포용하기 어렵다는 딜레마에 봉착하게 된다.[20] 요컨대, 민주화의 과제를 〈민족지상〉의 규

20) 이러한 관점에서 민중론의 이데올로기적 성격을 분석적으로 고찰하고 있는 논문으로는, 이홍구, 「한국민족주의를 위한 기초적 사고」, 『효강 최문환박사 추념논문집』(1973), pp.377-408; 이홍구, 「분단시대의 역사인식과 통일문화 창조」, 『통일문화창조를 위한 연구』(한국정신문화연구원, 1985), pp.36-38. 참조.

범적 요구와 연계시켜 주장하고 있는 민중론의 입장은 그 대표성을 특정세력이나 계층에 국한시켜 교조적으로 규정하는 편의적 성격을 드러냄으로써 민족의 규범과 민주적 절차 규범 사이에 논리적 모순을 야기하는 딜레마에 봉착하고 말았다. 민중론이 권력층의 〈국가지상〉논리에 대한 대항논리로서 대두되었다는 배경에 비추어 보면, 극과 극은 반대이면서 공통성을 갖는다는 이치는 바로 여기서도 확인할 수 있다.

둘째로, 한국정치문화의 과도기적 변용양상은 비단 정치관념상의 이행추세에서만 확인되는 특유의 현상이 아니라 정치공동체생활 내부의 사회관계의식성향에서도 확인될 수 있다. 한국사회가 1960년대 이래의 연속된 근대화 노력의 결과로 산업화되고 도시화됨에 따라서 연고를 중시하는 공동사회적인 귀속주의로부터 이해관계를 중시하는 이익사회적인 계약주의로 변용되는 추세를 보여주고 있는 것은 분명하지만, 구체적인 현실에 있어서는 그러한 일반적 추세와 합치되지 않는 무원칙한 변조들을 다양하게 드러내고 있기 때문이다. 객관적 생활조건이 이미 돌이킬 수 없을 정도로 이익사회화되어 있고, 또 사회의 계층도 이에 수반하여 다원적인 분화양상을 보여주고 있는데도 불구하고 전통적인 공동사회에서나 통용될 수 있는 귀속주의적 사회의식이 별다른 저항이 쉽게 운위되는가 하면, 현실의 이해관계가 첨예하게 결부되는 경우에는 산업사회적 지향을 내세워 합리적 계약정신을 강조하기도 한다. 그리고 여기에서 사정을 더욱 곤란하게 만드는 것은, 양자의 논리가 무질서하게 혼재하는 와중에서 갖가지 연고의 집단이기주의가 만연하여 본질인식이 전도된 극히 기형적인 문화적 도착현상을 자주 나타내고 있다는 점이다. 공동사회적인 사회관계에 계약논리를 적용하려 한다든지, 그리고 이와는 반대로 이익사회적 사안에 〈고통분담론〉이나 권위주의적 시혜의식을 편의적으로 결부시키는 것과 같은 현상이 비일비재하게 제기되고 있다. 그야말로, 특정한 개인이나 집단의 현실적 편의에 따라 양자의 논리가 수시로 교차되는 무원칙한 양상을 드러내고 있다. 그리하여 한국사회는 한 사회학자의 지적대로 〈하나의 늑대(lupi)의 세계〉로 특징되는 과도기적 현상을 나타내고 있다.[21]

정치공동체로서의 〈나라〉, 문화공동체로서의 〈사회〉란 이 경우에 있어서는 단순한 의례적인 의미밖에 없으며, 그것은 가족주의도 아니고 봉건적·전근세적 신분종속체 집단도 아니면서 그렇다고 해서 현대적인 이익사회가 가지는 계약자 조직체도 아닌 매우 무원칙한 사회적 혼란상을 보여주고 있을 뿐이다. 조직형태는 현대적이면서도 조직체의 기능방법이 전근대적이라는 점에서 한국사회는 벌통들의 병합체로서의 현대사회가 시민사회적 공감대(common sense)를 밑바닥에 깔고 있지 못한 무구조성을 드러내고 있다. 그리하여 한국사회는 조직체의 수만큼 판단기준이나 규범가치가 생기게 마련이며, 따라서 그것들 간의 관계를 상호 연계시켜 주는 공동광장이 새로이 마련되지 않는 한 각 조직체 간에는 당연히 폐쇄성이 강해지며 그러면 그럴수록 다른 집단에 대한 피해의식이 증폭되게 마련이다. 그리고 이러한 대내적 폐쇄주의가 강하면 강할수록 제각기의 벌통들은 국제적으로 개방주의적 성향을 나타내고 있다는 인상을 줄 수도 있지만, 그러나 이러한 현상은 실제적으로 주체성이 결여된 사회의 문화적

---

21) 황성모, 「현대 한국사회의 정신적 상황」, 『한국사회사론』(심설당, 1984), p.148.

표류현상만을 반복할 뿐이다.

요컨대, 현재 한국사회는 공동사회적인 전통사회로부터 이익사회적인 근대적 산업사회로 이행하는 과정에서 연원을 달리하는 사회관계의식의 병존현상과 더불어 본질인식이 전도된 과도기적 혼란상을 보여주고 있다.

4. 결론: 한국정치문화의 새로운 이념상 모색

한국정치문화의 역사적 기조는 1970년대를 전기로 전면적인 변용추세를 보여주고 있다. 우선, 국권론 우위의 외향적 성향이 민권론을 중시하는 내향적 성향으로 변이되고 있으며, 정치공동체 내부의 사회관계의식성향 역시 산업화·도시화에 따른 생활조건의 구조적 변화로 인하여 전통사회의 공동사회적인 귀속주의로부터 이익사회적인 계약주의로 변이되고 있는 것이다. 그리하여 이러한 양상은 총체적으로 한국민족주의의 역사적 기조에 영향을 미쳐 전통적인 낭만적 민족주의로부터 근대적인 정치적 민족주의로 이행하는 양상을 보여주고 있다. 그러나 이와 같은 추세는 전체적인 맥락에서의 시대적 흐름을 나타내는 것일 뿐 현실적으로는 양자가 무질서하게 혼재하는 과도기적 양상을 드러내고 있다는 것이 문제이다.

정치문화의 과도기적 양상이 지니는 부정적인 의미는 연원을 달리하는 갖가지 규범적 가치가 잡다하게 병존하고 있다는 데에 있는 것이 아니라 병존하는 가치규범들의 본질인식이 전도된 형태로 국민생활에 표출된다는 데에 있다. 그럼으로써 개인과 개인, 집단과 집단을 매개하는 공준(公準)의 성립을 어렵게 한다는 데에 문제의 심각성이 있는 것이다. 이러한 상황하에서는 공동체를 구성하고 있는 집단과 집단 사이에는 물론 개인 간에 있어서도 뚜렷한 공통언어가 생길 수 없기 때문에 일종의 사회내적 세노포비아(xenophobia: 이방인 증오) 현상이 생기게 된다. 학계의 고립, 정부와 경제계 사이의 긴장, 정부 각 부처 간의 경쟁, 언론계와 여타 부문과의 괴리 등 에서 볼 수 있는 것처럼 이들 상호 간에 연계성이 유지되기 어렵다. 그리하여 이러한 상황하에서는 정부가 강하면 강할수록 국민이 피해의식을 가질 가능성이 증대되며, 언론기관이 막대한 영향력을 행사하면 할수록 '국민정서'라는 것에 신경을 쓰게 되고, 야당은 야당대로 피해의식에 사로잡히게 마련이다. 이러한 현상은 얼핏 보기에 조직체 사이의 커뮤니케이션 결여에서 생기는 것같이 보일지 모르지만 그 원천은 공준 부재로 인한 사회적 구심점의 상실에 있다.

그러면 여기에서 이러한 과도기적 양상을 어떻게 극복할 것인가?

결론부터 말하자면, 〈오늘〉·〈여기〉에서 공준으로 통용될 수 있는 새로운 〈한국적 합리성〉을 모색하는 데서 그 실마리를 찾아야 할 것이라는 점이다. 그리고 그러한 〈한국적 합리성〉의 새로운 창출을 위해서는 역사적 소재가 되는 정신사적인 맥락과 결에 대해서 잠시 주목할 필요가 있다.

우리의 정신사적 맥락에서, 한국근대사의 출발점 자체가 사상적으로 〈동도서기〉라는 이분법에서 시작되었음은 주지의 사실이다. 그 후는 민족과 외세라는 이분법으로 그 표현이 달라졌고 해방 이후에는 민주주의와 공산주의라는 〈다이코토미〉에서 모든 것을 평가했다.

1960년대 경제발전과정에 접어들면서는 전근대성과 근대성이라는 이분법적 대비개념이 지배했다. 그것이 1970년대 중반 이후에는 다시 특수성과 보편성의 갈등으로 탈바꿈했다고 할 수 있다. 문제는 사상구조의 연속성과 사상내용의 다양성을 상호 연관 없이 현상의 〈크로놀로지〉만을 만들어 냄으로써 현대 한국인의 정신구조에 무형성의 소지를 심어 놓았다는 데 있다. 전체적인 정신구조는 뚜렷한 자기형태를 갖지 못하면서 개별적인 사상계열에서는 언제나 특정사상이 권위의 종속물로서 존재해 왔다는 데서 사상의 주체성이 뿌리를 내릴 수 없었던 것이다. 그것이 사회변화와 더불어 생활양식의 정신적 측면을 형성했다고 한다면, 그것은 전적으로 〈적응주의〉의 결과이다.

그러나 여기에서 다시 주목할 필요가 있는 것은, 그러한 〈적응주의〉의 역사적 맥락을 어떻게 평가할 것이냐 하는 점이다. 그러한 적응주의적 행태가 리스만(David Riesman)이 말하는 〈외부지향적 행위양식〉[22]과 질적으로 같은 것인지 아니면 만하임(Karl Mannheim)이 말하는 〈기능적 합리성〉[23]의 의미를 가진 행위양식이든 주목해야 할 사실은 우리의 행위구조의 역사적 맥락을 어떻게 파악하느냐 하는 것이다.

여기에서 특히 주목되어야 할 것은, 한국인의 적응적 행위가 전통적 규범의식과 단절된 채 발생함으로써 초점불일치의 과도적 양상이 만성화되게 되었다는 점이다. 이것은 결국 한국 정신구조의 구심점

---

22) David Riesman, *The Lonely Crowd, A Study of Changing American Character*(New Haven: Yale University Press, 1950), 제1장 제6–7절 참조.

23) Karl Mannheim, *Mensch und Gesellschaft im Zeitalter des Umbaus*(Wissenschaftliche Buchgesellschaft Darmstadt, 1958), pp.61–67. 참조.

이 불분명한 채 현대사로 연결되게 되었다는 사실을 반증하는 것인데, 그런 한에서 한국인에게 있어서는 근대 이래 개인적 자아와 집단적 자아에 대한 믿음이 형성될 수 없었다. 타자에 대한 의타성이란 본래 자기상실의 뒷면을 나타내는 것이려니와, 그것은 필경 권위의 존재를 전제로 한다. 그런데 여기에서 〈권위의 원리〉와 〈합리성의 원리〉가 양립될 수 없다는 사실을 감안하면, 우리에게는 생활구조와 의식의 〈합리화과정〉을 통하여 권위에의 의존을 대체할 새로운 공준을 창출하는 일이 중요한 과제로 제기됨을 확인할 수 있다.

그러면 여기에서 우리는 〈권위의 원리〉에 대체할 새로운 공준을 어떻게 모색할 것인가?

이에 대한 해답은 원천적으로 〈자기에 대한 성실성〉을 관철하는 일에서 찾을 수밖에 없을 것이다. 이것이 없이는 현대와 같은 규범가치의 복수구조 속에서 자기의 입지점을 정할 수 없기 때문이다. 여기에서 현대적 윤리의 문제가 제기되는 것이다. 복수가치 속에서 자기의 성실성에 입각해서 자기의 입장을 세우게 된다는 사실 자체가 인간이 윤리적 상황 속에 서게 된다는 것을 의미한다. 그것이 주체성 확립이라는 미명하에 변명되고 합리화되는 것으로 그치게 되는 경우에는 이미 그것은 이미 이데올로기로 변하여 공준(公準)으로서의 성립 가능성을 무산시켜 버리기 때문이다.

그러면 이러한 의미의 〈자기에 대한 성실성〉을 현실 속에서 어떻게 관철할 것인가?

여기서 말하는 〈자기〉란 개인적 자아와 집단적 자아를 모두 지칭하는 것이거니와, 그것은 일차적으로 추상의 차원이 아닌 구체적 차원에서만 의미를 갖는다. 종교적 믿음이나 이데올로기적 흥분에 휩싸

이기보다는 합리적이며 구체적인 자기성찰에 의해서만 관철될 수 있다는 것이다. 추상보다 구체를 존중하는 한국적 합리성은 특정한 이념을 단순한 목표로만 보지 않고 계속 진전시켜야 할 과정으로 취급함으로써 그것이 타자를 불신·혐오하고 자기 스스로를 소외시키는 구실로 작용하는 것을 예방할 수 있다. 이러한 입장에 설 때 우리 사회 내에 존재하는 다원적인 목적들 사이의 적절한 관계정립에 대한 규범을 어떻게 국민적 합의 위에서 조성하느냐 하는 문제도 공통의 관심사로서 접수될 수 있는 것이다. 무작정 〈민족지상〉을 외친다든가 또는 〈개인의 권이〉만을 주장하는 교조성이 배격되고 민족적 목표와 개인의 권리를 적절히 융합시키는 대화와 타협의 길이 열릴 수 있다. 국권론과 민권론의 조화, 포괄적 시혜의식과 타산적인 계약정신의 조화를 모색하기 위한 공준도 〈한국적 자아〉에 대한 구체적 성찰에서부터 실마리가 형성될 수 있다. 당면한 산업화의 애로를 타개하기 위한 〈고통분담〉이라는 정책적 슬로건을 비롯하여 〈우루과이 라운드〉에 대처하기 위한 국민적 공감대도 이러한 발상의 전환에서만 효과적으로 형성될 수 있으며, 통일한국의 장래와 포스트·모더니즘을 내다보는 국민적 의식기반도 이러한 전제하에서만 기약될 수 있다. 그것은, 요컨대, 다원성에 대한 확신과 관용에 의한 새로운 한국인상을 구현하기 위한 시발점으로서, 한국민족주의가 개방적 민족주의로 전환되게 하는 정당성의 결정적 근거를 이루게 된다고 할 수 있다.(끝)

참고문헌

강광식, 「한국체제논쟁사 서설」, 강광식 외, 『한국체제논쟁사연구』(한국 정신문화연구원, 1992).

강광식, 「한국의 정치문화에 대한 진단과 그 21세기적 방향모색」, 김형효・강광식 외, 『한국문화의 진단과 21세기』(한국정신문화연구원, 1994), pp.309-354.

김형효, 「한국정신문화의 이념형을 찾아서: 한국민족정신의 철학적 요체에 답함」(한국국민윤리학회 세미나 주제논문, 1993).

김형효, 「한국문화의 생리와 병리에 대한 철학적 담론」, 김형효・강광식 외, 『한국문화의 진단과 21세기』(한국정신문화연구원, 1994), pp.3-119.

노재봉, 「현대 한국의 정치사상에 있어서 방법의 문제」, 노재봉, 『사상과 실천: 현실정치인식의 기초』(도서출판 녹두, 1985), pp.271-286.

노재봉, 「이데올로기로서의 민주주의: 한국의 경우」, 『현대이데올로기의 제문제』(민음사, 1978); 노재봉, 『사상과 실천: 현실정치인식의 기초』(도서출판 녹두, 1985), pp.331-345.

노재봉, 「한국민족주의와 자유주의」, 『한국민족주의의 이념』(아세아정책연구원, 1979); 노재봉, 『사상과 실천: 현실정치인식의 기초』(도서출판 녹두, 1985), pp.347-368.

박상섭, 「한국정치와 자유민주주의: 현대 한국정치사의 정치사회학적 이해를 위한 일 시론」, 『현대한국정치와 국가』(법문사, 1986).

이능화, 「조선무속고」, 『광명』, 19호.

이용희・신일철(대담), 「사대주의: 그 현대적 해석을 중심으로」, 『지성』, 2-3월호(1972).

이용희(저), 노재봉(편), 『한국의 민족주의』(서문당, 1979).

이홍구, 「한국민족주의를 위한 기초적 사고」, 『효강 최문환박사추념논문집』(1973), pp.377 - 408.

이홍구, 「분단시대의 역사인식과 통일문화 창조」, 강광식 외, 『통일문화창조를 위한 연구』(한국정신문화연구원, 1985), pp. 25 - 42.

황성모, 「현대한국사회의 정신적 상황」, 『한국사회사론』(심설당, 1984).

황성모, 「식민지체제와 의식구조의 분화」, 『한국사회사론』(심설당, 1984).

Almond, Gabriel A., "Comparative Political Systems," *Journal of Politics*, Vol.18 No.3(August, 1956).

Almond, Gabriel A., *Political Development*(Boston: Little & Brown, 1970).

Easton, David, *The Political System*(New York: Alfred Konopt, 1953).

Mannheim, Karl, *Mensch und Gesellschaft im Zeitalter des Umbaus*(Wissenschaftliche Buchgesellschaft Darmstadt, 1958).

Poggi, Giafranco, *The Development of the Modern State: A Socialogical Introduction*(Stanford: Stanford University Press, 1978).

Riesman, David, *The Lonely Crowd, A Study of Changing American Character*(New Haven: Yale University Press, 1950).

Schmitt, Carl, *Der Begriff des Politischen*(Berlin, 1965).

Tönnies, Ferdinand, *Gemeinschaft und Gesellschaft*, 황성모(역), 『공동사회와 이익사회』, 세계사상전집 30(삼성출판사, 1982).

제4장 한국문화의 생리와 병리:

한국적 사회병리의 원인진단: 그 역사적 맥락과 갈피

한국문화의 생리와 병리

한국적 사회병리의 원인진단:
그 역사적 맥락과 갈피

1. 서론: 한국적 사회병리를 보는 인식의 관점

사회병리(social pathology)란 한마디로 사회적 맥락에서의 문제 현상(problematical phenomena of society)을 지칭한다. 다시 말해서 그것은 사회를 유기체에 비유하여 사회나 그 구성요소들이 비정상적 또는 변칙적으로 발전하여 정상상태(normality) 내지 건강상태(health)를 벗어나 있는 것을 뜻한다.[1] 그리고 그것은 구체적으로, 사회변동 과정에서 드러내게 되는 문화갈등(culture conflict)이나 문화적 지체현상(cultural lag)으로 인한 무규범상태(normlessness)의 아노미(anomie)

---

1) *International Encyclopedia of the Social Sciences,* Vol. 14(New York: Macmillan, 1968), p.455.

현상을 지칭하는 것이 통례이다. 이러한 맥락에서 볼 때, 사회병리론은 사회 그 자체보다는 사회생활을 영위하는 사회성원들의 의식·태도에 주목하는 이론적 관심을 대변하는 것이라고 할 수 있다.

그러면, 〈한국적 사회병리〉는 구체적으로 어떠한 관점에서 어떻게 파악할 것인가?

한국사회는 지난 한 세기 동안 실로 혁명적인 사회변동을 경험해 왔다. 그것은 이른바 근대화(modernization)로 지칭되는 구조적인 사회변동으로서, 정치구조의 민주화, 경제구조의 산업화, 생태구조의 도시화, 계층구조의 평등화 등으로 일컬어지는 사회구조 전반에 걸친 광범하고도 심층적인 변동이었던 것이다. 그리고 이러한 한국사회의 구조적 변동은 일정한 시차를 두고 가치체계의 변동을 수반하여 개인주의·평등주의·물질주의·합리주의 등을 강화하고 증대시키는 광범한 문화변동을 가져오게 되었다.

그러나 한국사회가 경험한 이와 같은 사회변동과 문화변동은 그 계기성에 있어서 극히 부자연스런 우여곡절을 거쳐 이루어졌기 때문에 그만큼 다른 사회와 구별되는 문제성을 내포하게 마련이었다.

첫째로, 한국사회가 겪은 근대화과정의 시발이 외래문화에 대해 상당히 폐쇄적이었던 상황에서 외세에 의한 개국으로 갑작스럽게 이루어졌기 때문에 당초부터 문화적인 적합성의 위기(relevancy crisis)를 드러내게 마련이었다.

둘째로, 개국과 더불어 수용되기 시작한 외래의 〈차용문화〉가 제대로 소화되기 이전에 일제의 식민지 지배체제로 이어지게 됨에 따라서 근대화과정이 왜곡되어 당초의 적합성 위기에 정체성의 위기(identity crisis)까지 중첩되는 비운을 겪게 되었다.

셋째로, 해방 이후에는 국제적 분단으로 냉전상황이 오래 계속됨에 따라서 사회구조와 문화구조가 다시 이데올로기적 요인에 의해 왜곡되어 극심한 통합성의 위기(integrity crisis)를 드러내게 되었다.

요컨대, 한국사회는 현재 근대화로 지칭되는 사회구조 변동도 미처 충분히 진행되지 않은 고도기적 상태에서 계통과 연원을 달리하는 갖가지 잡다한 문화의 중층구조를 보여주고 있다. 전통성과 근대성이 혼재하는 이른바 〈비동시적인 것의 동시적 존재〉 양상을 보여주고 있는가 하면, 여기에 이데올로기적인 왜곡양상이 중첩되어 일반적 적실성을 갖는 행위양식·행위규범을 발견하기 어려운 문화적 아노미현상을 드러내고 있다. 그리하여 예컨대, 관념적으로 민주주의적 가치를 표방하면서도 실제의 행위양식에 있어서는 권위주의적 규범에 더 가깝게 행동하는 양상을 보여준다든지, 보편주의적 규범의 틀 안에서의 공식적인 사회활동을 전개함에 있어서 특수주의적 의식을 벗어나지 못하는 양상을 보여주는 등 가치와 가치, 가치와 규범, 규범과 규범 간의 갈등양상을 보여주고 있다. 자본주의와 함께 도입된 물질주의는 배금주의나 황금만능주의로 자주 변질되어 나타나고, 근대적 시민사회의 중심적 가치지향의 하나인 개인주의는 레비(M. J. Levy)가 말하는 〈결손형 개인주의〉(individualism‒by‒default)로 변질되어 이기주의적 방어기제로 자주 전락되는 무규범상태(normlessness)[2]를 나타내고 있다. 그리하여 한국사회는 현재 뒤르껭(Emile Durkheim)이 말하는 바의 전형적인 아노미현상을 드러내고 있다.

---

2) M. J. Levy, "Some Aspects of Individualism and the Problem of Modernization in China and Japan," *Economic Development and Cultural Change,* Vol. 10, No. 3(April, 1962).

그러면 우리는 이러한 현상을 구체적으로 어떠한 관점에서 어떻게 파악할 것인가?

사회변동과의 관련에서 사회병리현상을 파악하는 이론적 관심은 19세기 뒤르껭의 아노미이론을 필두로 하여 20세기에 시카고학파의 사회해체이론으로 계승되었고, 이러한 관심은 다시 문화갈등이론으로 명맥이 이어져 오늘에 이르고 있거니와, 이하에서는 우선 이러한 사회과학적 관점과의 관련에서 문제인식의 맥락과 갈피를 조명해 보기로 한다.

먼저, 뒤르껭은 〈급격한 사회변동 → 아노미 → 일탈〉의 도식으로 사회병리현상을 평가하거니와, 그는 19세기 당시의 서구사회가 산업사회로 이행되는 과정에서 기존의 규범체계가 오해되고 새로운 질서규범이 미처 자리잡지 못하여 무규범의 아노미현상이 만연되고 있는 사실에 주목하여 이를 사회병리현상으로 규정하였다.[3] 그에 의하면 전통사회에서는 혈연이나 지연으로 맺어진 동질적인 사회성원들끼리 폐쇄적인 사회생활을 영위하였던 만큼 생각과 감정의 동질성에 의거한 이른바 〈기계적 연대성〉이 강하여 여기에 바탕을 둔 신분제도나 사회규범이 지배·복종의 위계질서를 무리 없이 지탱해 주는 역할을 수행하였다는 것이다. 그런데 산업화로 인하여 사회의 분업화가 불가피하게 확대됨에 따라서 혈연이나 지연에 바탕을 둔 사회의 동질적 유사성이 해이해지게 되고, 이에 수반하여 〈기계적 연대의식〉에서 돋보이던 집단적 동일화의 표상인 전통적 규범이 응분의 질서유지 기능을 수행하지 못하게 됨으로써 총체적으로 무규범의 아노미현

---

3) Emile Durkheim, *Suicide,* Trans., John Spaulding and George Simpson(New York: Free Press, 1951).

상이 발생하게 된다는 것이다. 그리하여 그는 이러한 아노미현상의 구체적 표현양태로서 전통적 규범의 부재 내지 붕괴, 경제적·사회적 위기, 새로운 직업에 대한 노동자의 적응능력 결여, 사회에 대한 개인적 및 집단적 이기심의 증대, 자살의 증가 등을 예시하고 있다.

이상에서 뒤르껭의 아노미이론에 대해서 살펴보았거니와, 그것은 대체로 산업화 초기단계에서의 사회병리현상을 설명하는 데 주안점을 둔 것이라고 할 수 있다. 이에 비하여 토마스(W. I. Thomas), 쯔나니에키(Florian Znaniecki), 셀린(Thrsten Sellin) 등으로 대표되는 시카고학파의 사회해체론은 산업화와 더불어 도시화로 특징되는 20세기적 사회병리현상에 주안점을 둔 이론적 관심을 대변하고 있다. 이들에 의하면 급격한 사회변동을 경험하는 사회에서는 어디에서나 각종 범죄율이 증가하게 되는데, 이는 급격한 사회변동이 사회해체현상을 초래하기 때문이라고 설명하고 있다.[4] 이들은 사회해체를 기존의 행위규범이 사회성원에게 미치는 영향력의 감소로 야기되는 현상으로 규정하고 있는바, 이러한 의미의 사회해체현상은 어느 시대, 어느 사회에서나 존재하는 것이지만 사회적 안정기에는 기존의 규범이 이러한 해체현상을 적절히 저어하여 사회적 재편성과 형평을 이루게 되는 데 비하여 급격한 사회변동으로 기존의 규범이 이러한 제어기능을 적절히 발휘하지 못하게 되는 경우에는 사회적 형평은 깨어지고 사회해체현상은 급속히 확산된다고 지적하고 있다. 그리고 이러한 맥락의 연장선상에서 셀린은 특히 문화적 요소에 주목하여 사회해체현상을 설명하고 있다. 즉 그는 급격한 사회변동으로 연원과 계

---

4) W. I. Thomas and Florian Znaniecki, *The Polish Pesant in Europe and America*(Boston: The Gorham Press, 1920).

통을 달리하는 갖가지 이질적인 문화요소들이 혼재하게 되는 경우에 상호 이질적인 가치와 규범들 간에 갈등이 야기되어 사회생활 전반에 걸쳐 무규범상태를 확산시키는 결과를 자져오게 된다는 것이다.[5]

문화요소들 간의 상관관계에 주목하여 사회병리현상의 원인을 설명하는 예로서 사회해체론의 관점과는 달리 문화진화론의 시각에서 사회병리현상을 파악하는 이론적 관심도 있다. 오그번(W. F. Ogburn)이 말하는 문화지체현상(cultural lag)이 그것이다.[6] 즉 그는 문화진화의 요인으로 발명(invention)·누적(accumulation)·전파(diffusion)·적응(adjustment)의 네 가지를 들고, 마지막 요인인 적응의 지연이 사회적 긴장을 일으켜 사회병리현상을 유발할 수 있음을 제기하고 있다. 그에 의하면, 문화를 구성하는 제반 요소들은 서로 밀접한 연관관계를 가지고 있기 때문에 어느 한 가지 요소의 현저한 변화는 필연적으로 다른 요소의 변화를 가져오게 마련인데, 여기서 각 문화요소들 간의 적응은 동시에 일어나는 것이 아니라 상당한 시차를 두고 지연되어 일어남으로써 예의 문화지체현상이 일어난다는 것이다. 이러한 문화지체현상은 문화를 구성하는 요소들, 예컨대 물질문화(용구문화)·규범문화·가치문화(관념문화) 등이 서로 밀접한 연관관계를 가지고 있는 가운데 변화의 속도나 난이도가 각기 다르기 때문에, 정도의 차이는 있을지라도 어느 사회에서도 불가피한 현상이라는 것이다. 예컨대, 용구문화는 실리적이고 이데올로기적 성격이 적은 문화이기

---

5) Thorsten Sellin, *Culture Conflict and Crime,* Social Science Research Council Bullitin 41(1938).
6) W. F. Ogburn, *Social Change with Respect to Culture and Original Nature*(New York: Viking, 1950), pp.23 – 30.

때문에 계속적인 기술혁신과 더불어 변화가 용이하지만, 규범문화의 변화는 집단 내의 인간관계나 세력관계의 변화를 반영하게 마련이므로 이해관계를 달리하는 집단 간의 갈등을 유발하기 쉽고 또 상당기간 타협과 조정을 거친 후 완만하게 변화하는 경향을 보인다는 것이다. 그리고 가치문화와 같은 관념적인 문화요소는 그 자체가 사회질서의 핵심이고 규범체계를 통합하는 원리에 해당하므로 이에 대한 도전이 제기되는 경우 기존체제의 방어기제가 민감하게 작동하게 마련이므로 변화가 어렵고 또 지체되는 문화에 해당한다는 것이다. 그리하여 이처럼 문화요소들 간의 변화의 속도와 난이도가 각기 다르기 때문에 문화지체현상이 불가피하게 야기되어 그것이 극심한 경우에는 적응실패에 따르는 사회병리현상으로 표출될 수 있다는 것이다.

오그번이 말하는 문화지체현상은 외래문화를 차용하여 학습하는 과도기에 특히 두드러지게 나타나게 된다. 예컨대 자본주의문화(제도·가치·규범 등)를 도입하는 경우에 도입된 제도와 그것을 운영하는 데 요구되는 행위준칙으로서 계약정신과 같은 규범문화 간에 심각한 격차가 생길 때에는 문화지체현상이 중대한 사회병리의 원인으로 증폭되어 표출될 수 있다. 자본주의사회란 다원적 요소의 공존을 포용하는 이른바 〈유기적 연대〉를 생리로 하거니와, 그것은 기본적으로 계약정신에 바탕을 둔 타협문화가 적절히 뒷받침되지 못할 경우에는 병리로 전락되기 때문이다.

이상에서, 사회변동과의 관련에서 사회병리현상을 설명하는 이론적 관점에 대하여 개략적으로 살펴보았거니와, 이러한 이론적 관심은 한국사회가 보여주고 있는 사회병리현상의 단면을 체계적으로 파악하는 데 있어서 이론적 준거틀로서 상당한 적실성을 갖는다. 그것은 한국사회가 개항 이래 서구화과정과 특히 1960년대 이래의 산업화·도시화과정에서 겪어온 급격한 사회변동과 문화변동의 결과를 체계적으로 이해하는 데 큰 도움을 주기 때문이다. 그러나 이와 같은 사회학의 이론적 관심만으로는 한국사회 특유의 사회병리현상의 연원과 갈피를 파악하는 데에는 충분하지 못한 것으로 보인다.

〈근대화〉라는 사회변동과정이란 시간적 선후의 차이는 있을지라도 서구·비서구를 불문하고 모든 사회가 공통적으로 겪어온 그야말로 세계사적 경험에 해당하거니와, 따라서 뒤르껭이 말하는 아노미현상이나 시카고학파의 사회해체현상 역시 정도의 차이는 있을지언정 모든 사회가 겪었거나 또는 겪고 있는 사회병리현상이라고 할 수 있다. 요컨대, 뒤르껭 등의 사회학적 관점에서는 〈근대화〉라는 세계사적 경험에 수반하는 〈일반적인〉 사회·문화적 현상만을 주목하고 있을 뿐, 거기서는 개별사회 특유의 체질을 나타내는 사회·문화적 반응의 〈특수성〉에 대해서는 거의 관심을 두지 않고 있다. 따라서 앞서 소개한 사회학적 관점은 개별사회의 고유한 체질을 주목하는 인류학적 관점에 의해서 보완될 필요가 있는 것으로 생각된다.[7]

문화인류학적 관점에서는 개별사회의 고유한 체질 유형에 주목하여 문화의 패러다임에 관심을 둔다. 패러다임이란 구조주의에서 말하는 문화의 〈계열체적 집합〉(paradigmatic set)을 지칭하거니와, 이 것은 한 사회의 전통적 문화의 무의식적 구조로서 거의 불변적인 종적인 기둥처럼 역사와 사회의 변화에 둔감하다고 한다. 한 사회의

---

7) 이러한 관점에서 특히 주목되는 논의를 제기하고 있는 선례는, 김형효, 「한국문화의 생리와 병리에 대한 철학적 담론」, 김형효·강광식 외, 『한국문화의 진단과 21세기』(한국정신문화연구원, 1994), pp.27-36 참조.

문화는 이와 같은 종적인 패러다임에 역사적·사회적 변천에 따라 다양한 변용양상을 보이는 〈결합체적 연결〉(syntagmatic chain)을 이루게 된다는 것이다.

이와 같은 인류학적 관점에 비추어 볼 때, 한국사회가 겪고 있는 예의 아노미현상은 애오라지 전통적 패러다임의 붕괴에 기인하는 것이 아님을 확인할 수 있다. 급격한 사회변동이 아노미현상을 낳는 것은 아니지만, 사회변동이 한 사회의 전통문화의 무의식적 구조로서의 〈계열체적 집합〉을 송두리째 지워버리는 것은 아니라고 보아야 하기 때문이다. 요컨대, 사회학적 관점에서 말하는 아노미현상이나 사회해체현상은 〈계열체적 집합〉으로서의 거의 불변적인 패러다임이 새로이 나타난 근대화라는 〈결합체적 연결〉로서의 신태그마와 자연스런 접목이나 상감이 이루어지지 않기 때문에 생기는 현상으로 볼 필요가 있다.8) 급격한 사회변동으로 인하여 물리적 생활공간과 심리적 공간의 괴리현상이 현대 한국사회가 겪고 있는 사회병리현상인 것은 분명하지만, 거의 불변적인 예의 패러다임이 한국인의 의식에 하나의 무의식적 생리작용으로서 작동하고 있다는 점에 유의하여 신태그마로서 현상적 결합양상의 구체적 갈피를 살필 필요가 있다.

이 글에서는 바로 이상에서 제기한 인식의 관점에 유의, 〈근대화〉라는 세계사적인 사회변동을 겪는 과정에서 한국사회가 보여준 개성적 반응양상에 주목하면서 사회병리현상의 맥락과 갈피를 체계적으로 조명해 보려고 한다.

---

8) 김형효, 위의 논문, p.26 및 p.38.

2. 한국문화의 패러다임과 한국적 사회병리의 소인(素因)

한말 이제마(李濟馬)의 사상의학(四象醫學)에서는 인간 유기체의 생리와 병리를 판별함에 있어서 체질의 유형에 유의하도록 권고하고 있다. 이러한 맥락에서 보면, 한국적 사회병리란 한국인의 체질을 반영하는 한국적 문화유형의 소산이라고 보아야 할 것이다.

그러면 예의 한국적 문화유형은 구체적으로 어떠한 관점에서 어떻게 파악할 것인가?

문화인류학의 구조주의적 관점에 의하면, 모든 문화는 역사와 사회의 변화에 거의 불변적인 〈계열체적 집합〉(곧 패러다임)에 가변적 변용양상을 보이는 〈결합체적 연결〉(곧 신태그마)이 접목되어 있는 일종의 상감구조(象嵌構造)를 이루고 있다고 하거니와, 한국인의 고유체질을 반영하는 한국적 문화유형이란 바로 〈계열체적 집합〉을 지칭하는 것이라고 할 수 있다.

고고학이나 언어학 · 민속학 등의 연구자료에 의하면, 한국문화의 패러다임은 대체로 북방 유목민족과 유사한 집합양상을 보여주고 있다고 한다. 그리고 김형효는 이러한 맥락에 유의하여 한국문화를 진단하는 최근의 한 논문에서 한국문화의 패러다임을 상징하는 주요 개념으로서, ① 감정의 공동체, ② 마을 공유의 비눗방울, ③ 옹기종기형의 취락구조, ④ 공시적 식사법과 다색편시(多色編時)의 문화, ⑤ 비빔밥과 국밥형의 요리체계, ⑥ 凹형의 조리법과 주거형, ⑦ 보자기형의 의복체계, ⑧ 화수회(花樹會)적 친족체계와 호칭제도 등을 예시하고 있다.[9] 그리고 그는 이러한 패러다임의 틀 안에서 표상되는 한국인의 계통발생적인 원초적 감정이 무속적인 신바람의 기질과 한(恨)의 정감으로 대변되는 특징을 가지고 있는 것으로 설파하고 있다.[10]

그러면 여기에서 한국적 사회병리현상은 이러한 패러다임과의 관련에서 어떻게 파악할 것인가?

앞서 인식의 관점에서 시사한 바 있듯이, 한 사회의 병리현상은 문화적 패러다임 자체의 직접적인 소산이 아니라 가변적 신태그마와의 연관에서 생기는 현상이라고 할 수 있다. 다시 말해서, 거의 불변적 속성을 지니는 문화의 패러다임은 가변적인 신태그마와의 접목 양상 여하에 따라서 생리현상으로도 또 병리현상으로도 표출될 수 있다. 불변적 패러다임이 가변적 신태그마와의 관계에서 결좋은 접목을 이루게 될 경우에는 활력이 넘치는 생리현상을 일으키지만, 이와는 반대로 궁합이 맞지 않아 불협화음을 발하는 경우에는 병리현상으로 나타난다. 요컨대, 한국적 문화유형 그 자체는 생리와 병리의 양면성을 소인(素因)으로 내포하고 있을 뿐이며, 생리·병리현상의 구체적 표출 여하는 어디까지나 역사적·사회적 신태그마와의 접목 양상에 따라서 결정된다는 것이다.

한국문화의 패러다임을 상징하는 주요 개념의 하나인 〈정감의 공유형〉은 그것이 〈공유의 비눗방울〉이나 〈보자기〉를 가지고 있는 한 뒤르껭이 말하는 〈기계적 연대〉를 소생시키는 생리적 요인으로 작동될 수 있지만, 그것은 동시에 감정적 친소(親疎)의 차별요인을 잉

---

9) 김형효, 위의 논문, 특히 제2장「한국문화의 패러다임과 대한 소묘」및 p.56 참조.
10) 김형효, 위의 논문, p.62.

태하여 병리현상을 유발할 수도 있다. 또한, 비빔밥이나 국밥형의 요리체계가 상징하는 바의 〈다양한 것들의 혼융〉역시 마찬가지다. 그것은 다양성의 공동작용(synergy)이 전체적으로 통합성을 상실하지 않는 한에서는 풍요로운 개방성을 생리로 표출시킬 수 있지만, 이와는 달리 그것이 전체적인 통합성을 결여하는 경우에는 혼융되는 집단이 폐쇄적인 울타리를 형성하여 배타적인 속성들끼리 야합하여 결국에는 광적이며 획일적인 교조적 사고정향을 병리로 표출시킬 수 있다. 같은 맥락에서 〈동시다발적 다색편시의 문화양식〉도 그것이 다양성 속에 개방적인 통일성을 이루는 생리적 요인이 될 수도 있지만, 동시에 그것이 공존공영의 사회적 그물망의 기능을 수행하는 〈공유의 비눗방울〉이나 〈보자기〉를 제대로 갖지 못할 경우에는 각자가 소아적(小我的) 껍질 속에 칩거하여 각일적인 별집모양의 체계를 형성하면서 독불장군의 심리를 사회적으로 표출시키는 병리를 보여줄 수 있다.[11]

한국문화의 패러다임이 그 자체로서 생리·병리의 양면성을 내포하고 있다는 점에 있어서는 한국인의 원초적 감정인 무속적 신바람의 기질과 한의 정감에 있어서도 마찬가지이다. 한국인의 무속적 기질인 신바람은, 김형효의 지적대로, 이상주의적이되 동시에 현세적인 이중성을 갖는다.[12] 이상주의적인 이념성을 지향할 경우, 한국인의 심정은 이념적 원리를 하나의 믿음으로 부각시키고, 반대로 그것이 현세지향적일 경우에는 속물적 소유(금력·권력·학력 등)에 집착하는 성향을 나타낸다. 한국인의 한의 심리도 마찬가지로 이중적이다.

---

11) 김형효, 위의 논문, pp.57 – 58.
12) 김형효, 위의 논문, pp.74 – 77.

한국인이 가지고 있는 한의 정서란 신바람의 바람이 좌절되었을 때 생기는 심리적 욕구불만으로서 신바람의 무속적 심리와 표리관계를 이루고 있기 때문이다. 한국인의 한의 심리가 이념지향적일 경우에는 강력한 선풍을 일으키는 집단적 응집력을 표출시키는 경양이 있는 데 비하여, 세속지향적일 경우에는 소아적이거나 또는 가족과 같은 소집단이기주의적인 풀이욕구로 전락될 수 있다.

이상에서 한국문화의 패러다임에 내재하는 주요 개념적 속성과 그것이 지니고 있는 생리·병리의 양가성에 대해서 개략적으로 살펴보았거니와, 이제 이러한 패러다임이 역사적 맥락에서 구체적으로 어떤 양상을 보여주었는가를 살필 차례이다. 그것은 요컨대 한국문화의 패러다임이 역사적으로 중국문화를 비롯한 외래문화와의 교섭과정에서 〈결합체적 연결〉로서의 신태그마와 어떤 접목현상을 보여주게 되었는가를 살피는 것이 될 것이다. 이러한 맥락에서 이하에서는 이에 관한 김형효의 분석을 다시 주목해 보기로 한다.13)

〈보자기형-옹기종기형-공유의 비눗방울-凹형의 조리법〉 등은, 앞에서도 살펴보았듯이, 한국문화의 패러다임이 아는 사람들끼리 정에 의해서 엮어진 족내형적(族內型的) 하나 되기를 상징하는 징표라고 할 수 있다. 이러한 속성이 전통사회에서 뒤르껭이 말하는 〈기계적 연대〉를 소생시키는 생리적 기능을 무리 없이 수행하였다고 할 수 있다. 그리고 이러한 속성이 한국의 고대사회에서 가장 성공적으로 사회적 지평에 발현된 것은 〈화랑도〉(花郞徒)와 〈두레〉라고 한다. 이러한 사실은 진한(辰韓)시대에 "사람들이 서로 다 도(徒)라고

---

13) 김형효, 위의 논문, pp.87-103.

호칭하였다."는 『위지동이전(魏志東夷傳)』의 기록과 『삼국유사』의 구간(九竿)을 〈두레〉로 해석한 이병도의 소론에서 입증되는 사실이다.

여기서 특히 주목되는 것은, 집단공동체적인 〈도〉(徒)의 규범적 성격으로서, 그것은 베르그송(H. Bergson)이 말하는 〈닫힌 도덕〉(closed moral)의 기능을 수행하여 인정이 넘치는 마을공동체에 질서를 부여하여 사회통합의 생리현상으로 표출될 수 있었다는 점이다. 신라의 〈화랑도〉 역시 한국무교의 주술적 신바람이 원광법사의 〈세속오계〉로 집약되는 일종의 〈닫힌 도덕〉과 결합됨으로써 성공적인 결실을 맺을 수 있었다는 관점이다. 요컨대, 한국 고대사회의 화랑도나 두레는 일본의 〈신도〉(神道)처럼 특수주의적이고 집단지향적이며 목표성취지향적인 이념을 담고 있었기에 예의 패러다임과 결좋은 접목을 이룰 수 있었다는 것이다.

그런데 이러한 화랑도는 신라통일 이후 신라사회가 중국문화의 신태그마와 결부되면서 이른바 〈중화주의〉(Pax－Sinica)라는 보편질서 속에 편입되는 양상을 보여주게 됨에 따라서 그 〈도〉가 지니고 있었던 당초의 사회통합적 기능이 사라지게 되었다는 것이다. 〈도〉(道)를 이념으로 삼고 있었던 〈도〉(徒)가 유불도(儒佛道)라는 3교의 중국적 신태그마에 압도되어 사회적 기능과 생기를 잃은 채 그 〈도〉(徒)의 패러다임은 사회적 지도세력의 지위를 양보하고 정감적 차원의 일체감을 뜻하는 〈옹기종기형〉의 족내적이고 내향적인 감정의 띠로 자리이동을 하게 되었다는 것이다. 그리고 이와 동시에 제천사신(祭天事神)을 주관하던 무당의 무(巫)적 신바람도 베르그송이 말하는 〈닫힌 도덕〉으로서의 사회통합적 제어기능을 제대로 받지 못함으로써 사회적으로 공인되지 않는 사적 차원에서나 발산되게 하는 변질을 가져오게 되었다는 것이다.

그러나 한국문화의 패러다임은 중국문화와 오랜 세월 동안 신태그마의 결합을 이루어 왔고 또 그것이 주로 필기문자인 서책을 통하여 소량이 서서히 교류되었기 때문에 지식인이 먼저 그것을 소화하고 그다음 소화된 내용이 기층민중에게 전파되면서 비교적 자연스럽게 문화적 변용을 이룰 수 있었다. 예컨대, 인의(仁義)에 입각한 유교적 덕목이 정에 의한 공동체적 〈하나되기〉에 하나의 생활규범으로 정착되면서 그것이 때로는 〈향약〉(鄕約)과 같은 유교적 이상사회 건설의 꿈으로 때로는 〈두레〉나 〈품앗이〉와 같은 형태로 사회통합적 순기능을 보여줄 수 있었다는 것이다.

그러나 여기서 다시 유의될 필요가 있는 것은, 생활가치가 전통사회에서 〈하나되기〉를 귀하게 여기고 하나의 큰 〈보자기〉나 〈공유의 비눗방울〉의 생활공간을 창출하게 될 때, 그런 느낌의 문화양상이 무의식적으로 생각과 사고의 의식화를 가져오게 된다는 점이다. 그리하여 그 〈하나되고자 함〉이 순일성(純一性)의 교조화나 문화적·사상적 획일화로 치닫게 되는 부작용을 수반할 수 있다는 점이다. 더욱이 한국인의 무속적 기질 속에는 이능화(李能和)가 잘 밝혔듯이 신을 내리는 〈강신〉(降神)과 신과 벗하는 〈유신〉(侑神)을 겨냥하는 성향이 있다고 하거니와,[14] 따라서 이러한 한국인의 신관념은 은유적인 것이어서 언제나 다른 것들에 의해 계열체적 대체성을 가질 수 있다는 것이다. 그리하여 한국인의 신관념이 조선시대에 주자학적 신태그마와 만나서 주자학을 맹신하는 교조주의를 낳았고, 또 현대

---

14) 이능화, 「조선무속고」, 『광명』, 19호, 특히 제1장 제1절 참조.

의 민주주의나 공산주의와 만나서 그것을 교조화하고 우상화하는 경향을 보이고 있는 것은 결코 우연한 일이 아니다. 자본주의의 물질주의가 황금만능의 물신주의로 전락되는 양상을 보여주게 되는 것도 이러한 경향에 다름 아니다. 순수성이 유일 이념으로 절대시되는 경우에는 생활문화 자체가 총체적으로 그 순수성을 물신화하는 경직성을 갖기 때문이다.

한국문화의 패러다임을 상징하는 주요 속성 가운데 〈공시적 식사법－비빔밥과 국밥형－다색편시의 문화체계〉라는 장르가 있다. 이 속성 역시 앞서 살펴본 〈하나되기의 문화양식〉과 유사하지만 뉘앙스의 차이가 있다. 이러한 문화양식은 〈다양성의 혼융〉을 특징으로 하기 때문이다. 이런 맥락에서 한국문화는 순일(純一)에의 지향과 더불어 다즉일(多卽一)의 융합이라는 지향을 가지고 있는 것으로 보아야 한다. 김형효는 신라의 낭가사상(娘家思想)인 〈화랑도〉가 혼일(混一) 내지 합일(合一)의 효시로 보고 있거니와, 그 문화적 근거로서 그는 최치원(催致遠)의 〈현묘지도 접화군생〉(玄妙之道 接化群生)이라는 증언과 더불어 원효(元曉)의 유식학(唯識學)·중관학(中觀學)의 묘합논리를 들고 있다. 그리하여 그는 이러한 〈합일〉이 맛있는 비빔밥처럼 송공하였을 때 한국문화는 역사 속에서 특화된 창조역량을 과시할 수 있었다고 설파하고 있다. 그리고 이러한 〈합일〉의 정신이 현실의 역사과정에서 원만하게 발현되었던 대표적인 예로서 신라의 문무대왕시대와 조선의 세종대왕시대를 들고 있다. 신라의 문무대왕시대에는 화랑도가 전성기를 구가하였던 시대이기도 하거니와, 불교의 석굴암과 무교의 해중능과 같은 문화유산의 배경이념에서 보듯이 성(聖)·속(俗)·미(美)·용(勇)·유희·노동 등이 상보적인 기능을 갖도록 잘 조직해 나간 시기였다는 것이다. 그리고 세종대왕시대 역시 위대한 종합의 정신이 발현되었던 시기에 해당한다는 것이다. 유학의 보편성(한자문화)과 민족성의 특화(훈민정음의 창제), 숭문정책과 상무정책의 조화, 과학진흥과 예술진흥의 겸전 등 실로 다방면에 걸친 〈혼융〉의 실례를 보여주었다는 것이다. 그리하여 이처럼 종합력이 왕성하게 발현되었을 때, 한국문화의 〈다색편시〉는 무질서와 혼란의 대명사가 아니라, 창조역량의 비법을 상징하는 〈공시적 비전〉 차체였다는 것이다.[15]

그런데 여기서 다시 주목될 필요가 있는 것은, 이와 같은 유기적 종합에의 〈공시적 비전〉이 약화될 경우에는, 한국문화가 전혀 상반된 병리현상을 드러낼 수 있다는 점이다. 다양한 요소들이 하나의 〈공동작업〉을 형성하지 못하고, 하나는 하나이되 모래알이나 벌통처럼 제각기 흩어져 각개약진을 하는 각일주의(各一主義)로 분산되기 때문이다. 한국사회가 개항 이래 근대화과정에서 〈결합된 우리〉에서 〈분산된 우리〉로 대체·변질되어 가는 양상을 보여주게 된 것도 바로 이러한 성향의 발로에 지나지 않는다. 자기중심적인 각일성은 예의 신바람이 지니는 세속성과 더불어 세속적인 한풀이 심리를 쉽게 조장하는 경향이 있거니와, 이러한 한국인의 원초적 정서가 세속적인 욕망을 부채질하여 소유의 다과를 행복의 척도로 생각하는 출세주의와 더불어 물신주의·황금만능주의·간판지상주의 등의 풍조를 증폭시키는 결과를 가져오게 된다. 그리고 이와 같은 현세적 출세주의가 삶의 지표로서 군림하는 경우에, 위계질서의 상향성 욕구와 평

---

15) 김형효 위의 논문, pp.100−103.

등주의 욕구가 나란히 상승하게 마련이며, 여기서 상향적 욕구의 실현 가능성이 희박해지는 경우에는 그것이 하향적 평준화나 또는 모두를 끌어내리려는 질투심이 평등이념을 가장, 사회적 지평에 표출됨으로써 사회적 친화력과 통합력을 근저에서부터 파괴시키는 결과를 가져오게 된다. 따라서 이러한 현상이 사회적으로 만연되는 경우에는 그야말로 기존의 어떤 규범도 규범으로서의 작동력을 상실하여 아노미상태에 빠지게 된다.

이상에서 한국문화의 패러다임에 내재하는 생리와 병리의 양가적 소인과 그것이 실제의 역사적 진행과정에서 구체적으로 어떤 양상으로 표출되었는가를 주로 전통시대에 국한해서 개략적으로 살펴보았거니와, 이제는 그것이 이른바 〈근대화〉로 지칭되는 서양적 신태그마에 접목되는 과정에서 어떠한 양상을 보이게 되었는가를 살펴보기로 한다.

〈근대화〉란 서두에서도 잠시 언급하였듯이 전통사회와 연원을 달리하는 구조적 전환을 요구하는 것이거니와, 따라서 그것은 사회관계와 의식패턴을 근본적으로 달리하는 전혀 새로운 신태그마적인 결합일 수밖에 없다. 전통시대의 신태그마란 대체로 혈통이나 언어·민속 등 자연적인 문화적 및 역사적 유사성에 근거를 둔 문화양식이거니와, 근대화라는 새로운 신태그마는 이와는 달리 분업을 전제로 한 이익사회(Gesellschaft)를 배경으로 하고 또 잡다한 개인들 간에 이해관계를 매개로 사회관계를 인위적으로 창출하는 일종의 계약공동체적인 지향을 갖는 것이기 때문에, 한국문화의 전통적 패러다임과는 기본적으로 자연스럽게 접목되기 어려운 것이었다. 따라서 한국인에게 제기된 근대화과정이란 기존의 전통적 사회구조와 문화구조를 변경시킴으로써만 그 실효성이 가시화될 수 있는 것이었다. 다시 말해서 한국문화의 패러다임은 근대화라는 새로운 신태그마와의 만남에서 그만큼 큰 소용돌이를 일으켜 성공적인 접목과 상감을 형성하지 못하게 마련이었고, 따라서 문화적 적합성의 결여로 인한 아노미현상을 심각하게 드러내게 마련이었다.

그런데 여기서 다시 주목되는 것은, 한국과 유사한 전통을 가지고 있었던 일본의 경우에는 상대적으로 근대화에의 접목이 성공적이었다는 점이다. 다시 말해서, 그것은 일본문화의 패러다임이 한국의 그것과 유사한 전통을 가지고 있으면서도 동시에 근대화에의 새로운 신태그마와 접목을 이루는 데 있어서 비교우위의 순기능을 발휘할 수 있는 어떤 특수한 요소를 가지고 있었다. 우리는 바로 이 점에 잠시 주목하여 타산지석의 교훈으로 삼을 필요가 있다.

일본이 근대화과정에서 상대적으로 성공적이었던 비결을 무라까미 야스스께는 일본적 〈이에〉(家)문화에 바탕을 둔 〈일가계약정신〉(一家契約精神: kintractship)이라고 규정한 바 있다.[16] 그에 의하면, 일본의 〈이에〉는 한국의 집안처럼 근친혈연관계라기보다 같은 기능적 집단에 속하는 〈오야붕〉과 〈꼬붕〉의 관계 속에서 하나의 〈구미〉(組)를 형성하여 비혈연적인 유대감을 형성하기 때문에 이것이 각 집단의 하부조직에 상이한 기능을 부여함으로써 결과적으로 사회 전체의 유기적 조립을 가능하게 한다는 것이다. 따라서 일본문화의 패러다임에 내재하는 이러한 요소가 근대화의 신태그마와 만나 접목을 이루는 데 있어서 결좋은 접목의 순기능을 발휘할 수 있었

---

16) Murakami Yasusuke, "Ie Society as a Pattern of Civilization," *Journal of Japanese Studies,* Vol. 10, No. 2(1984).

다는 것이다.[17)

　이에 비하여 한국의 경우는 철저히 혈족관계에 유대의 근거를 두
는 문화양식상의 순수성을 견지하고 있기 때문에 서양적인 계약제도
와 묘합을 이루는 것이 시간적으로 지체될 수밖에 없었다. 그리고 더
욱 곤란한 것은, 이러한 한국문화의 역사적 기조가 외재적 요인의 연
속된 작용으로 인하여 변증법적인 변용이 계속 지체되었다. 일찍이
인종적·문화적 동질성을 지닌 단일민족으로서의 역사성에 유의하여
일제 식민통치하의 민족주의적인 실천적 주류가 그러했으며, 또한
광복 이후에는 외세에 의한 타율적 분단상황이 계속되는 상황하에서
냉전상황에 대처하는 방식의 주조가 모두 그러했다.

　이러한 맥락에서 해방 이후 민주화·산업화로 집약되는 한국의 근
대화과정은 실로 한국문화의 전통적 기조가 근본적으로 전환되는 과
정이었다고 할 수 있다. 그것은 민족집단 내부의 사회관계를 총체적
으로 재조정하여 전통적인 〈기계적 연대성〉으로부터 벗어나 새로이
〈유기적 연대성〉으로 전환시키는 과정이었다고 할 수 있다. 그런데
그러한 근대화란 기존의 전통적 사회구조를 변경시킴으로써만 실효성
이 가시화될 수 있었다. 다시 말해서, 그것은 민족을 무계급적이고 무
당파적인 낭만적 실체로서만 보지 않고 그 구성원들의 계약관계에 의
한 인위적 결합으로 보는 시민사회의 성장을 배경으로 해서만 가시화
될 수 있었다. 그리고 그러한 시민사회적 전환은 궁극적으로 사회·
경제적 근대화의 성과에 의해서만 질적인 변용을 보여줄 수 있다.

　그런데 여기서 다시 주목되는 것은, 이러한 근대화 노력이 한국에

---

17) Murakami Yasusuke, 위의 논문, p.302; 김형효, 위의 논문, p.52.

서는 외재적인 요인의 오랜 충격으로 인하여 거의 체질화되게 된 낭만적 민족주의의 소산인 권위주의적 방식에 의해서 주도됨에 따라서 전통적 요소의 연속성이 현대에 이르기까지 온존하는 결과를 가져오게 되었다는 점이다. 산업화라는 경제적 근대화 작업이 권위주의적인 동원방식에 의해서 추진되게 된 것도 이 때문이며, 이에 수반하여 산업화의 성과로 야기된 새로운 사회·경제적 이익의 분화와 참여 욕구의 증대를 수용하는 정치권위의 국민화 작업이 오래도록 지체되게 된 것도 이 때문이다. 이처럼 전통적 요소의 연속성이 오래도록 잔존하게 됨에 따라서 〈비동시적인 것의 동시적 존재〉로 특징되는 과도적 상황이 장기화되고 있다. 요컨대 한국문화의 패러다임은 근대화로 인한 사회구조상의 현저한 변화가 야기된 오늘날까지도 근대화의 신태그마와의 결좋은 접목을 이루지 못하여 아직도 뒤틀림의 아노미현상을 여전히 드러내고 있다.

3. 한국문화의 신태그마와 사회병리의 역사적 연원 및 갈피

한국적 문화양식은 한국인이 지니고 있는 고유한 체질의 소산인 동시에 환경조건의 산물이라고 할 수 있다. 한국인은 이미 고대사 단계에서부터 단일민족으로서의 인종적·문화적 공통기반을 형성하고 있었거니와, 따라서 한국인은 역사적으로 일찍부터 자체의 순수성을 잃지 않으려는 특수주의적인 문화양식을 하나의 패러다임으로 갖게 마련이었다. 그러나 한국인은 또한 주변민족과의 상관관계 속에서 공동생활을 영위하였기 때문에, 그 지정학적 입지조건상 대륙세력과 해양세력의 동향에 민감한 반응을 보여줄 수밖에 없었다. 따라서 한국인은 자체의 존립을 위해 정치적으로 〈사대주의〉(事大主義)와 같은 외부지향적 적응주의(適應主義)의 문화성향을 갖게 마련이었다. 한국문화의 신태그마는 요컨대 이러한 적응주의의 역사적 부산물에 지나지 않는 것이었다. 한국인이 전통적으로 오랫동안 보편적인 〈중화질서〉(中華秩序: Pax-Sinica)의 일원으로 〈소중화〉(小中華)라는 자부심을 가지고 살아온 것이나 그리고 서세동점 이후 〈Pax-Americana〉·〈Pax-Sovietica〉와 같은 범세계적 차원의 보편주의에 경도되는 양상을 보여주게 된 것도 결국 이러한 적응주의적 신태그마의 소산임은 두말할 나위가 없다.

그런데 여기서 다시 주목되는 것은, 한국문화의 특수주의적 패러다임과 보편지향의 적응주의적 신태그마의 접목양상이 늘 순기능적일 수만은 없다는 점이다. 외래의 보편주의적 문화양식과 접목을 이루는 데 있어서도 실제의 내면상으로는 초점불일치의 복잡한 갈등양상을 자주 보여주고 있다. 대표적인 예로서 〈사대주의〉라는 문화양식을 들 수 있다.

사대주의란 한국인이 동양의 전통적인 국제질서 속에서 보여준 적응주의적 문화양식이거니와, 그것은 크게 두 가지로 구분할 수 있다.[18] 그 하나는 문화적인 사대주의로서 여기에는 〈사대자소〉(事大

---

18) 사대주의의 역사적 연원과 그 개념적 함의에 대한 상세한 논의는, 이용희·신일철(대담), 「사대주의: 그 현대적 해석을 중심으로」, 『지성』, 2-3월호(1972) 참조.

字小)라 하여 유교의 예(禮)관념이 전제된 일종의 국제법질서상의
관계개념이다. 다른 하나는 이른바 〈이소사대〉(以小事大)를 힘의 강
약관계에서 보는 반문화적 사대주의로서 그것은 물리적 강제력의 행
사가 전면에 드러나는 정치·군사적 관계개념이다. 그런데 이 두 가
지의 사대주의관념은 한국인의 역사적인 경험 속에서 서로 예리하게
대립하는 양상을 보여주고 있다. 예컨대, 한국인이 당대의 주도적 외
세를 대함에 있어 명분으로서 〈사대의 예〉를 갖추는 경우에는 하등
의 굴욕감이나 열등의식을 느낌이 없이 오히려 자발적인 적극성을
보여주었는데, 이에 반해서 실력관계를 전면에 내세워 〈사대〉를 강
요할 경우에는 말할 수 없는 굴욕감과 더불어 완강한 저항의식을 보
여주었던 것이다. 원·명(元·明) 교체기와 명·청(明·淸) 교체기에
한국인이 보여준 의식패턴은 이러한 맥락에서 매우 대조적이었다고
할 수 있다. 요컨대, 한국인의 적응주의적 관행에서 명분으로서의
〈사대의 예〉는 오히려 고수·추장할 만한 일이었던 데 비하여 힘에
의해 강요된 〈사대〉는 굴욕이요 수치로서 그 자체가 저항의 대상으
로 부각되는 특이한 양상을 보여주었다. 그리고 여기서 특히 주목되
는 것은, 힘에 의한 사대의 요구가 강렬하면 그럴수록 저항의식이
완강하여 현실과 괴리된 관념적 보상심리작용으로 더욱 증폭되고 규
범화되는 역설적 현상을 보여줌으로써 결과적으로 한국문화 자체를
총체적으로 경직화시키는 결과를 초래하였다는 점이다.[19)]
　이상에서 전통적 국제질서 속에서 한국문화의 역사적 기조를 이루

---

19) 강광식, 「한국의 정치문화에 대한 진단과 그 21세기적 방향모색」, 김형
　　효·강광식 외, 『한국문화의 진단과 21세기』(한국정신문화연구원, 1994),
　　pp.334-335.

고 있었던 적응주의적 문화양식의 연원과 갈피의 일당을 개략적으로 살펴보았거니와, 이러한 양상은 일제 식민화과정을 겪으면서 다시 심각하게 왜곡되는 결과를 가져오게 되었다. 일제의 국권유린으로 저항과 적응주의의 구심점이 되는 정치체(政治體)가 소멸됨으로써 한국인의 자기정체성(self-identity)이 총체적으로 파탄을 겪게 되었기 때문이다. 일제 강점하에 들어가기 전만 하더라도 적어도 전통적인 지배층의 의식에 있어서는 자기정체성의 준거점으로서의 존왕양이(尊王攘夷)관념이 지속될 수 있었지만, 국권이 일제의 수중에 넘어가 있는 상황에서는 그 준거점 자체를 전혀 다른 차원, 즉 일차적인 소집단의식(小孝世界)에로 귀의하여 안주하든지 아니면 일제의 천황체제에 귀의하여 새로운 적응을 모색하든지 하는 실로 난감하고 궁벽한 처지에 몰리게 되었기 때문이다. 한국인은 이처럼 궁벽한 상황에서 어떤 선택에도 안주할 수 없는 심각한 정체성 위기(identity-crisis)를 겪게 되었다. 소집단에 안주하는 것도 수치스럽고 혐오스런 일이었지만, 그렇다고 해서 현실세계에 적응하는 것은 그 자체가 일제와 동일시되어 민족의 공적으로 지탄받게 마련이었기 때문이다. 바로 이러한 시대상황에서 한국인의 의식세계는 규범의식으로서의 민족감정과 현실생활에서 강요되는 적응적 행위가 서로 상충하는 문화적 존재양식의 이중구조를 나타내게 되었고, 그것은 공동체의식상으로 심각한 자기분열 양상을 나타내게 되었다.[20]

한국인의 전통적 의식세계에서는 그런대로 소효세계(小孝世界)와 대효세계(大孝世界)가 이원화되어 있는 중층구조를 유지하면서도 유

---

20) 황성모, 「식민지체제와 의식구조의 분화」, 『한국사회사론』(심설당, 1984), pp.122-128.

교적 지도층의 이른바 〈위정척사〉(衛正斥邪)라는 공동목표하에서 어느 정도의 통합관계를 유지하고 있었다. 그리하여 한국인의 행위는 한일합방 전까지만 하더라도 베버(M. Weber)가 말하는 바의 〈가치합리적〉 양상을 보여줄 수 있었다. 그러나 1910년 이후에는 일제에 의한 새로운 규범체계가 한국인에게 강요되면서 그러한 〈가치합리적〉 행동양식이 분열되어 별도로 〈목적합리적〉 행동양식이 제도적으로 발생하게 되었다. 이러한 행동양식의 분열은 일제의 식민지지배체제가 심화되어 감에 따라서 소효·대효세계 사이의 잠재적 갈등관계는 여기서부터 현재적 갈등관계로 일변하게 되었다. 민족주의적 행동양식이 위축되어 움츠려진 소효세계는 정치적 가치판단 위에서 일제에 의한 의제국가(擬制國家)를 악으로 보고, 따라서 여기에 수반되는 사회통합적 기능을 악으로 보게 되는 전려 새로운 가치관의 이분법적 중층구조를 만들어 내게 되었다. 현실의 기존체제에 협조하는 행위를 죄악시하는 관념이 고착되어 기존체제의 통합에 기여하는 행위를 〈어용〉으로 비하하는 사고관행을 가져오게 되었다.

그런데 여기서 다시 주목되는 것은 이러한 사고관행이 식민지시대에만 국한되지 않고 해방 이후에까지 하나의 정치문화적 유산으로 잔존하게 되었다는 점이다. 일제 식민지지배체제로부터의 해방은 전통적 규범의식에 대한 통제로부터의 해방을 의미하는 것이었던 만큼, 이를 계기로 소효·대효세계의 극단적인 분열양상이 극복되어 통합될 수 있는 새로운 전망이 기대되었으나, 이러한 역사적 계기가 외세에 의한 민족분단으로 이어짐에 따라서 초점불일치의 갈등양상이 다시 만성화되게 되었다. 이러한 맥락에서 볼 때, 해방과 더불어 한국인이 맞이한 타율적인 민족분단은 식민지적 의식상황을 불식시킬 수 있는 역사적 계기를 무산시키는 데 그치지 않고 특히 다음과 같은 관점에서 문화양식의 근대화 계기를 지연시키는 비극적인 결과를 가져왔다고 할 수 있다.[21]

첫째로, 타율적인 민족분단은 정치의식 면에서 오래전부터 전승되어 온 조국에 대한 관념을 공간적으로 양분시키는 결과를 가져오게 되었다는 점이다. 이것은 해방 전부터 한국인의 의식세계에서 이미 태동되기 시작한 독립운동세력 내부의 음성적 분열양상을 양성화시킨 결과이지만, 어쨌든 한국인의 집단적 연대의식은 이를 계기로 양분돼서, 이남에서는 자유주의, 이북에서는 공산주의라는 두 갈래의 외래사상에 따라 정치문화의 정향을 달리 규정하여 이질화시키는 결정적인 도화선이 되었다.

둘째로, 분단과 더불어 외세에 의해서 주어진 새로운 문화양식과 사상체계가 민족사상의 자기소이현상을 초래함으로써 전통적 문화양식이 근대화의 결에 따라 성공적으로 발전하는 길을 교란시켜 지연되게 하는 결과를 가져오게 되었다는 점이다. 이에 대해서는 좀 더 구체적인 부연설명이 필요할 것이다.

한국인에게 주어진 자유민주주의와 공산주의라는 현대적 사상체계는 애당초 자생적인 바탕 위에서 체제이념으로 설정되었다기보다는 타율적인 해방과 더불어 제공되었던, 말하자면 〈해방자〉로서 미국과 소련의 이상과 체제를 모사한 〈차용된 문화양식〉에 지나지 않는 것이었다. 그것은 말하자면 미·소 냉전체제의 대두에 따른 그 전초기지로서의 남·북한 분단체제가 형성·존치됨에 따라 반사적으로 설

---

21) 강광식, 위의 논문, pp.337-338.

정된 일종의 도구적 성격의 문화양식에 지나지 않는 것이었다. 그래서 그것들은 이러한 정치도구적 성격 때문에 한국인에게는 그 문화양식 본연의 역사적·사회적 함의는 사상된 채 그 외연적 의미(denotation)만이 고려되어 본질적 내용과는 무관한 언설(言說)만이 구호로서 외쳐지는 또 다른 의미에서의 문화적 이중구조를 가져오게 마련이었다.

이러한 맥락에서 이하에서는 해방 이후 한국인에게 수용된 자유민주주의라는 새로운 문화양식의 접목양상을 구체적으로 살펴보기로 한다.[22]

한국인에게 수용된 자유민주주의라는 문화양식은 위에서 보았듯이 남·북한 분단에 따른 일종의 대항이데올로기로서의 국제정치적 도구에 지나지 않는 것이었다. 따라서 그것은 현실의 대내정치 면에서 자유민주주의 본연의 사상적 기능과는 상반되는 보수적 전통을 오히려 보강시켜 온존하게 하는 역기능을 수행하게 되었다. 그것은 말하자면 명분적 기반이 취약한 권력층의 권위를 장식적으로 보진하는 시위역할을 담당해 줌으로써 한국문화의 발전적 지향과는 전혀 상관이 없는 역기능만을 수행하게 되었다. 그리고 이러한 상황은 냉전상태의 오랜 지속과 특히 6·25 동족상잔으로 말미암아 더욱 왜곡되어 장기화되게 하는 결과를 가져오게 되었다.

그러나 여기서 다시 주목되는 것은, 한국인에게 새로이 수용되기 시작한 자유민주주의라는 근대적 문화양식은 그처럼 왜곡된 시대흐름 속에서도 본연의 정향이 점차 사회화됨에 따라서 정치적 도구로서의

---

22) 이 문제에 대한 분석적 논의의 선례는, 노재봉, 『사상과 실천: 현실정치 인식의 기초』, pp.331-368; 강광식, 위의 논문, pp.338-339 참조.

성격에서 벗어나는 자기발전과정을 보여주게 되었다는 점이다. 이러한 사태진전은 다음 두 가지 측면에서 해명될 수 있다.[23]

첫째로, 이러한 사태진전은 우선 지식층의 의식에서부터 촉발되기 시작하였다는 사실이다. 지식층은 수단이나 도구로서 자유민주주의를 파악하지 않고 사상적 이념으로서 그 철학적 의미를 이해하기 시작하였거니와, 따라서 이들은 이러한 이해가 심화되어 감에 따라 권력의 장식으로서 자유민주주의가 이용되는 데 대하여 맹렬한 비판을 가하게 되었다.

둘째로, 이러한 사태진전은 역설적으로 통치권력에 의해서도 조장되는 결과를 가져오게 되었다. 통치권력은 자체의 명분확립을 위하여 자유민주주의를 정치적으로 선전하는 한편 교육매체를 통하여 각급 학교 학생들에게 전파하게 되었거니와, 따라서 새로운 세대는 온통 자유민주주의 이념을 중심으로 공동체 생활을 이해하는 새로운 가치관을 갖게 되었다. 그런데 여기서 특히 주목되는 것은, 교육을 담당한 사람들이 지식층이었던 만큼 자유민주주의에 대한 새로운 세대의 정향성은 권력층이 아닌 지식층의 이미지에 따라 전파되는 결과를 가져오게 되었고, 그것은 궁극적으로 통치권력층에 대한 저항 이념의 형태로 현실의 정치세계에 표출되게 마련이었다는 점이다. 4·19는 이러한 맥락이 대대적으로 사회지평에 표출된 역사적 사건에 해당하는 것이었다. 그것은 분단구조하에서 권력층의 통치명분으로 작용하던 자유민주주의가 권력층에 대한 저항명분으로 전화되게 된 하나의 역사적 전환을 뜻하는 것이었다. 그리고 이러한 역사적 전환

---

23) 강광식, 위의 논문, pp.338 - 339.

을 통하여 한국인에게 수용된 자유민주주의는 하나의 문화양식으로서 뿌리를 내리기 시작하는 계기를 갖게 되었다.

그러나 자유민주주의의 한국화과정은 그렇게 단순한 것이 아니었다. 자유민주주의 사상체계는 그 자체가 국제주의를 표방하는 공산주의와는 달리 국내형의 이데올로기라는 기본적 특성이 있기 때문에 그것은 필연적으로 기존의 문화적 토양을 벗어날 수 없었기 때문이다. 당시의 문화적 토양에서는 〈자유〉와 〈자율〉을 조화시킬 수 있는 단계에까지 진전되어 있지 않았기 때문에, 권력에 대한 저항명분으로 작동되기 시작한 자유민주주의의 한국화과정은 일차적으로 정치불안의 형태로 나타나게 마련이었고, 따라서 이러한 정치불안을 구실로 삼아 시민적 자유를 제한하고 통제하는 권력층의 반작용을 초래하는 빌미가 되었다. 그리하여 한국인에게 수용된 자유민주주의는, 적어도 초기단계에는, 상당한 기간 동안 권력층의 문화와 피치층의 문화로 대립되는 또 다른 차원의 중층구조를 보여주게 되었다. 전자는 자유민주주의를 외래적 수입품이라 하여 토착적인 정치문화를 내세움으로써 권위주의(authoritarianism)에 회귀하려는 경향을 보여주었고, 이에 반하여 후자는 그것의 보편성을 내세워 민중주의(populism)에 경도되는 경향을 강열하게 보여주게 됨으로써 한국의 정치문화는 자기분열적 대립구조를 나타내게 되었다.

〈유신체제〉의 출범을 계기로 한국의 정치사회가 내부적으로 첨예한 갈등양상을 나타내게 된 것은 바로 이러한 사정을 단적으로 반영한 것이었다고 할 수 있다. 그리고 이러한 양상은 분단구조가 계속 해소되지 않고 있는 냉전상황하에서는 정치문화를 위시한 한국문화 전반에 걸친 유산으로 잔존하게 되었다.

이상에서 근대적 문화양식으로서 자유민주주의의 한국화과정에 대해서 개략적으로 살펴보았거니와, 그것은 당초 타율적인 민족분단과 냉전상황이라는 극히 제약된 환경조건하에서 이루어진 것이었기 때문에 순탄하지 못한 우여곡절과 왜곡을 수반하였다. 그것은 무엇보다도 자유민주주의의 본질적 성격의 결에 따라 외재적 제 요인에 대한 자기발전적인 저항을 수반하였다. 그리고 이 저항은 자유민주주의라는 근대적 문화양식이 한국문화의 패러다임에 자연스런 접목이 용이하지 않았음을 반영하는 것이었다.

그러나 여기서 다시 주목되는 것은, 이와 같은 근대적 문화양식의 접목작업이 전통적 기조 위에서 추진되었다는 점이며, 그만큼 상당한 기간에 걸친 악순환을 수반하게 마련이었다는 점이다. 주지하듯이 자유민주주의를 비롯한 근대적 문화양식의 한국화과정은 〈위로부터〉의 권위주의적 방식에 따라 추진되었거니와, 따라서 그것은 다음과 같은 역설적 갈등양상을 보여주게 마련이었다.[24]

첫째로, 그것은 자유민주주의의 자기발전적 요소를 소외시킴으로써 앞서 언급한 바와 같이 정치계층 간에 심각한 분열·대립을 초래하였다. 둘째로, 대표기능의 약화로 말미암아 안정기반이 약화되고 또한 사회 내부의 부문별로 심각한 격차를 유발시켰다. 셋째로, 그것은 관료와 행정의 역할을 강조하게 됨으로써 통치기구의 힘을 증대시키는 한편으로 정치과정을 약화시키는 부작용을 수반하였다. 요컨대, 변화하는 사회적 가치나 이익을 계속 집약시켜 이것을 정치과정에 투입시키는 정치적 기제의 형성을 어렵게 하면서, 그것은 공공정

---

24) 강광식, 위의 논문, p.342.

책의 경직화 현상을 초래, 사회분화에서 나타나는 다원적인 기대의 조정을 곤란하게 하여 활기 있는 자율적 통합 대신 동원적 통합으로 정치명분을 악화시키는 악순환을 가져오게 되었다. 1960년대 초부터 본격적으로 추진되기 시작한 한국의 근대화과정이 당초 〈군부 권위주의〉 방식으로 시작되어 1970년대의 이른바 〈관료적 권위주의〉 단계를 거쳐 1980년대의 〈신군부 권위주의〉에 이르기까지, 권위주의라는 전통적 요소의 주도로 이루어졌음은 주지의 사실이거니와, 이 과정에서 전통적 요소의 연속성이 장기화됨과 더불어 이상과 같은 역기능적 작용이 상당한 기간 동안 반복되었다.

그러나 이처럼 전통적 요소의 연속성이 완강하게 잔존하는 상황하에서도 내면적으로는 탈전통 지향의 새로운 문화적 변용양상이 서서히 대두되고 있었음을 주목할 필요가 있다. 그 구체적인 계기와 경위는 국제정세의 변화와 한국사회 내부의 구조변화와의 관련에서 해명될 수 있을 것이다.[25]

먼저, 새로운 문화변용양상이 개시되게 된 단서는 이른바 〈국제적 해빙〉의 충격에서 비롯되었다고 할 수 있다. 전통적 지배방식의 온존을 뒷받침하던 국제적 냉전정세가 해빙으로 전환됨에 따라 새로운 방식의 권위 창출이 요구되었기 때문이다. 권력층은 당초 이러한 정세 변화에 대응하기 위하여 〈유신체제〉를 출범시켜 권위주의적 지배방식을 오히려 강화시키는 방향을 취하게 되었지만, 그것은 시대조류의 성격상 근본적인 한계성을 갖는 것이었다. 해빙으로 세계정치무대에서의 획일적 반공주의가 퇴조함에 따라 통치권위의 정당성

---

25) 강광식, 위의 논문, pp.342-346.

을 소극적인 반공주의에서만 추구한다는 것은 그 자체가 이미 근본적인 한계가 있었거니와, 따라서 구체적으로 〈누구를 위한〉, 〈무엇을 위한〉 반공주의냐 하는 〈반공주의의 내향화〉가 서서히 요구되고 있었기 때문이다. 이러한 요구는 결국 국민복지문제에 통치권위의 정당성 근거를 두는 관심의 환기를 가져오게 되었다. 그런데 한국의 〈유신체제〉는 이러한 역사적 요청에 대하여 권위주의적 근대화 프로그램으로 대처하려고 했던 것인데, 그 결과는 주지하듯이 역설적인 모순을 불러오게 되었다. 경제의 자유주의적 측면은 근대화에 의해 오히려 경제의 과두적 측면을 정당화시켜 주면서 동시에 빈부의 격차를 더욱 확대시키는 결과를 초래하게 되었으며, 그리고 민주주의적 측면이 관료행정의 보편화 현상으로 나타나게 되었다. 따라서 이러한 상황하에서는 정부가 근대화를 위해 자유민주주의의 제도적 원리에 따라 국민의 노력을 동원하려고 하면 할수록 그만큼 국민의 정서에 부조리감만 심어주는 결과를 가져오게 마련이었다. 그리고 이러한 상황에서 고조되는 불만을 보상하여 성공적인 지도력의 발휘에 필요한 사회심리적 유대를 창출하기 위한 현실적인 필요에서 이데올로기를 정치적 신화로 바꾸고 그것을 양식화하려는 전통회귀방식을 취하게 되었다.[26] 그러나 자유민주주의란 본래 공산주의와는 달리 국내형의 이데올로기인 만큼, 통치권위의 창출을 위한 장식품화의 의도와는 상관없이 국민들에게 전파되고 확산되는 과정을 오히려 가속화시켜 저항의식을 증폭시키는 결과를 가져오게 되었다. 〈유신체제〉의 출범을 계기로 재야의 민권운동이 오히려 조직화되고 확

---

26) 박상섭, 「한국정치와 자유민주주의: 현대 한국정치사의 정치사회학적 이해를 위한 일 시론」, 『현대한국정치와 국가』(법문사, 1986), p.431.

산되는 역설적인 결과를 가져오게 된 것은 바로 이러한 사정을 반영하는 것이었다.

이상에서 새로운 문화변용을 촉발시킨 국제적 해빙의 충격과 그 한국적 반응양상에 대해서 살펴보았거니와, 이러한 문화적 변용양상은 그 후 한국사회 자체의 내부적 구조변화과정과의 관련에서 보다 구체적으로 확인할 수 있다. 한국사회는 그동안에 추진된 권위주의적 근대화의 부산물로서 시민사회적 분화와 성장을 가져오게 되었기 때문이다. 이에 대해서는 좀 더 구체적인 부연설명이 필요할 것이다.

1960년대 초부터 본격적으로 추진되기 시작한 예의 군부 권위주의에 의한 근대화(특히 산업화)의 성과는 1970년대 초에 이르러 한국사회를 새롭게 변모시켜 나가는 원동력이 되었다. 1962－73년간 연평균 9.08%의 경제성장률의 수치는 산술적 크기 이상으로 한국사회의 구조적 변모를 예시하기에 충분한 것이었다. 성장의 두 원천으로 작용한 해외부문의 확대와 저임금의 풍부한 노동력 자체가 이러한 구조적 변모의 징표들이었다. 급속한 산업화는 수출에 연계된 노동인구의 급증과 이에 상응하는 도시화의 급속한 확산을 가져왔고, 이에 수반하여 새로운 사회·경제적인 이익의 분화와 참여욕구의 증대를 가져오게 되었다. 요컨대, 급속한 산업화의 충격은 이미 1970년대 초반부터 한국의 물질적 생활조건을 변화시킨 것 이상으로 한국사회 전반에 걸쳐 변화에의 새로운 대응양식을 요청하게 되었다. 체제건설과 운영이 더 이상 권력층에 의해서 일방적으로 주도되거나 권위주의적 방식으로 밀어붙이는 종래의 전통적 양식은 이미 통용되기 어렵게 되었다. 이러한 맥락에서 산업화의 성과는 한국문화의 기조를 저변에서부터 변용시키는 새로운 규정력을 갖게 된 것이다. 사실 산업화의 결과가 가시화되기 이전까지는 한국사회에 변화의 충격을 규정짓고 또 변화를 주도한 규정요인은 분단과 전쟁, 이데올로기, 그리고 권위주의적 리더십 등이었다고 할 수 있지만, 그러한 추세가 전환되어 1970년대 초반을 전기로 산업화의 규정력이 종래의 주도적 요인들을 상쇄하거나 상회하기 시작하게 된 것이다.[27]

이러한 사정은 비단 사회·경제적인 측면에만 국한된 것은 아니었다. 정치적 민주화의 측면에서도 이러한 맥락은 밀접히 연계되어 나타나게 되었다. 1972년 유신체제의 출범은 앞서 언급되었듯이 그 자체가 이러한 사태변화에 대처하기 위한 절박한 필요에서 제기된 하나의 역설적인 현상이었다고 할 수 있거니와, 어쨌든 유신체제는 안보와 경제성장에 의한 일시적 지지 이외에는 이미 성장된 도시중산층과 지식계층 및 일반대중으로부터 계속된 지지를 받지 못하게 됨으로써 만성적인 정치불안을 면치 못하게 되었다. 게다가 산업화의 진전에 따른 사회·경제적 지위의 전반적 향상은 초기 근대화론에서 지적하는 바의 정치적 참여욕구의 증대를 가져오고, 참여욕구의 증대는 다시 반정치적 현실의 개선을 요구하는 압력을 증폭시키게 됨으로써 민주화의 과제는 단순한 〈반독재 청산〉이라는 원리적 요구의 차원을 벗어나 체제 전체의 구조적 변화를 요구하는 새로운 차원의 정치운동으로 표출되게 되었다. 그리고 이러한 양상은 이미 되돌릴 수 없는 시대적 대세를 형성하게 되어, 1980년대 〈신군부〉에 의한 권위주의 체제가 재등장하게 되었을 때 그것은 더욱 증폭되는 양상을 보여주게 되었다.[28]

---

27) 이러한 논의의 선례는, 강광식, 「한국체제논쟁사 서설」, 강광식 외, 『한국체제논쟁사연구』(한국정신문화연구원, 1992), p.14 참조.

이상에서, 자유민주주의가 한국문화의 새로운 경향성을 규정하는 체제이념으로 제기된 이래 변증법적인 자기발전과정을 거쳐 한국적으로 변용되어 온 추세와 그 갈피에 대해서 살펴보았거니와, 그것은 한마디로 정치권위를 비롯한 사회의 모든 권위를 국민적 차원에서 새로이 정당화할 것을 요구하는 것이었다. 그리고 그것은 궁극적으로 한국사회 자체를 〈기계적 연대〉에서 〈유기적 연대〉로 전환시켜 근대화하는 것에 의하는 것이었다. 요컨대, 그것은 한국문화의 패러다임을 근대적 신태그마에 걸맞게 접목시키기 위한 창조적 변용과정이 성과 있게 마무리되지 못하여 과도기적 양상을 아직도 벗어나지 못하고 있는 것이 문제이다.

4. 한국문화의 현대적 변용양상과 사회병리의 현실적 표현양태

해방 이후 한국사회에서 추진되어 온 근대화 노력은 위에서 보았듯이 〈위로부터〉의 권위주의적 방식에 의해 이루어졌고, 따라서 그것의 현실적 전개과정에서는 역설적인 갈등양상이 악순환을 보여주게 마련이었다. 그런데 여기서 다시 주목되는 것은, 전통적 요소의 연속성이 지배하는 근대화과정 속에서도 내면적으로는 탈전통 지향의 새로운 문화적 변용이 서서히 대두되고 있었다는 점이다. 한국사

---

28) 강광식, 위의 논문, pp.17-18.

회는 권위주의적 근대화의 부산물로서, 그러한 작업을 주도한 세력들의 의도와는 상관없이, 시민사회적 성장을 가져오게 되었기 때문이다. 특히 산업화의 성과는 새로운 사회·경제적 이익의 분화와 참여욕구의 증대를 가져오게 됨으로써 한국문화의 기조를 저변에서부터 변용시키는 역동성을 갖게 되었다. 그리고 그 연장선상에서 정치권위를 비롯한 모든 사회적 권위의 국민화라는 새로운 지향을 가시화하게 되었다. 이러한 지향은 전통사회의 집체(集體)에 근거를 둔 권위주의적 문화양식에서 탈피, 한국적 문화양식의 역사적 기조 자체를 총체적으로 변용시키는 엄청난 결과를 가져오게 되었다.

그러나 여기서 다시 유의될 필요가 있는 것은, 이러한 변용양상은 어디까지나 대체적인 추세를 나타내는 것일 뿐, 현실적으로는 그러한 기본적 추세에서 일탈하는 다양한 변조들이 혼재하는 그야말로 과도기적 양상을 보여주고 있다는 점이다.

첫째로, 정치문화적 측면에서 볼 때, 전통사회의 역사적 기조를 이루고 있었던 집체 우선의 국권론(國權論)적인 정치의식성향과 저항적 성향이 완강하게 잔존하고 있다. 이러한 전통적 성향은 물론 1970년대의 유신체제기를 전기로 점차 개체(個體)를 중시하는 민권론(民權論)적 성향으로 변용되어 가는 추세를 보여주고 있는 것이 사실이지만, 구체적인 현실에 있어서는 그러한 일반적 추세와는 달리 양자의 편재적 성향이 무원칙하게 교차되는 과도기적 현상 때문에 초점불일치의 혼조를 드러내고 있다. 예컨대, 〈민족지상〉이나 〈국가지상〉이라는 구호가 별다른 지향 없이 운위되는 경우가 있는가 하면, 동시에 그러한 집체를 구성하는 시민 또는 개인의 권리도 양보할 수 없다는 또 다른 규범적 요구도 만만찮은 호소력을 갖기 때문이다. 그리고 여기서 더욱 곤란한 것은, 이처럼 상반되는 규범적 요구가 단순히 병존하는 데 그치지 않고 편재적인 규범적 요구를 현실의 필요에 따라 편의적으로 제기하여 절대화하려는 교조적 양상을 자주 보여주고 있다. 공동체로서의 민족이나 국가의 목표와 시민으로서 개인의 권리·의무관계를 어떻게 설정하는 것이 마땅한가 하는 문제는 근대사상의 중심과제이며 한국사회가 직면하고 있는 공동선의 성격을 이해하는 데에도 적용되는 중요한 과제이지만, 현 단계에서는 이 두 가지가 극단적인 대립양상을 나타내고 있다는 점이 문제이다. 그리하여 현재 한국 정치문화는 양자 간의 균형점을 모색하여 국민적 차원에서 통용성을 갖는 공준(公準)을 도출하는 일 자체가 어렵게 되어 있다.

둘째로, 이러한 과도기적 현상은 사회관계 의식성향에서도 확인할 수 있다. 한국사회가 1970년대 이래의 연속된 근대화 노력의 결과로서 산업화, 도시화됨에 따라서 연고를 중시하던 전통적 공동사회의 귀속주의로부터 이해타산과 타협을 중시하는 이익사회의 계약주의로 변용되는 추세를 보여주고 있는 것이 사실이지만, 구체적인 현실에 있어서는 그러한 일반적 추세에서 일탈하는 무원칙한 변조들을 다양하게 드러내고 있기 때문이다. 객관적 생활조건이 이미 돌이킬 수 없을 정도로 이익사회화되어 있고 또 이에 수반하여 사회계층도 다원적인 분화양상을 보여주고 있는 데도 불구하고 전통적인 공동사회에서나 통용될 뿐인 권위주의적 지배의식이나 귀속주의적 시혜의식이 별다른 거리낌 없이 횡행되는가 하면, 이와는 달리 현실의 이해관계가 첨예하게 결부되는 사안에 있어서는 산업사회적 지향을 내세워 합리적 계약정신을 강조하기도 한다. 그리고 여기서 사정을 더욱 곤란하게 만드는 것은, 양자의 논리가 무질서하게 혼재하는 와중에서 갖가지 연고의 이기주의가 만연하여 본질인식이 전도된 극히 기형적인 문화적 도착현상을 드러내고 있다는 점이다. 공동사회적 성격의 사안에 계약논리를 적용하려 한다든지, 그런가 하면 이와 반대로 이익사회적 성격의 사안에 〈고통분담론〉과 같은 낭만적 논리를 편의적으로 결부시키는 것과 같은 전도된 현상이 비일비재하게 제기되고 있다. 그야말로, 특정한 개인이나 집단의 현실적 편의에 따라 편재적인 논리가 수시로 교차되는 무원칙한 양상을 자주 드러내고 있다. 그리하여 한국사회는 한 사회학자의 지적대로 〈늑대의 세계〉로 특징되는 공준부재의 아노미현상을 나타내고 있다.[29]

사태가 이러한 양상을 보여주는 한, 정치공동체로서의 〈나라〉나 문화공동체로서의 〈사회〉란 단순히 언설상의 의례적인 의미밖에 없으며, 그것은 가족주의도 아니고 전근대적 신분종속체 집단도 아니면서 그렇다고 해서 현대적인 이익사회가 지니는 계약적 조직체도 아닌 매우 무원칙한 사회적 혼란상을 보여줄 뿐이다. 조직형태는 현대적이면서도 조직체의 기능방법이 전근대적이라는 점에서 한국사회는 벌통들의 병합체로서의 현대사회가 시민사회적 공감대를 밑바닥에 깔고 있지 못한 무구조성을 나타내게 될 뿐이다. 이러한 상황하에서 한국사회에서는 조직체의 수만큼 판단기준이나 규범가치가 생기게 마련이며, 따라서 그러한 조직체들 간의 관계를 상호 연계시켜주는 사회적 기제가 새로 마련되지 않는 한 그들 간에는 폐쇄성과

---

29) 이러한 관점에서 사회관계의식성향을 다루고 있는 선례는, 황성모, 「현대 한국사회의 정신적 상황」, 『한국사회사론』, p.148: 김형효·강광식 외, 『한국문화의 진단과 21세기』, p.349 참조.

배타성이 강해져서 다른 집단에 대한 피해의식이 증폭되어 나타나게 마련이다. 요컨대, 현재 한국사회는 공동사회적인 전통사회로부터 이익사회적인 근대적 산업사회로 이행하는 과도기적 상황에서 계통과 연원을 달리하는 갖가지의 규범과 가치체계가 무질서하게 혼재하고 있기 때문에 사회적 통용력을 가진 공준분재의 아노미현상을 드러내고 있다.

그러면 이러한 아노미현상은 한국문화의 패러다임과 구체적으로 어떤 관련이 있는 것인가?

뒤르껭에 의하면, 급격한 사회변동으로 인한 아노미현상은 전통적 규범의 부재 내지 붕괴, 새로운 생업에 대한 성원들의 적응능력의 결여, 사회에 대한 개인적 및 집단적 이기심의 증대 등으로 표출된다고 하거니와, 이러한 아노미현상이 표피적인 현상으로는 사회변동의 산물인 것이 사실이다. 그러나 서두에서도 잠시 언급되었듯이, 사회변동이 한 사회의 전통적 문화양식에 내재하는 무의식적 구조로서의 〈계열체적 집합〉(패러다임)까지 송두리째 지워버리는 것은 아니다. 따라서 뒤르껭이 말하는 아노미현상은 전통문화의 패러다임이 여전히 사회의 저변에 무의식적인 구조로서 잔존하고 있는데 그것이 사회변동으로 생긴 새로운 생활환경조건의 성격에 적합하지 못하거나 적응하지 못함에서 기인하는 것으로 보아야 할 것이다.

이러한 맥락에서 보면, 한국사회가 현재 보여주고 있는 아노미현상의 근원은 단순히 급격한 사회변동의 소산이 아니라 다음과 같은 보충논리에 의거해서 재해석될 필요가 있을 것이다. 즉 그것은 한국문화의 패러다임에 내재하는 이른바 〈결합적 우리〉의 의식구조가 〈근대화〉라는 새로운 신테그마에 의한 사회변동에 순기능적으로 적응하지 못하여 〈분산적 우리〉로 퇴색·변질·왜곡되고 있는 데서 생기는 하나의 병리현상이라고 보아야 할 것이다. 좀 더 구체적으로 말하면, 그것은 타인을 타아(他我)로 여기는 화수회적 사고문법이 한국인의 무의식적 생활공간 속에 심층적으로 은닉되어 작용하고 있는 데 반하여, 현실적인 행동공간 속에서는 예의 전통적 공동사회의 화수회적 보자기가 찢어지고 해체되어 남은 것이라고는 〈고독한 자아〉밖에 없게 된 데서 야기되는 것이라고 할 수 있다. 이러한 상황하에서 자아의식은 종래보다 강해졌지만 타인을 자신의 타아(他我)로 여기는 감정상의 일체감이 현실 속에서 확인할 수 없는 딜레마에 봉착하여 이것이 아노미로 표출되는 것이라고 할 수 있다. 이러한 맥락에서의 심리현상은 한국인이 현재 보여주고 있는 바의 특이한 성격의 개인주의와 평등주의 성향에서 구체적으로 확인할 수 있다.

먼저, 한국인이 현재 보여주고 있는 예의 〈개인주의〉 의식은 근대화의 산물이면서도 그 내용과 갈피가 영미계통의 개인주의와 구별되는 특이성을 갖는다고 할 수 있다.

한국인의 개인주의는 전통적 문화양식의 무의식적 구조에 내재하는 〈결합적 우리〉가 〈분산적 우리〉로 변질된 잔영으로서의 각일성(各一性)이 근저에 흐르고 있기 때문이다. 한국인의 자아의식은, 결합적이든 분산적이든 늘 〈우리〉라는 〈공유의 비눗방울〉이니 〈보자기〉를 의식하면서 각일성을 표시하는 무의식적 구조를 가지고 있거니와, 따라서 한국인이 보여주는 예의 〈개인주의〉 의식이란 각자가 전일성(全一性)을 표상하거나 대표하기를 암묵적으로 요구하는 이중성을 지니기 때문이다.[30] 요컨대, 이와 같은 초점불일치의 개인주의 의식성향이 사회적으로 표출되어 예의 아노미현상을 부채질하게 된다고 할 수 있다. 한국인이 현재 보여주고 있는 평등의식 역시 왜곡된 것이라는 점에서 마찬가지다. 평등의식 역시 근대화의 산물임에 틀림이 없으나 거기에는 언제나 전통적 문화양식에 내재하는 무의식적 구조의 잔영이 드리워져 있기 때문이다. 다시 말해서 한국인의 평등의식은, 김형효의 지적대로, 정감적이고 다색편시적인 문화양식과 〈결합적 우리〉 의식의 전도된 주장과 생각의 유사성 등이 결합되어 나타난 중층구조의 산물이라고 할 수 있기 때문에, 새로운 생활조건 속에서는 이중인화양상을 표출시키고 있다.[31] 따라서 이러한 평등의식은 이해관계를 달리하는 타자와의 공존공영을 전제로 하는 영미계통의 근대적 평등의식과는 현격한 차이가 있게 마련이다. 그리고 그 특유의 속성이 새로운 생활환경 속에서 표출되는 구체적 맥락을 살펴보기로 하면 다음과 같다.

이중인화된 평등의식은 한국인에게 욕망의 해방을 맞는 계기를 주었다. 전통사회의 생활환경 속에서 한국인은 정해진 위계질서의 테두리 안에서 〈내적 매개〉의 욕망보다 〈외적 매개〉의 욕망을 더 가까이할 수밖에 없었다. 따라서 전통사회에서는 욕구불만의 한풀이가 신분질서나 전통규범에 의해서 순치될 수 있었다. 그런데 근대화에 따른 급격한 사회변동으로 예의 생활공동체가 〈결합적 우리〉로부터 〈분산적 우리〉로 자리이동하게 됨에 따라서 한을 풀고자 하는 욕망의 분출이 사회적으로 확산되게 되었다. 그리고 그러한 한풀이 욕망의 사회적 확산은 모두가 위계질서상에서 상위로 돌입하고자 하는 상승욕구의 욕망으로 표출되게 마련이었는데, 그러한 상승욕구가 충

30) 김형효, 「한국문화의 생리와 병리에 대한 철학적 담론」, 위의 책, p.74.
31) 김형효, 위의 논문, p.46.

족될 수 없는 현실적 생활조건 속에서 무매개의 무분별한 모방심리로 변질될 수밖에 없었다. 이처럼 변질된 형태의 평등심리는 상향적 동일성이나 하향적 평준화를 불문하고 무조건 같기만을 바라는 동일성의 욕구이기 때문에 사회적인 친화력과 통합력은 그만큼 멀어지고 그것은 만인을 불신하고 배격하는 질투·증오·시샘·원한 등의 심리현상으로 표출되게 마련이었다. 그러나 사람들은 자신의 이러한 심리를 평등주의 이념으로 합리화하려고 한다. 한국인이 오늘날 무차별 평준화욕구를 아전인수 격으로 정당화하려는 이데올로기적 양상을 자주 보여주고 있는 것은 바로 여기에 근거가 있다. 그리고 이러한 왜곡된 평등의식이 사회적으로 확산되어 횡행하게 된 결과로서 문제의 아노미현상을 증폭시키게 된 것이다.

이상에서 한국적 아노미현상의 주요 근원을 왜곡된 개인주의 의식과 평등의식으로 대별하여 그 구체적인 맥락과 갈피를 살펴보았거니와, 이러한 현상은 한국문화의 전통적 패러다임이 근대화라는 새로운 문화적 신태그마와 결좋은 접목을 이루지 못하고 있는 데 기인하는 병리현상에 다름 아니다. 그런데 이러한 현상은 이른바 선진화의 전망이 운위되는 오늘날에 이르기까지 불식되지 않고 있다는 것이 문제이다. 그 대표적인 예로서 1970년대 후반 이래 한국사회에서 역동적으로 풍미되고 있는 〈민중주의〉(populism) 이데올로기를 지적할 수 있다. 이 민중주의 이데올로기는 한국적 개인주의 의식과 평등의식이 결합된 복합성을 지니고 있는데다가 분단상황에 기인하는 좌·우 이데올로기의 잔영이 다시 투영된 매우 다차원적인 중층적 인화현상을 보여주고 있다는 점에서 특히 우리의 주목을 끈다.

한국사회에서 민중론(民衆論)이 사회·정치적 이슈로 대두하게 된 것은, 산업화의 성과가 사회적으로 가시화되게 된 1970년대 후반부터라고 할 수 있다.[32] 민중론은 주지하듯이 1970년대 유신체제기를 거치는 동안 권력층의 〈국가지상주의〉 이데올로기에 대항하기 위한 하나의 대항 이데올로기를 자처하면서 한국사회에 보급되기 시작하였다고 할 수 있거니와, 여기서는 〈민중〉이 〈민족〉의 주체라고 규정하는 규범적 입장을 저변에 깔고 있다. 이러한 입장은 〈민족해방〉 또는 〈외세로부터의 해방·지배계급으로부터의 해방〉이라는 명분논리를 표방하고 있다는 점에서 좌파이데올로기와 친화력을 지니고 있는 점 이외에, 또한 초점불일치의 중층적 인화현상이 혼재하고 있음을 확인할 수 있다. 거기서는, 예컨대, 〈민중〉이 〈민족〉의 전부가 아니고 일부임에도 불구하고 그들의 특수한 처지와 의식상의 공통성을 내세워 〈민족〉을 대표하는 것으로 주장하여 개체와 집체를 어설프게 결합시키는 준거개념으로 민중개념이 설정되고 있기 때문이다. 그리고 여기서 다시 주목되는 것은, 예의 〈민중〉개념에서 〈민족〉의 일원이면서도 〈민중의 적〉이거나 적어도 〈민중〉과 이익의 갈등을 가지고 있다는 특정한 개인이나 집단을 제외시키는 편재적인 입장을 취함으로써 좌파이데올로기의 잔영을 반영하고 있다는 점이다. 그런데 민중론자들은 마르크스이론에서 말하는 바의 〈프롤레타리아 독재〉의 지향성은 거부하는 묘한 입장을 취하면서 〈민주화〉의 과제를 〈민족지상〉의 규범적 요구와 연계시키고 있다.[33] 요컨대, 민중론에

---

32) 민중론은 당초 중남미 연원의 종속이론에서 전파된 이론적 시각을 차용하면서 한국사회에 보급되었고, 이것이 자생적 이론 형태로 변신하여 사회·정치·문화운동의 준거이론으로 원용되기 시작한 것은 1980년대 이후부터라고 할 수 있다.

33) 민중론의 이데올로기적 성격을 분석적으로 해부하고 있는 이론적 선례

서는 그 대표성을 특정 세력이나 계층에 국한시켜 교조적으로 규정하는 편재적 성격과 더불어 민족의 규범(집체적 규범)과 민주적 절차규범(개체 중심적 규범) 사이에 논리적 모순을 야기하는 중층적 인화양상을 복합적으로 드러냄으로써 초점불일치의 다색편시적 성향을 나타내고 있다.

　이상에서 한국적 민중주의 이데올로기에 내포되어 있는 다중인화의 복합적 성격에 대해서 살펴보았거니와, 이것이 1980년대 이래 한국사회에 어떠한 충격을 주게 되었는지는 주지하는 바와 같다. 마르셀(Gabriel Marcel)에 의하면, 이러한 성향의 이데올로기는 〈추상의 정신〉과 〈열광의식〉을 필연적으로 수반한다고 하거니와,[34] 민중이데올로기에 내재하는 이러한 병리적 작용성 때문에 한국사회가 한때 대안 부재의 소용돌이에 휘말리게 되었다. 마르셀이 말하는 〈추상의 정신〉이란 어떤 사물을 평가할 때 다원적 각도에서 종합적으로 보려고 하지 않고, 의도된 하나의 기준만 부각시켜 다른 것을 배제시키는 정신적 사고방식을 지칭하거니와, 따라서 이러한 〈추상의 정신〉은 흑백논리에 의거하여 오답을 제거하기 위해 격정을 열광적으로 부채질하게 된다. 그리고 여기서 파생되는 〈열광주의〉는 군중심리를 수반하게 마련이고, 또 그 군중심리의 지속적 증폭을 위하여 단순논리를 선호하되, 군중의 판단이 단순해질 수 있도록 다른 모든 것에

　　는, 이홍구, 「한국민족주의를 위한 기초적 사고」, 『효강 최문환박사추념 논문집』(1973), pp.377－408; 이홍구, 「분단시대의 역사인식과 통일문화 창조」, 강광식 외, 『통일문화 창조를 위한 연구』(한국정신문화연구원, 1985), pp.36－38 참조.
34) Gabriel Marcel, *Les Hommes contre L'humain*, pp.110－113: 김형효, 위의 논문, p.48 재인.

대한 증오와 원한의 감정을 부채질한다. 그래야만 격정과 원한에 의한 전투적 행동이 가능해지기 때문이다. 한국적인 민중주의 이데올로기가 평등의 이름으로 자기와 다른 것, 자기보다 나은 것을 참지 못하는 심리적 질투의식이나 무분별한 대등의식을 사회적으로 확산시키는 데 결정적인 역할을 하게 되는 것은 바로 이러한 다중인화의 〈추상정신〉에 바탕을 둔 병리적 마력 때문이다. 한국인의 무속적 기질에 내재하는 〈한풀이〉 심리란 본래 어떤 이념과도 쉽게 결합되는 경향이 있거니와, 민중주의 이데올로기는 이러한 한풀이 심리와 야합되어 1980년대의 한국사회를 총체적으로 뒤흔들어 놓았던 것이다. 그런데 그 후 사회주의권의 와해가 가시화됨에 따라서 민중주의 이데올로기의 기세가 한풀 꺾이게 되었고, 이에 수반하여 그것은 다시 전래의 뿌리 깊은 세속성과 결합하여 현재적 출세주의와 무분별한 평등주의적 모방심리의 형태로 사회적 지평에 암각되는 양상을 보여주게 되었다. 그러나 이러한 성향은 한국사회의 모든 분야에 잔존하는 권위주의를 타파하는 데 크나큰 마력을 보여주게 되었다. 그러나 동시에 그것은 공동체 유지에 필요불가결한 〈권위〉까지도 파괴하는 결과를 가져옴으로써 기왕의 사회적 아노미현상을 증폭시키고 또 만연시키는 병리작용을 수행하기도 하였다. 정치·경제·사회·문화·교육 등 모든 분야에서 수시로 돌출되는 각양각색의 범죄현상이란 바로 이러한 병리현상의 단면이 우연한 계제에 표출된 것에 지나지 않는다고 할 수 있다. 이러한 아노미상태에서는 범죄현상이란 언제 어디서라도 표출될 수 있는 공유의 개연성을 지니고 있기 때문이다.

5. 결 론

　지금까지 우리는 한국문화의 전통적 체질에 내재하는 생리와 병리의 양가적 소인에 대한 진단과 더불어 그것이 역사적으로 외래의 새로운 문화양식과 접목하여 어떠한 변용양상을 보여주게 되었는가를 살펴보았다. 그리고 그러한 역사적 맥락에 유의, 한국사회가 근대화라는 전혀 새로운 차원의 문화접변과정을 거치는 과정에서 드러내게 된 부조화와 뒤틀림의 역기능적 양상에 주목하여 한국적 사회병리현상의 구체적 맥락과 갈피를 살펴보았다.

　한국적 사회병리현상의 일차적 원인은 급격한 사회변동으로 계통과 연원을 달리하는 갖가지 규범적 가치가 무질서하게 혼재하는 이른바 〈비동시적인 것의 동시적 존재〉양상의 아노미상태를 보여주고 있는 데서 찾을 수 있다. 그리고 궁극적으로는 그러한 아노미현상 때문에 혼재하는 제반 가치규범들이 본질인식이 전도된 형태로 사회적 지평에 표출되어 개인과 개인, 집단과 집단을 매개하는 공준(公準)의 성립을 어렵게 한다는 데서 찾을 수 있다. 공동체를 구성하고 있는 집단과 집단 사이에는 물론 개인 간에 있어서도 뚜렷한 공통언어가 생길 수 없기 때문에 거기서 일종의 사회 내적 세노포비아(xenophobia: 他者憎惡)현상이 범사회적으로 확산되어 〈만인 대 만인의 피해의식〉과 더불어 무분별한 범죄의식의 만연을 가져오게 된다. 이러한 현상은 얼핏 보기에 사회를 구성하고 있는 조직체들 사이의 커뮤니케이션 결여로 인한 과도기적 현상인 것처럼 보일지 모르지만, 그 원천은 공준부재의 사회적 구심점 상실에 있는 것으로 보아야 할 것이다.

그러면 여기서 이러한 병리현상을 우리는 어떻게 극복할 것인가?

오늘날 한국사회의 제반 병리현상이 공준 부재로 인한 사회적 구심점의 상실에 그 핵심적 원인이 있다고 할 때, 그것을 해소하는 방향 역시 스스로 분명해진다고 할 수 있다. 즉 그것은 〈오늘〉·〈여기〉에서 공준으로 통용될 수 있는 새로운 차원의 합리성을 모색하는 데서 기본적인 실마리를 찾을 수 있을 것이다. 그리고 이러한 맥락에서의 합리성을 여기서는 잠정적으로 〈한국적인 합리성〉이라고 명명해 두기로 한다. 한국인에게 정감상 공준으로 통용될 수 있기 위해서는 그것이 우선 한국문화의 전통적 패러다임에 내재하는 체질의 결에 부합되어야 한다는 점에서 〈한국적〉일 필요가 있으며, 그리고 동시에 그것은 한국인이 현재 학습과정에 있는 새로운 문화양식(근대화의 신태그마)의 본질과 부합되어야 한다는 점에서 〈합리성〉의 관점에서 재구성될 필요가 있다. 요컨대, 한국인의 정감적 체질의 결에 부합되는 새로운 차원의 합리성을 도출해야만, 그것을 통하여 개인과 개인, 집단과 집단을 매개하는 공준이 성립될 수 있으며, 그래야만 사회통합을 위한 구심점이 마련될 수 있다는 논지이다.

그러나 여기서 다시 유의될 필요가 있는 것은, 한국인의 정신사적 전통 속에서 사회통합을 위한 구심점 역할을 수행해 온 문화양식이란 〈권위주의〉 이외에 별다른 요인을 찾기 어렵다는 점이다. 근대화 노력의 표피적 성과도 권위주의의 산물이었고 그리고 동시에 근대화에 따른 문화양식의 왜곡도 권위주의 요소의 완강한 잔존에 기인한다는 점이다. 문제는 이와 같은 이율배반적인 정신사적 맥락을 현실의 사회생활 속에서 어떻게 용해하여 통용력 있는 새로운 공준을 모색하느냐 하는 것이다. 다시 말해서, 우리의 정신사적 전통 속에서 완강하게 잔존하는 〈권위주의 원리〉와, 그리고 근대적 문화양식의 본질인 〈합리성의 원리〉가 서로 양립될 수 없다는 점에 비추어, 예의 〈권위주의 원리〉에 대체할 새로운 공준을 어떻게 창출하느냐가 문제의 관건이다.

그러면 여기서 우리는 예의 〈권위주의 원리〉에 대체할 새로운 공준을 어떻게 창출할 것인가?

이에 대한 해답은 원천적으로 〈자기에 대한 성실성〉의 관철에 의거하여 새로운 〈권위〉를 창출하는 데서 찾을 수밖에 없다. 〈자기에 대한 성실성〉이 없이는 현대와 같은 갖가지 다원적인 규범가치가 혼재하는 생활환경 속에서 각자의 입지점을 정할 수가 없고, 또 그러한 각자의 성실성에 바탕을 둔 〈권위〉의 창출이 없이는 개인과 개인, 집단과 집단을 매개하는 사회적 권위가 성립될 수 없기 때문이다. 각자가 자기 분야의 역할에 충실을 기함으로써 자기 분야에서의 〈권위〉를 창출하여 공인을 받고, 이를 범사회적으로 확산시켜 사회적 구심점을 새로이 형성하는 일밖에 없다. 그리고 이러한 작업은 추상의 차원이 아닌 구체적 차원에서 이루어질 필요가 있다.

합리성(rationality)이란 철저한 타산능력을 바탕으로 구분·선택·정립해서 이를 구체적인 사안에 적용해서 〈구성하는 것〉을 의미하거니와, 우리가 모색하는 〈한국적 합리성〉 역시 구체적인 자기성찰의 노력에 의해서만 그것이 현실의 생활 속에서 가시화될 수 있다. 추산보다는 구체성을 존중하는 한국적 합리성은 특정한 이념을 단순한 목표로만 보지 않고 계속 진전시켜야 할 과정으로 취급함으로써 그것이 타자를 불신·혐오하고 스스로를 소외시키는 구실로 작용하는 것을 예방할 수 있기 때문이다. 이러한 입장에 서게 될 때, 한국사회에 혼재하는 갖가지 다원적인 목적들 사이의 적절한 관계정립에 대한 규범을 조성하는 문제도 공통의 관심사로서 접수될 수 있고 또 그러한 바탕 위에서만 공유의 합의점이 도출될 수 있기 때문이다. 국권론과 민권론의 조화, 공동사회와 이익사회의 조화, 그리고 이해 관계를 달리하는 개인과 집단 사이의 이해절충을 위한 공준도 〈한국적 자아〉에 대한 구체적 성찰에서부터 실마리가 형성될 수 있다.

한국적 사회병리는 요컨대 〈한국적 자아〉(개인적 및 집단적 자아)에 대한 구체적 성찰에 바탕을 둔 새로운 〈권위〉의 창출과, 그것의 사회적 확산을 통해서만 원천적으로 치유될 수 있다. 〈끝〉

참고문헌

강광식, 「한국체제논쟁사 서설」, 강광식 외, 『한국체제논쟁사연구』(한국
　　　정신문화연구원, 1992).

강광식, 「한국의 정치문화에 대한 진단과 그 21세기적 방향모색」, 김형
　　　효 · 강광식 외, 『한국문화의 진단과 21세기』(한국정신문화연구
　　　원, 1994), pp.309 - 354.

김형효, 「한국문화의 생리와 병리에 대한 철학적 담론」, 김형효 · 강광식
　　　외, 『한국문화의 진단과 21세기』(한국정신문화연구원, 1994), pp.3
　　　- 119.

노재봉, 「이데올로기로서의 민주주의: 한국의 경우」, 『현대이데올로기의
　　　제문제』(민음사, 1978); 『사상과 실천』(도서출판 녹두, 1985),
　　　pp.331 - 345.

노재봉, 「한국민족주의와 자유주의」, 『한국민족주의의 이념』(아세아정책
　　　연구원, 1979); 『사상과 실천』(도서출판 녹두, 1985), pp.347 -
　　　368.

박상섭, 「한국정치와 자유민주주의: 현대 한국정치사의 정치사회학적 이
　　　해를 위한 일 시론」, 『현대한국정치와 국가』(법문사, 1986).

윤홍근, 「한국사회의 변화와 정치변동」, 『자유민주주의의 한국적 모형
　　　연구』(한국정신문화연구원, 1990).

이능화, 「조선무속고」, 『광명』, 19호.

이용희 · 신일철(대담), 「사대주의: 그 현대적 해석을 중심으로」, 『지성』, 2
　　　- 3월호(1972).

이홍구, 「한국민족주의를 위한 기초적 사고」, 『효강 최문환박사추념논문
　　　집』(1973), pp.377 - 408.

이홍구, 「분단시대의 역사인식과 통일문화 창조」, 강광식 외, 『통일문화 창조를 위한 연구』(한국정신문화연구원, 1985), pp.25－42.

황성모, 「현대한국사회의 정신적 상황」, 『한국사회사론』(심설당, 1984).

황성모, 「식민지체제와 의식구조의 분화」, 『한국사회사론』(심설당, 1984).

Durkheim, Emile, *Suicide*, Trans., John Spaulding and George Simpson(New York: Free Press, 1951).

International Encyclopedia of the Social Sciences, Vol. 14(New York: Macmillan, 1968).

Levy, M. J., "Some Aspects of Individualism and the Problem of Modernization in China and Japan," *Economic Development and Cultural Change*, Vol. 10, No. 3(April, 1962).

Marcel, Gabriel, *Les Hommes contre L'humain*(Paris: Aubier, 1955).

Ogburn, W. F., *Social Change with Respect to Culture and Original Nature*(New York: Viking, 1950).

Sellin, Thorsten, *Culture Conflict and Crime*, Social Science Research Council Bullitin 41(1938).

Thomas, W. I. and Znaniecki, Florian, *The Polish Pesant in Europe and America*(Boston: The Gorham Press, 1920).

Yasusuke, Murakami, "Ie Society as a Pattern of Civilization," *Journal of Japanese Studies*, Vol. 10, No. 2(1984).

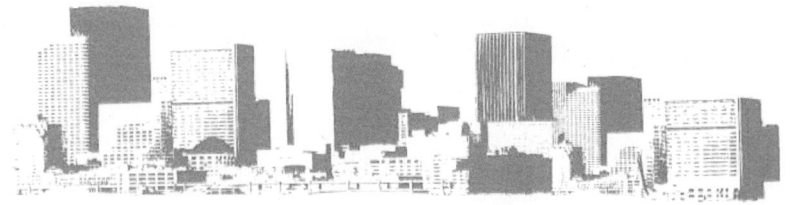

제5장 한국사회의 문화적 정체성(Ⅰ):

노무현 정권의 출범을 계기로 본
정치지형의 변화와
ㄱ 정치문화적 함의

 한국사회의 문화적 정체성(Ⅰ)

노무현 정권의 출범을 계기로 본
정치지형의 변화와 그 정치문화적 함의

1. 문제의 제기: 노무현정권 출범의 정치사적 함의

노무현정권의 등장과 더불어 한국사회는 실로 〈지각변동〉에 비견되는 엄청난 정치지형의 변화를 보여주고 있다. 그러한 변화의 진폭을 상징적으로 나타내는 사례로서 2003년 3월 1일 서울에서 벌어진 서로 상반되는 두 갈래의 〈3·1절 행사〉를 들 수 있을 것이다. 즉 한편에서는 보수진영을 자처하는 여러 단체들의 주관하에 10만 명이 넘는 많은 시민들이 시청 앞 광장에 모여 〈반핵·반김정일·자유통일·3.1절국민대회〉를 열고 주한미군 철수 반대와 한·미 공조체제의 강화를 외치는 집회를 열었고, 다른 한편에서는 〈여중생범대위〉등 〈촛불시위〉를 주도했던 진보성향의 단체들이 파고다공원 등지에 모여 〈한미주둔군지위협정〉(SOFA)의 전면 개정 등을 요구하면서 민족공조를 강조하는 집회를 개최한 바 있거니와, 이 두 집회는 단순히 미국과 북한에 대한 인식의 차이를 넘어 대한민국의 정체성에 대한 기본인식의 차이를 각기 대변하는 것으로서 종전에는 남북분단에 따른 냉전체제적 제약 때문에 오랫동안 금기시 되었던 상반된 주장들이 이를 통해서 동시적으로 공공연하게 표출되었다는 점에서 특히 주목되는 것이었다.[1]

사실 따지고 보면, 이러한 변화의 조짐은 2003년 12월 제16대 대통령선거 과정에서부터 이미 나타나기 시작하였다고 할 수 있다. 노무현 후보의 당선과정 자체가 실로 이례적인 역동성을 보여주었기 때문이다. 특히 기성 거대언론에 대항한 인터넷언론의 활성화, 〈노사모〉로 지칭되는 자발적 정치지원세력의 등장 등 이전에 없었던 새로운 정치환경의 출현은 한국사회의 주류세력임을 자처해 온 이회창 후보의 지지기반을 압박하는 위협적 요소로서 작용하기에 충분한 것이었다. 그중에서도 특히 〈노사모〉의 대종을 이루는 20-30대의 젊은층은 이미 2003년 6월의 월드컵 응원전에서 〈붉은 악마〉의 위력을 보여준 데 이어 대선 직전에 있었던 〈촛불시위〉를 통해 가공할 만한 집단적 응집력을 보여준 바 있었던 만큼 이들의 자발적인 참여와 지지를 배경으로 등장한 노무현 정권의 출현은 그 자체가 한국정치의 지형 변화를 예고하는 일대 사변이었다고 할 수 있다.[2]

---

1) 박효종, 「한국에서 보·혁 갈등문제 어떻게 볼 것인가?」, 『한국발전 리뷰』, 통권 121호(한국발전연구원, 2003), p.12.
2) 김만흠, 「〈논단〉 16대 대선: 정치동원 구조의 변화」, 『한국정치학회소식』, 2002년 제4호, p.11.

그러나 노무현정권의 등장과 더불어 한국사회가 보여주고 있는 정치지형의 변화가 구체적으로 어떤 것인지에 대해서는 이를 평가, 전망하는 입장과 기준 여하에 따라 다양한 편차를 보여주고 있다.

우선, 정치권 내부에서 제기되고 있는 정당정치구도 개편 논의부터 살펴보기로 한다.

정당정치구도의 개편에 관한 논의는 당초 〈대선 패배〉를 계기로 한나라당 내부에서 제기되기 시작한 것이지만, 그것이 4·24 재·보선을 거치면서 여·야 거대정당 양쪽에서 공통적으로 제기되고 있다. 여·야 거대정당들은 선거결과를 두고 서로 아전인수 격으로 〈변화와 개혁을 바라는 유권자의 현명한 선택〉이었다고 전제하고, 〈3김 정치〉의 근간이 되어 온 〈지역구도〉의 청산과 더불어 변화된 정치환경에 걸맞은 새로운 정치운영방식의 도입이 전제된 정당정치구도의 전면적 개편이 불가피하다는 주장을 내세운다.

이러한 정당정치구도 개편 논의와 관련하여 특히 주목되는 것은 민주당 내부에서 제기되고 있는 〈신당 창당〉논의이다. 이러한 논의는 〈소수당의 소수파정권〉으로 출범한 노무현정권의 정치적 입지가 결부된 것인 만큼 여기서는 기존 민주당의 전통적 위상에 안주하기보다는 새로운 시대적 요청에 부응하기 위한 민주당의 전면적인 변화와 개혁이 강조되게 마련이다. 그리고 그 연장선상에서 내년 총선을 겨냥하고 〈보수·혁신 구도에 의한 정치권의 전면적 개편〉을 지향하고 있는 것으로 보인다. 그리고 이러한 개편 논의는 물론 민주당 내부의 〈신주류〉에 의해서 제기되고 있지만 그 파장은 단지 민주당 내부에만 국한되지 않고 한나라당을 비롯한 정치권 전체에 널리 확산되고 있는 것으로 보인다. 대선 참패 이후 우여곡절을 거쳐

〈최병렬대표체제〉를 출범시킨 한나라당에서 진보성향을 자처하는 일부 세력이 이탈하는 양상을 보여주게 된 것은 그 좋은 예이다.

그러면, 여기서 말하는 정치구도 개편의 대안적 모습은 구체적으로 어떤 것인가?

노무현정권의 출범과 더불어 제기되고 있는 정치구도 개편 논의에서 보면, 특정 지역에 편중된 지역적 대표성의 한계를 벗어나 전국적인 대표성을 확보함과 더불어 젊은층의 호응을 효과적으로 불러일으킬 수 있는 세대적 대표성의 확대를 강조하는 주장이 공통적이다. 그리고 여기에 당 운영방식의 쇄신을 강조하는 주장이 추가되고 있다. 그러나 이처럼 일반적인 당위성을 강조하는 주장들만 무성할 뿐 이를 뒷받침하는 구체적인 청사진은 어느 진영에서도 제시한 바 없다. 그것은 지역주의 정치의 음영이 아직도 완강하게 잔존하는 과도기적 상황에 기인하는 것으로서, 궁극적으로는 새로운 정치지형 변화의 전망이 가시화될 것으로 보이는 내년 총선 결과 여하에 따라 그 구체성이 드러날 전망이다. 따라서 앞으로 정치지형의 변화는 국면적이기보다는 구조적인 현상으로서, 일회적이 아니라 연쇄적인 현상으로 전개될 전망이므로 전반적인 사태추이 여하에 따라 가변성을 갖는다고 할 것이다.

그러나 한 연구논문에 의하면, 한국사회의 이념적 스펙트럼에 비추어 볼 때 한국의 정당정치는 앞으로 지역주의 정치지형에서 벗어나 예컨대 보수적 진영과 자유주의적 진영, 그리고 진보적 진영 등의 정치세력을 근간으로 재편되는 것이 바람직하다는 것이다. 그리고 이러한 시대적 요구에 부응하기 위해서는 각 진영 내부의 정치세력들에게 있어서도 한국사회의 민주적 진전에 상응하는 헤게모니의

이동이 필요하다고 강조한다. 즉 보수진영 내부에서는 극우세력으로부터 합리적 보수세력으로, 자유진영 내부에서는 보수적 자유주의 세력으로부터 개혁적 자유주의 세력으로 그 헤게모니가 바뀔 필요가 있다는 것이다. 그리하여 예컨대 한나라당은 보다 합리적인 보수세력으로서, 민주당은 보다 개혁적인 자유주의 세력으로서, 그리고 앞으로 제도권정치에 새로 진입하게 될 민주노동당의 경우는 진보적 정치세력으로서 결집되어 새로운 정당정치구도의 기틀을 구축해야 한다는 것이다.[3]

2. 한국사회의 이념적 좌표와 그 기상도

노무현정권의 출범을 계기로 한국사회가 보여주게 된 정치지형 변화의 전망은 그것이 당초 매우 이례적인 역동성을 띠고 제기되었음에도 불구하고 적어도 현 단계에서는 매우 불확실하고 불투명하다. 그 주된 이유는 아마도 노무현 정권의 태생적 여건에 수반하는 과도기적 상황에 기인하는 것으로 보인다. 여기서 말하는 〈태생적 여건〉이란 〈소수당의 소수파 정권〉으로서 정치적 입지가 매우 협소하여 정국을 주도할 운신의 폭이 현실적으로 매우 한정되어 있다는 것을 지칭하며, 그리고 과도기적 상황이란, 혁명적으로 등장한 정권의 집권 초기가 일반적으로 그러하듯이, 정권을 구성하는 다양한 성향의

---

3) 정해구, 「신당 창당을 둘러싼 정치개혁 논의의 의미」(미래전략연구원 논단, 2003. 5. 7.), pp.3 - 4.

주도세력이 실제의 정국 운용과정에서 드러내게 마련인 〈정체성 위기〉(identity-crisis)로 인하여 일시적으로 나타내는 정치노선상의 난조현상을 지칭한다. 어쨌든, 이러한 과도기적 현상으로 인하여 노무현 진영4)은 정치지형의 이정표가 될 이념적 좌표 설정에 스스로 심각한 혼미 양상을 보여주고 있는 것으로 보인다. 이에 대해서는 좀 더 부연설명이 필요할 것이다.

노무현정권이 〈노사모〉를 비롯한 진보성향의 정치세력을 기반으로 출범하였음은 주지의 사실이거니와, 이러한 사실은 정권 출범 이후 청와대 비서진을 비롯한 정부의 주요 요직 인선과정에서는 물론 경제체제의 성격이나 또는 대북·대미관계 등에 대한 새 정부의 초기 견해 표명 등에서 더욱 뚜렷하게 가시화되는 양상을 보여줌으로써 한국사회의 〈주류〉세력임을 자처하는 〈침묵하는 다수〉의 긴장5)을 불러일으킨 바 있다. 그런데 그 후 이라크전 파병 결정에 이은 한·미 정상회담에서 "국익을 위해 한미공조체제의 강화가 불가피하다."는 정책적 입장이 공식화되고, 〈한총련〉이나 〈전교조〉에 대한 정부의 단호한 입장이 "법질서 수호"의 차원에서 강조되는 일련의 변화가 가시화됨에 따라서 당초의 이념노선에 상당한 혼선이 야기되고 있는 것으로 보인다.

그러나 여기에서 특별히 유의될 필요가 있는 것은, 대통령에 당선된 직후 노 대통령의 개별적인 견해 표명과 정부의 공식적인 정책적

---

4) 여기서 말하는 노무현 진영이란, 노무현 정권을 구성하고 있는 핵심세력과 더불어 젊은층을 비롯한 진보성향의 지지세력을 두루 통칭한다.
5) 2003년 3월 1일 10만 명이 넘는 시민이 시청 앞 광장에 운집하여 〈반핵·반김정일·자유통일·3.1절 국민대회〉를 열고 〈행동하는 다수〉로 전환할 것을 다짐하게 된 것은 이를 단적으로 반증하는 사례가 될 것이다.

입장이 다르다고 해서 그것이 곧 〈이념노선의 변화〉를 나타내는 것이라고 단정할 필요는 없다는 점이다.[6] 그럼에도 불구하고 노무현 정권의 핵심세력과 더불어 넓은 의미의 지지세력들 중에는 대통령의 그러한 〈입장 변화〉를 〈이념노선의 변화〉로 간주하는 데 그치지 않고 〈배신자〉로 규정할 정도로 극단화될 수도 있다는 점이다. 따라서 궁극적으로는 진영 내부의 자기분열로 인한 정치노선상의 혼미양상을 보여주게 마련이다.

그러나 대국적인 견지에서 볼 때, 이와 같은 과도기적인 현상은 가능한 조속히 불식되는 것이 바람직하다. 그리고 이러한 과도기적 현상의 불식을 위해서 노무현 정권은 우선적으로 이념적 좌표를 분명하게 설정하여 정치지형 변화의 이정표를 제시할 필요가 있다. 이념적 좌표를 분명히 설정함으로써, 노무현 정권은 우선 내부적으로 〈소수당의 소수파정권〉이라는 협소한 입지를 탈피하여 정국주도세력으로서의 집단적 응집력을 갖출 수 있고, 나아가서는 이를 바탕으로 한국사회의 〈주류〉세력을 두루 포괄하는 정통세력으로 공인을 받는 통일주도세력으로서 응분의 지위를 확보하게 될 것이다.

그러면 앞으로 정치지형 변화의 이정표가 될 이념적 좌표는 어떻게 설정할 것인가?

한국사회가 직면하고 있는 이념적 좌표의 올바른 설정을 위해서는 무엇보다도 먼저 오늘의 한국사회가 역사적으로(세계사적 시간표상

---

6) 예컨대, 초창기에 표명된 대통령의 견해가 심정윤리적 차원에서 개인적 소견을 밝힌 것이라면, 정부의 공식적인 정책 표명은 그것이 대통령 직무수행의 일환으로 나타낸 말하자면 책임윤리적 차원의 입장 표명으로 간주될 수 있으므로, 그것을 구태여 〈이념노선의 전환〉의 소산인 것으로 비약시킬 필요는 없기 때문이다.

으로는 물론 민족사적 시간표상으로) 어떤 위치에 있는지, 그리고 자유·자본주의 체제를 근간으로 발전해 온 우리의 체제적 기반이 사회적으로(사회발전단계상으로) 어떤 위치에 있는지, 그 위상에 대한 체계적 인식이 필수적으로 전제되어야 한다.

이를 위하여 여기서는 먼저, 오늘의 한국사회가 직면하고 있는 이념적 좌표의 전체적인 기상도부터 살펴보기로 한다.

오늘날 체제건설의 이념적 지표로서 흔히 운위되는 자유·자본주의나 또는 사회주의라는 준거이념들은 엄밀히 말해서 근대 유럽의 역사적 경험이 세계사적 맥락에서 일반화된 개념장치에 다름 아니다. 한국을 비롯한 비유럽국가의 경우에는 이러한 근대적 개념장치를 실질적으로 운용할 수 있는 주도세력(또는 그람시가 말하는 헤게모니)과 같은 사회·정치적 기반이 없이 그것을 준거이념으로 차용하여 체제건설에 충당한 것에 지나지 않는다. 따라서 이들 비유럽 지역의 근대화과정에서 체제건설의 준거이념을 둘러싸고 갈등과 쟁론이 항구적으로 제기됨은 전혀 이상할 것이 없다.

그런데 여기에서 특히 주목될 필요가 있는 것은, 체제건설의 준거이념을 뒷받침하는 사회·정치적 기반의 취약성 때문에, 〈보수〉와 〈진보〉의 이념성향을 판별하는 사상적 기준 자체가 자주 혼미되어 쟁론거리가 된다는 점이다. 이러한 사실은 곧 한국의 근·현대사가 세계사적 차원의 표준시간과 일치되지 않는데 기인하는 일종의 사상적 '변방성(邊方性)'을 나타내는 것이기도 하다. 그렇지만 이러한 사실은 이념문제를 보는 한국적 상황도의 체계적 구명을 위하여 반드시 해명될 필요가 있는 것이다.

특정한 이데올로기가 보수적인가 혹은 진보적인가 하는 문제는 엄밀한 의미에서 해당 사회의 역사적 발전단계와 관련해서 판별될 필요가 있다. 이러한 맥락에서 한국인에게 전수된 자유민주주의와 사회주의는 모두가 진보적인 사상임에 틀림이 없다. 그럼에도 불구하고, 제2차 세계대전의 종전과 더불어 한반도에 전수된 체제이념으로서의 자유민주주의와 사회주의는 그와 같은 한국사 자체의 내재적 상황과는 상관없이 전자는 〈보수〉로, 후자는 〈진보〉로 규정받게 되었다.[7] 미국과 소련을 양극으로 하는 동·서 냉전체제라는 세계사적 표준시간에 의해 한국사의 현대가 무차별하게 매몰되게 된 결과이다.

이러한 사실은 현대한국의 이데올로기적 지형을 근본적으로 왜곡시키는 결정적인 요인으로 작용하게 되었다. 자유민주주의가 세계사적 시간표에 의해 〈보수〉로 규정됨에 따라 〈자유민주주의 체제〉는 장차 구현되어야 할 당위적 과제가 아니라 현재 완료형의 '기존질서'로 간주되어야 했고, 이에 수반하여 한반도의 다른 일각에 존재하는 보다 진보적인 이데올로기에 해당하는 사회주의의 위협으로부터 이를 수호해야 한다는 그야말로 사상의 실체성과는 아무런 관계가 없는 가공적 모순이 중첩되게 되었기 때문이다.[8]

그러면 이렇듯 기이한 현상이 생기게 된 연유는 구체적으로 어떤 것인가?

이 문제와 관련하여 한국적 위상 파악에 앞서 먼저 세계사적 표준시간에서 말하는 변용 양상부터 잠시 살펴보기로 한다.

세계사적 시간에서 근대사상의 양대 지주로 일컬어지는 자유(민

---

7) 진덕규, 「한국의 보수주의와 진보주의」, 『신동아』(1979년 11월호), p.159.
8) 강정인, 「한국사회의 보수성에 관한 연구」, 한국산업사회학회(편), 『경제와 사회』, 제37호(1998년 봄). p.19.

주)주의와 사회주의는 한말의 전제왕조나 일제 식민통치하의 사회·정치적 조건에 비추어 본다면 양자가 모두 엄청난 변혁을 수반하는 〈진보〉이념에 해당한다. 그러나 위상적 이데올로기로서의 보수주의는 그것이 현존상태를 유지한다는 성격에 의해서 규정되는 것 못지 않게 보다 진보적인 다른 이데올로기에 의해 역으로 규정되는 경우가 있거니와, 한국에 수용된 자유(민주)주의가 바로 이러한 예에 해당한다. 해방 후 한국에 수용된 자유민주주의란 태동기의 혁명적인 진보성에 넘친 이념이 아니라 세계사적으로 이미 보수화된 이념으로서 체제이념으로 설정되었기 때문이다. 따라서 그것은 당초부터 사상의 〈도입-성숙〉이라는 응분의 자기발전과정을 거칠 겨를이 없이 '반사적으로' 당연히 보수적인 것으로 자처할 수밖에 없는 처지에 놓이게 되었다. 냉전시대의 자유주의는 본고장인 유럽에서도 이미 파시즘 및 공산주의와의 대결에서 자유주의적으로 주조된 기존질서의 보다 심화된 개혁보다는 그 유지에 에너지를 소모하다 보니 본래 지닌 역사적 진보성이 현저히 위축되고, 방어적인 소극적 이념이 되고 말았던 것이다. 다시 말하면, 자유주의의 이상은 서방세계에서는 이미 다 실현되었으니 이제 필요한 것은 밖으로 공산주의에 대항하고 안으로는 극단주의에 대항하여 스스로를 방어하는 것뿐이라는 보수적 태도를 내면화하는 양상을 취하게 되었다. 그리고 보수화된 자유민주주의 자들은 '인민에 의한 지배'의 구현이라는 고전적 민주주의의 열망을 외면하고 민주주의를 입헌적 절차와 선거에 의한 공직자의 선출 정도로 축소시켜 일종의 정부형태나 통치방법으로 이해하는 퇴조 양상을 보여주었다. 요컨대, 분단된 한국에 수용된 자유민주주의는 이미 도입 초기단계에서부터 이렇듯 축소 해석된 이념이었다.

이상에서 근대사상의 본고장인 서구의 보수주의 전통과 관련하여 자유(민주)주의 이념의 현대적 변용 양상과 더불어 그것의 한국적 수용 양태에 대해서 개략적으로 살펴보았거니와, 그것은 사상 본연의 내용체계와 상관없이 당초부터 극히 협소화된 보수이념의 형태로 이식됨으로써 실제의 체제건설과정에서 응분의 탄력성을 발휘할 수 없었다. 그리고 이에 추가하여, 한국에서는 '보수하고자 하는 기존질서'라는 것이 당초부터 준거 이념의 명분과 괴리된 형태로 제기되고 있었기 때문에 이데올로기문제를 보는 지적 상황도는 더욱더 복잡한 양상을 띠게 마련이었다. 한국정치에서는 체제가 표방하는 이념적 지향과 현실정권의 실제적 속성 간에 괴리가 너무나 현저하여 준거 이념의 명분적 기준만 가지고는 〈보수·진보〉의 구도를 제대로 판별할 수 없기 때문이다.

원래 유럽에서 〈보수·진보〉가 대립하게 된 계기는 일단 하나의 체제가 생성되어 성장하게 됨에 따라서 체제의 내재적 모순이 현재화(顯在化)되고, 이에 수반하여 기존체제에 도전하는 새로운 이념과 운동이 출현하는 경우에 제기되는 것으로 이해된다. 그런데 한국의 경우에는 하나의 체제가 형성되어 정형화되는 과정에 있기 때문에, 엄밀한 의미에서 '기존질서'란 존재하지 않으며 존재한다고 하더라도 그것은 극히 불안정하고 유동적이게 마련이다. 요컨대, 이러한 이유 때문에 한국의 경우에는 〈기존질서의 유지〉나 또는 〈새로운 질서의 창조〉라는 관점에서 〈보수·진보〉의 구도를 가지고 준거이념의 성향을 논할 수는 없다. 우리가 이념문제의 한국적 지형을 염두에 두고 〈보수·진보〉의 구도를 판별할 필요가 있는 경우에는 세계사적 시간과 한국사적 시간의 괴리에 기인하는 바로 이러한 맥락의 한국적 특수성을 예의 고려해야 한다.

한국사회가 보여주고 있는 이념적 지형의 복잡성은 한마디로 외생적 근대화과정으로 특징되는 근현대사과정의 산물로서, 그것은 곧 세계사적 시간과 민족사적 시간의 불일치로 인해 야기되는 일종의 이데올로기적 착종현상이라고 할 수 있다.

세계사적 표준시간에서 말하는 자유·자본주의 체제란 구조상으로 그것을 뒷받침하는 응분의 체제정당성과 헤게모니계급 및 이념의 존재를 전제로 하되 기능상으로는 정치·이데올로기·경제가 각기 독립된 영역을 유지하면서 서로 보합적으로 작동함으로써 유지되는 것을 생리로 한다. 그러나 한국의 경우에는 이들 세 영역 간의 접합관계와 기능이 본고장에서와 전혀 다른 양상을 보여주게 되었던 것이다. 무엇보다도 우선 자유민주주의 이념은 사회주도세력의 세계관, 즉 그람시가 말하는 헤게모니적 이념으로 확립되지 않았고, 또 현실정치상에서 그 이념은 권위주의적인 집권세력에 의해 자주 경시되거나 또는 부인됨으로써 기존체제의 유지를 위한 이데올로기적 기초로 작용하지 못하였다. 그리고 바로 그 권위주의 세력에 의해 국가주도의 자본주의 체제가 확립됨에 따라서 이른바 〈국가와 시민사회의 분리〉라는 본고장의 명제는 당초부터 성립될 수 없었던 것이다. 그리하여 한국사회에서는 헤게모니적 지위를 주장하는 주도계급이 여전히 부재하는 조건 속에서 국가 의존적 사회세력만이 성장하는 결과를 가져오게 되었다. 그리고 이렇게 성장된 사회세력들의 경우, 〈국가후견하의 성장〉이라는 제약조건상 독자적인 정치세력으로서의 자생적 기반을 결여하고 있었기 때문에, 그들에게 있어서 자유민주주의 이념이란 그들이 가지고 있는 기존의 정치적·사회적 이해관계상 별다른 관심거리가 되지 못하였다. 이러한 맥락에서 볼 때, 한국에서 체제이념을 둘러싼 이데올로기적 지형이 본고장의 경우와 대비됨은 물론이고 다른 제3세계국가들과도 구별되는 독특한 기상도를 나타내게 마련이었다.[9]

그런데 여기에서 다시 주목되는 것은, 한국사회에서 체제이념으로 설정된 자유·자본주의가 초기 이식단계의 냉전체제적인 제약에서 벗어나 나름대로의 자생적 기반을 갖추게 된 1970년대 후반부터는 체제이념 본연의 역동성을 보여주게 되었다는 점이다. 한국사회는, 주지하듯이, 권위주의 세력이 주도한 근대화 작업의 성과가 점차 가시화됨에 따라서 그러한 작업을 주도한 세력들의 의도와는 상관없이 시민사회적 성장을 가져오게 되었고, 특히 산업화의 성과는 새로운 사회·경제적 이익의 분화와 참여욕구의 증대를 가져오게 됨으로써 한국의 사회·문화적 기조를 저변에서부터 변용시키는 역동적인 결과를 가져오게 되었다는 사실이다.[10] 그리고 이에 수반하여 한국사회에서는 적어도 1990년대 이후 체제논쟁이나 이념논쟁이 더 이상 사회·정치적 실체성을 도외시한 공리공론으로 그칠 수 없는 실천적 의미를 갖게 되었다. 그리하여 〈민주화〉의 과제는 〈독재 청산〉이라는 원리적 요구의 차원을 벗어나 정치권위의 실질적 국민화를 겨냥, 이른바 〈절차적 민주주의〉를 넘어 〈탈권위주의〉를 지향하는 변혁운동으로 발전하게 되었으며, 그리고 그 성과는 문민정부와 국민의정

---

9) 강광식, 「이념문제의 한국적 지형과 주요 준거이념의 갈등적 변용 양상」, 강광식 외, 『현대한국이념논쟁사연구』(한국정신문화연구원, 1999), pp.37-38.
10) 이에 관한 보다 상세한 논의는, 강광식, 「분단체제하의 근대화 유산과 그 문화적 함의」, 『한국사회의 구조변화와 그 문화적 함의』(한국정신문화연구원, 1996), pp.17-18 참조.

부를 거치는 동안 범사회적으로 확산되어 이를 〈민족공조론〉에 연결시키게 될 정도로 고조되는 양상을 보여주게 되었다.

3. 한국사회의 과도적 양상과 그 정치문화적 함의

한국사회가 직면하고 있는 이념적 좌표의 기상도는 위에서 살펴보았듯이 매우 복잡한 양상을 보여주고 있다. 한국의 근·현대사 전개과정이 세계사적 차원의 표준시간과 일치하지 않는데다가 타율적인 남북분단에 따른 냉전체제적 제약이 그 위에 중첩되어 초점불일치의 복잡한 양상을 보여주고 있기 때문이다.

그런데 여기에서 특별히 주목될 필요가 있는 것은, 이러한 복잡성 때문에 한국사회에서는 자주 정치문화적 착시현상이 야기된다는 점이다. 그리고 이에 수반하여 현실을 보는 관점, 특히 보수와 진보를 판별하는 기준 자체가 상황변화에 따라 수시로 바뀌는 경우가 있는가 하면, 극심한 경우에는 한국사회의 역사적·사회적 기반과 아무런 관련이 없는 요소가 이념적 스펙트럼을 좌우하는 잣대로 취급되는 기이한 양상을 보여주기도 한다는 점이다.[11]

---

11) 예컨대, 80년대 이후의 민주화과정에서, 이를 위해 헌신해 온 〈민주화세력〉이 진보세력이라는 전제하에 한국사회의 산업화에 기여한 〈산업화 세력〉이 보수세력인 것으로 치부되는 양상을 보여주게 되었음은 주지의 사실이거니와, 특히 노무현정권의 출범을 전후한 시기에는 〈노사모〉로 대표되는 인터넷세대의 문화풍조가 한동안 보수와 진보를 가르는 잣대로서 풍미된 바 있다. 즉 여기서 보면, 〈조중동〉(조선·중앙·동아)을 보는 사람은 보수에 속하고 〈한경대〉(한겨레·경향·대한매일)

정치문화적 착시현상이란 본질적으로 실체가 없는 것이다. 그것은 특정한 정치현실에 대한 일종의 심리적 반사현상으로 나타나는 것일 뿐 그 자체가 정치현실의 실체를 반영하는 것이 아니기 때문이다. 그것은 마치 무지개현상처럼 빛이 반사·굴절되는 각도에 따라 형형색색으로 나타나는 것처럼 보일 뿐 그 자체가 빛의 실체를 나타내는 것은 아닌 것과 같은 이치이다. 반사되는 굴절 각도가 일정 한도를 넘을 경우에는 〈난반사〉 현상으로 인해 실체 인식이 총체적으로 무산될 수도 있는 것이다. 한국사회에서 자주 나타나는 정치문화적 착시현상 역시 같은 논리로 해명이 가능할 것이다.

한국사회가 그동안 준거이념으로 삼아온 자유·자본주의가 자생적인 것이 아니라 〈차용된〉 것이었음은 주지의 사실이다. 그리고 특히 그것은 당초 미·소 냉전체제의 전초기지를 각기 대변하는 준거이념으로 〈주어진〉 것으로서, 다시 말하자면 그것은 북한에 공산체제가 존치됨에 따라 반사적으로 설정된 이념에 지나지 않는 것이었다. 그러므로 한국에서의 자유·자본주의란 그것이 나름대로의 실체적 기반을 갖추는 데는 상당한 회임 기간이 필요했다는 얘기다. 따라서

를 보는 사람은 진보에 속한다든지 또는 인터넷신문인 오마이 뉴스나 MBC와 같은 방송의 뉴스와 해설을 즐겨 시청하는 사람은 진보이며, 메이저 신문의 사설과 칼럼을 즐겨 정독하는 사람은 보수로 간주되고 있는 것이다. 그런데 여기에서 다시 주목되는 것은, 이러한 잣대가 단지 문화 풍조를 판별하는 기준에 그치지 않고 다음과 같이 현실의 정치문제에 그대로 적용되는 논리비약을 보여주고 있다는 점이다. 예컨대 반미나 미군철수를 외치고 햇볕정책을 찬성하며 나아가 이라크전 파병을 반대하는 사람은 진보이고, 미군철수 반대, 대북 퍼주기 반대, 그리고 이라크전 파병을 지지하는 사람은 보수로 규정되는 것이다. (박효종, 「한국에서의 보·혁 갈등문제 어떻게 볼 것인가?」, 위의 책, p.13, p.15) 참조.

그것은 상당한 우여곡절을 거친 헌정사의 전개과정에서 보듯이 객관적 현실과 괴리된 공리공론으로서 많은 시행착오를 겪게 마련이었다. 요컨대, 그것은 그 이념의 역사적·사회적 함의가 사상된 채 그 외연적 의미(denotation)만 고려되어 언설상의 구호로만 소리높이 고창되는 정치문화적 착시현상을 자주 나타내게 마련이었다. 그리고 여기서 더욱 괴이한 것은, 그것이 대북 체제경쟁의 필요에 부응하기 위해 마치 〈성숙된 자유·자본주의〉의 표본이나 되는 것처럼 가장되는 정치문화적 지표로서 인식되었다는 점이다.[12] 그리하여 자유·자본주의는 그 후 한국화에 필요한 자기발전과정[13]을 거친 뒤에야 비로소 실체적 기반을 갖춘 근대적 문화양식으로서 나름대로의 면모를 보여주게 되었다 그러나 분단상황이 아직도 해소되지 않고 있는데다가 그동안의 산업화·민주화과정의 사회심리적 후유증이 완강하게 잔존하기 때문에, 정치문화적 착시현상이 여전히 불식되지 않고 있다.

---

12) 한국에 수용된 자유민주주의가 분단상황으로 인하여 비탄력적이고 비유기적인 성격을 갖게 되었음을 심도 있게 분석하고 있는 예로서는, 노재봉, 「이데올로기로서의 민주주의: 한국의 경우」, 『현대이데올로기의 제문제』(민음사, 1978); 박상섭, 「한국정치와 자유민주주의: 현대한국정치사의 정치사회학적 이해를 위한 시론」, 『현대한국정치와 국가』(법문사, 1986) 참조.

13) 여기서 말하는 〈자기발전과정〉은 크게 다음 두 계기로 대별해서 해명할 수 있을 것이다. 즉 그 하나는, 1970년대 〈국제적 해빙〉의 충격과 더불어 비롯되었다고 할 수 있는 자유민주주의의 한국화과정이며, 다른 하나는 산업화의 성과가 정치권위 국민화의 요구로 가시화되게 된 1980년대 이후의 민주화 대장정이다. 이 문제에 대한 보다 상세한 논의는, 강광식, 「분단체제하의 근대화 유산과 그 문화적 함의」, 『한국사회의 구조변화와 그 문화적 함의』(한국정신문화연구원,1996), pp.13 - 19 참조.

노무현 정권이 직면하고 있는 문제의 정치문화적 착시현상은 대체로 다음의 현안문제를 둘러싸고 전개되는 기본 인식의 편차와 관련이 있는 것으로 보인다. 그 하나는 대북 인식이며, 다른 하나는 그동안의 산업화·민주화과정의 공과에 대한 인식이다. 이하에서는 기본 인식의 편차가 서로 극단화됨으로써 정치문화적 착시현상을 불러일으키게 되는 문제의 사회심리적 배경을 살펴보기로 한다.

먼저, 대북 인식과 관련된 착시현상이다. 이 문제는, 앞서도 살핀 대로 매우 복잡한 역사적 배경과 현실의 국제정치적 이해관계가 복합적으로 연결되어 있는 문제이므로 체계적 해명이 쉽지 않지만, 정치문화적 착시현상에 관한 한 그것은 〈북한의 실체〉 인식과 관련된 예의 〈반사심리〉가 핵심요인인 것으로 생각된다. 이 문제에 대해서는 약간의 부연 설명이 필요할 것이다.

남북분단 이후 최근에 이르기까지, 다수의 한국인에게 북한이 〈가장 위협적인 존재〉로 인식되어 왔음은 주지의 사실이다. 그리고 이러한 대북 인식이 군사적 대치상태를 반세기 동안이나 오래 지속해온 실제의 남북한관계상황과 더불어 이러한 냉전체제를 효과적으로 관리하기 위한 〈반공정책〉의 소산이므로 나름대로의 실체적 근거가 있음은 두말할 나위가 없다. 그러던 것이 특히 〈6·15 남북공동선언〉 이후 남북 간에 교류·왕래가 빈번해지고 금강산관광을 비롯한 각종 협력사업이 활발히 전개됨에 따라서 대북 인식이 크게 바뀌게 되었다. 이러한 대북 인식의 변화는 역시 객관적으로 변화된 대내외 정세의 소산으로서, 한편으로는 사회주의권 붕괴에 따라 북한에 대한 외부세계의 지원이 사실상 차단된 데다가 다른 한편으로는 북한체제 자체가 체제존속에 여념이 없을 정도로 약체화되어 있음이 여러 경로를 통해 확인되고 있기 때문이다. 이제는 북한이 더 이상 〈위협적 존재〉가 아니라 이른바 〈민족공조〉의 대상인 것으로 호전 되어 있다.

그런데 여기에서 다시 주목될 필요가 있는 것은, 이러한 대북 인식의 변화가 나름대로의 타당한 근거를 가지고 있는 것이 사실이지만, 그것이 예컨대 북한정권의 핵위협이나 북한주민의 인권상황과 같은 〈변화하지 않은 상황〉을 필요 이상 도외시한 것이라면 비현실적이며, 경우에 따라서는 위험시될 수도 있다. 지나치게 부정적으로 보는 것도 물론 〈냉전적 사고〉 관성의 소산으로서 비현실적이라는 비난을 받을 수 있지만, 무조건 좋게만 보려는 〈맹목적 사고〉 역시 그것이 결국 〈냉전적 사고〉에 대한 〈반사심리〉의 소산으로서 비현실적인 것은 마찬가지라고 할 수 있다.

다음으로, 산업화·민주화과정의 공과에 대한 평가를 둘러싸고 특히 이해당사자들 간에 갖게 되는 일종의 심리적 콤플렉스이다. 한국 사회가 그동안에 겪은 산업화·민주화과정이 앞서 살핀 대로 허다한 문제점과 파행성을 내포하고 있었음은 주지의 사실이거니와, 따라서 그 공과에 대한 일반의 평가가 이해관계 여하에 따라 다양한 편차를 보여주게 마련이다. 특히 그 과정에 밀접한 관련을 가지고 있는 직접 당사자들(수혜자 및 피해자)에게는 그 평가적 인식이 단순한 〈호·불호〉의 정도를 넘어 서로 첨예한 대립 양상을 보여줄 수도 있다. 그리하여 예컨대 〈유신체제〉의 출범 이후 연속된 〈군부 권위주의 체제〉하에서 옥고를 치르거나 수난을 겪은 부류에게는 그 과정에서 주도적 역할을 수행한 부류에 대해서는 물론 그 혜택을 누린 기득권 층에 대해서도 부정적으로 생각하는 편향된 시각을 보여줄 수가 있다. 노무현 정권 출범 이후 자주 운위되는 이른바 〈주류·비주류〉 개념도 그 연원을 따지고 보면 이처럼 편향된 시각을 공유하는 집단을 지칭하는 것이라고 할 수 있을 것이다.[14]

그러나 이와 같이 극단적으로 편향된 시각에 기인하는 정치문화적 착시현상은 불식되어야 한다. 그것은 단순히 현실 인식을 오도하는 데 그치지 않고 스스로의 정체성까지 훼손시킴으로써 마침내 한국사회의 전체적 지향에 대한 공감대 형성을 불가능하게 하는 결과를 초래하기 때문이다. 정치지형 변화의 이념적 좌표 역시 〈보수·진보〉 사이에 실재하는 다양한 입장의 공존을 전제로 전체적인 공감대 형성이 가능할 때 비로소 응분의 역동성을 갖게 된다는 점을 여기서 다시 강조하고자 한다.〈끝〉

---

14) 김진현은 2003년 5월 월간중앙에 게재한 한 기고문에서, "노무현 정권의 등장은 인터넷세대의 승리, 젊은 세대의 승리라고 평하지만 좀 더 정확히는 주류 체제 쪽의 실패"라고 전제하고 이처럼 〈소수당 소수파 정권〉이 등장하게 된 것은 "도덕적 정당성"이 결핍된 "주류 체제의 지속적 실패의 반작용일 뿐"이라고 규정하고 있다. (김진현, 「〈특별기고〉 대한민국 주류에 고함: 뼈를 깎는 자성 통해 21세기 한국민족주의 정립에 힘써라」, 『월간중앙』 2003년 5월호 참조).
그리고 이에 앞서 정찬용 대통령인사보좌관은 지난 3월 14일 "어느 사회나 조직에는 주류와 비주류가 있으며 두 부류를 소통시켜 통합하는 일이 중요하다."며 이를 위해 "주류의 양보가 필요하다."고 전제하고 자신이 속해 있는 부류를 〈비주류〉로 규정한 바 있다고 한다(위 기고문에서 재인용).

참고문헌

강광식, 「분단체제하의 근대화 유산과 그 문화적 함의」, 『한국사회의 구조변화와 그 문화적 함의』(한국정신문화연구원, 1996), pp.3‒26.

강광식, 「이념문제의 한국적 지형과 주요 준거이념의 갈등적 변용 양상」, 강광식 외, 『현대한국이념논쟁사연구』(한국정신문화연구원, 1999), pp.3‒44.

강정인, 「한국사회의 보수성에 관한 연구」, 한국산업사회학회(편), 『경제와 사회』, 제37호(1998년 봄).

김만흠, 「〈논단〉 16대 대선: 정치동원 구조의 변화」, 『한국정치학회소식』, 2002년 제4호.

김진현, 「〈특별기고〉 대한민국 주류에 고함: 뼈를 깎는 자성 통해 21세기 한국민족주의 정립에 힘써라」, 『월간중앙』(2003년 5월호).

노재봉, 「이데올로기로서의 민주주의: 한국의 경우」, 『현대이데올로기의 제문제』(민음사, 1978); 노재봉, 『사상과 실천: 현실정치인식의 기초』(도서출판 녹두, 1985), pp.331‒346.

박상섭, 「한국정치와 자유민주주의: 현대한국정치사의 정치사회학적 이해를 위한 시론」, 『현대한국정치와 국가』(법문사, 1986).

박효종, 「한국에서 보・혁 갈등문제 어떻게 볼 것인가?」, 『한국발전 리뷰』, 통권 121호(한국발전연구원, 2003).

정해구, 「신당 창당을 둘러싼 정치개혁 논의의 의미」(미래전략연구원 논단, 2003. 5. 7.)

진덕규, 「한국의 보수주의와 진보주의」, 『신동아』(1979년 11월호).

제6장 한국사회의 구조변화와 문화적
정체성(Ⅱ):

'촛불집회'를 통해서 본 한국사회의
소통부재 현상과 디지털 포퓰리즘

한국사회의 구조변화와 문화적
정체성(Ⅱ)

'촛불집회'를 통해서 본 한국사회의 소통부재 현상과 디지털 포퓰리즘

1. 문제의 제기

제18대 대통령선거에서 이명박후보는, 선거운동과정에서 불거진 이른바 'BBK사건'(재미교포 김경준의 주가조작사기사건) 연루 의혹에도 불구하고, 노무현정권의 실정에 대한 반감과 특히 '경제 살리기'에 대한 국민적 소망으로 역대 대통령선거 중 가장 큰 표차로 대통령에 당선되었다. 그러나 "국민을 섬기는 정부, 산업화와 민주화의 성과 위에서 선진화를 실현하는 대통령이 되겠다"는 그의 다짐에도 불구하고, '정권 출범 100일'에 즈음하여 큰 시련에 봉착하게 되었다.

이명박정권은 대망의 '경제 살리기'를 위한 실용주의정책을 표방하고 출범하였음에도 불구하고 인수위시절부터 보여 준 정책적 난맥상과 그리고 내각과 청와대 인선과정에서 보여 준 이른바 '고소영'(고려대·소망교회·영남)·'강부자'(강남 땅부자)식 인사로 정권 출범 벽두부터 국민적 기대를 저버리게 되었다. 그 후 2008년 4월에 실시된 총선거에서 한나라당의 과반 의석 확보로 국민적 기대를 다시 한번 확인하는 것 같았지만, 한반도대운하 추진, 경제운용상의 난조(亂調) 등으로 국민적 신망을 잃기 시작하더니 마침내 미국산 쇠고기 수입 문제가 불거지면서 취임 100일여 만에 '청와대수석비서관 총사퇴'에 이은 '내각 사퇴'의 정치적 위기에 직면하게 되었다. 특히 2008년 6월 10일에는 1987년 6월의 '민주항쟁'에 비견하는 수많은 시민이 미국산 쇠고기 수입 재협상을 요구하는 도심 '촛불집회'에 운집하여 이명박 정부의 퇴진을 요구하는 등 국민적 저항과 갈등이 심각한 양상을 보여 주게 되었다.

이명박정권이 직면하게 된 위기의 원인에 대해서 김호기교수는 대통령의 리더십 오류·소통 부재의 시스템·정책기조의 난맥상과 일관성 결여를 지적한다.[1]

먼저, 이 대통령의 리더십은 집권적 자유주의로서 실용·효율·경쟁을 강조하는데, 여기서 집권적 자유주의(CEO형 리더십)의 문제점은 목표 달성에 치중한 나머지 정치를 외면하는 성향이 있다는 것이다. 그리고 그의 리더십은 같은 맥락에서 포용력 부족으로 나타나게 마련이다. "CEO 출신인 이 대통령은 많은 사람의 얘기를 듣고 포용해 이들의 이해를 대변하기보다 높은 효율성에 치중하는 경향"이 있

---

1) 김호기, 「촛불집회 관련 강연」, 국가경영전략연구원, 2008년 6월 18일.

기 때문에 이런 상황이 지속되면 상대적으로 소외감을 느끼는 계층은 늘어날 수밖에 없다는 것이다. 이러한 맥락에서 많은 인사들은 인수위 때부터 반복된 이 대통령의 고집스러운 인사 스타일이 국민에게 오만하다는 인상을 남기는 데 가장 큰 역할을 한 것으로 입을 모은다. 실제로 이 대통령의 인사는 발표될 때마다 '강부자'·'고소영'이라는 비판을 받았다.

다음으로, 정권시스템 자체가 총체적으로 소통 부재 현상을 보여 주고 있다는 것이다. 이 대통령은 당선 직후 "국민을 섬기겠다"고 공언하였음에도 불구하고 실제로는 국민들에게 충분한 이해를 구하고 의견을 수렴하는 노력에 소홀하였다. 취임 87일에 즈음하여 발표한 '대국민담화'(2008. 5. 22.)에서 대통령 스스로가 '국민과의 소통 부재'를 자인하고 있듯이, 정권 출범 이후 소통 부재는 정부 비판의 단골 메뉴로서, 예컨대 여야 간에는 물론이고 대통령과 참모진 사이 및 청와대와 정부 사이, 그리고 여당과 청와대 사이의 '소통 부재'는 마치 이명박정부를 상징하는 징표처럼 인식되었다. 그리하여 '광우병 쇠고기 관련 촛불집회'에 대해서도, 국민은 정부로부터 무시당했다는 생각에 자존심이 상해 있는데 이 대통령은 당초 "광우병은 발생하지도 않았는데 왜들 이러나" 하는 식의 엉뚱한 반응양상을 보임으로써 오히려 국민정서를 자극하는 결과를 초래하였다.

끝으로, 주요 정책기조에 관한 문제로서, 예컨대 영어공교육·작은 정부·대운하 사업 등 대통령직인수위원회 출범 이래 계속된 주요 정책의 난맥상과 일관성 결여로 국민적 신뢰가 심각하게 훼손되었다는 것이다. 이명박 정권은 그동안 1월: '영어몰입교육' 파문 → 2월: '강부자 내각' 파문 → 3월: '친박 공천 배제파문' → 4-5월: "광우병 쇠고기 '파문'을 연이어 거치는 과정에서 '냉철한 자기 진단과 성찰'을 보여 주지 못하여 정부가 '실수를 통해 배우는 것이 없다'는 게 더 심각한 문제"라는 지적이다. 또한 이명박정권이 "경제를 살리겠다"는 구호 하에 내세워 온 경제성장 프로그램도, 예컨대 대운하와 토목, 환율에 기댄 성장, 정부의 직접적 물가 통제, 대기업 지원을 주축으로 한 것으로서, 그 자체가 과거 개발시대의 그것과 크게 다르지 않은 것으로서 시대 진운에 크게 뒤져 있다는 것이다. 요컨대, 국민은 디지털시대에 살고 있는데, 이명박 정권은 아날로그시대의 발상법으로 이에 대처하는 구태의연한 양상을 보여주고 있다는 것이다.

이상에서, 이명박정권의 출범과 더불어 한국사회가 보여 주고 있는 위기상황의 배경에 대해서 살펴보았거니와, 요컨대 그것은 그동안 한국사회에 누적돼 온 소통 부재의 소산이라고 할 수 있다. '촛불집회'를 통하여 역동성 있게 표출된 '디지털 포퓰리즘'도 바로 이러한 소통 부재의 정치적 소산임은 두말할 나위가 없다.

그런데 여기서 사태를 더욱 심각하게 만드는 것은, 이처럼 답답한 상황에서 우리의 정치권이 총체적으로 무기력한 양상을 드러내고 있다 점이다. "촛불집회의 와중에 대통령은 바리케이드 뒤에 숨었고, 국회는 원 구성도 못한 채 텅 빈 공간으로 남아 있으며, 집권 여당은 권력다툼에 여념이 없고, 야당은 거리로 나가 있다. 도중에 치러진 재·보궐선거의 투표율은 50% 미만이었고, 무당파(無黨派)는 50%를 상회했다. 촛불집회의 광장에서 한국 대의민주주의는 좌절,"[2] 답

---

2) 김수진, 「촛불집회, 정당정치, 그리고 대의민주주의」, 경향신문사주최 긴급시국대토론회: 촛불집회와 한국민주주의, 서울, 경향신문사, 2008. 6. 16. P.6.

답한 시민을 거리에 내몰고 있는 형국이다. "3김 이후 사당(私黨)정치는 제한적 퇴조를 보였고, 당내 의사결정과 공직후보 선출의 민주성은 제한적으로 확대됐다. 당내 갈등은 만성화됐고, 구시대적 중진정치는 진행형이다. 이명박정부 들어 대의민주주의의 위기 징후는 더 뚜렷해졌다. 공안조직의 활성화, 미디어 통제 강화 등으로 비판과 반대를 억압하는 경향은 강화됐다. 시민사회의 소통은 단절됐고, 야당은 소외됐다. 대통령의 통치방식은 대응성과 수평적·수직적 책임성에서 치명적 결함을 드러냈다. 국회 또한 운영의 민주성·합리성·효율성 증진방안이 확립되지 못했다. 여야 간의 비타협적 대치와 정쟁 재현 가능성이 농후하다."[3] 이처럼 대의민주주의의 위기, 정당정치의 후퇴 속에 등장한 촛불집회는 디지털 포퓰리즘의 역동성을 더욱 고조시키는 결과를 가져왔다.

이러한 맥락에서 여기서는 '촛불집회'를 통해 사회적 지평에 표출된 '디지털 포퓰리즘'에 주목하여 그 정치적 함의를 살펴보기로 한다.

2. 촛불집회의 발전과정과 디지털 포퓰리즘의 역동성

미국산 쇠고기 수입문제를 둘러싸고 야기된 대규모 촛불집회는 디지털혁명이 한국사회에 가져다준 정치지형의 변화를 상징적으로 보여 주고 있다. 그리고 이에 수반하여 촛불집회로 대표되는 대중들의 요구표출현상을 어떻게 규정할 것인가에 대하여 갖가지의 다양한 논

---

3) 김수진, 위의 글.

의가 제기되고 있다. 사회주의권 몰락 전야에 이 땅에서 잠시 풍미된 적이 있는 무책임한 민중주의(populism)의 부활로 볼 것인가, 아니면 21세기의 문명사적 시대진운으로서 대의제 민주주의 결함을 보완할 직접민주주의의 소생으로 볼 것인가? 그리고 여기서 대규모로 결집된 대중들의 성격을 어떻게 규정할 것인가? 또한 이 '디지털 포퓰리즘' 현상에 내재하는 '약과 독'의 양면성을 어떻게 조절하여 사회발전의 동력으로 전환시킬 것인가?

여기서는, '촛불집회'가 제기하는 갖가지 문화적 함의를 살피기에 앞서, 그 자체의 계기성을 살피기 위해 먼저 초기 발전과정에 대한 현장 스케치부터 검토해 보기로 한다.[4]

'2008년 5월 2일': 이날 저녁 서울 세종로 청계광장에는 1만여 명의 누리꾼들이 나와 미국산 쇠고기 수입을 반대하는 촛불집회를 열었다. 촛불집회를 주도한 곳은 포털 '다음'에서 '이명박 대통령 안티 카페'를 운영하는 '이명박 탄핵을 위한 범국민운동본부'(이하 운동본부)였다. 오후 5시께부터 모여든 인파는 저녁 7시경 청계광장을 가득 메웠고, 자리가 모자라 인근 파이낸스센터 빌딩 앞에서도 촛불집회가 열렸다. 교복을 입은 학생, 갓난아이를 안고 온 어머니, 양복을 입은 직장인들이 한데 뒤섞여 "수입 쇠고기 반대! 이명박 반대!"와 "탄핵! 탄핵!"을 외쳤다. 이날 촛불집회를 준비한 '운동본부' 운영자는 "오늘 집회는 생명권을 달라는 저항"이라며 "우리도 예상하지 못한 인원이 와서 놀랐다"고 말했다. 집회에 참여한 강기갑 민주노동당의원은 "자발적으로 모인 국민들의 민심을 직접 보니 가슴이 뭉클하다"며 "이번 기회를 통해 국회에서도 민심을 읽고 부끄러움을 느껴야 할 것"이라

---

4) ≪한겨레신문≫, 2008년 5월 3일-6월 19일자 기사에서 발췌.

고 말했다. 이날 경찰은 35개 중대 3천여명의 병력을 청계광장 일대에 배치해 만약의 사태에 대비했다.

'6월3일': 누리꾼 'histo'가 다음 아고라 자유토론 게시판에 글을 올렸다. "정부 관료와 한나라당 국회의원들이 많이 살고 있는 강남에서 촛불시위를 하면 더 효과가 크지 않을까요." 6월10일로 예정된 '100만 촛불대행진'을 일주일 앞두고다. 상당수 누리꾼들의 댓글은 "아직은 시청 앞 결집이 중요하다"는 의견이 많았다. 그러나 누리꾼 '눈물의 샘'이 올린 댓글은 조금 달랐다. "일요일은 소망교회, 국제 행사 있는 날은 코엑스 앞에서 ……." '강남 촛불 밝히기'의 원형질 아이디어가 축적되기 시작했다.

'6월9일 이후': 논의가 진전됐다. 아무런 반응이 없는 이명박 정부를 보며 누리꾼들은 '국제적 충격'이 필요하다는 생각을 갖게 됐다. "우리의 모습을 세계에 정확히 알려 압박 수위를 높여야 합니다. 16일부터 코엑스에서 각국 인사들이 참가하는 중요한 회의가 있다는 말을 들었어요."(누리꾼 'shiny') 이로부터 이틀 동안 '코엑스 앞 대규모 촛불집회', '서울역 집회 뒤 행진', '시청 앞 광장에 집중' 등 서로 다른 의견이 게시판을 달궜다. 코엑스 앞 집회 찬성론자들은 외신의 이목을 모으고 경찰력을 분산시키며 강남 주민들의 참여를 유도한다는 논리를 내세웠다. 반대론자들은 강남 주민들의 참여가 의심스러운 상황에서 오히려 집회 참가 시민들만 분산될 우려가 있다고 반박했다. 찬반의 팽팽한 추는 10일을 고비로 한쪽으로 기울었다. 누리꾼 '464'가 12일 올린 '16, 17일 강남 코엑스 앞 집회 제안' 글을 8천여 명이 조회했는데, 857명이 찬성을 표시하고 3명이 반대 뜻을 밝혔다. 이때부터 누리꾼들은 행동 양식을 의논했다. 외신과 외국 각료들을 겨냥한 영문 구호가 준비됐다. 'Health Before Wealth'(부귀 이전에 건강), 'Medicare For All'(모두를 위한 의료보험) 등 영문 구호 30여 개가 게시판에 올라왔다. 다른 누리꾼들은 문법의 오류를 댓글로 정정했다.

코엑스 앞 거리 구조에 대한 분석, 물과 간식 보급 방식에 대한 의견 등 수많은 아이디어가 명멸했다.

이상에서 '광우병 쇠고기 수입' 파문으로 촉발된 촛불집회 발단과 정과 그 양상에 대해서 살펴보았거니와, 그 기세는 한동안 기승을 부리다가 '정권 퇴진' 등 정치적인 구호가 추가됨에 따라 6월 10일을 정점으로 소강상태를 보여 주게 되었다.

그런데 여기서 특히 주목되는 것은, 관심 있는 학자들 사이에 촛불집회 참여자들이 보여준 '정보 분석→상황 판단→행동 결정' 등의 도정에서 사회과학적 개념인 '집단 지성'의 실체를 발견할 수 있다는 매우 이례적인 주장이 제기되었다는 점이다. 그들에 의하면, 근대 이후 한국의 주요 사회변동을 이끄는 자리에 지식인들이 빠진 경우가 없었는데, 이번 촛불집회에서는 지식인이 아닌 대중이 운동을 주도하고 있음을 분명히 확인할 수 있다는 것이다. 그리고 여기서 다시 주목되는 것은, 예의 '집단 지성'이 촛불시위를 낳았고, 그 촛불시위를 통해 더 강력한 '집단 지성'이 탄생하고 있다는 주장이다.

이들이 제기하는 논의점을 간추려 소개하면 다음과 같다.[5]

"이성적 군중의 시대가 오고 있다. 시민단체가 주도하는 90년대식 사회운동의 시대가 끝나고, 온라인 토론을 벌이다 이슈가 형성되면 언제든지 오프라인 직접 행동에 임하고, 그 결과를 성찰해 새로운 방향을 찾는 '이성적 군중'의 사회운동 시대가 왔다. 특히 이들 '이성적 군중'이 시민단체는 물론 정당보다 훨씬 강력한 정치적 영향력의 원

---

5) ≪한겨레신문≫, 2008년 6월 19일자.

천이 될 것이다."

(조대엽 고려대 교수: 사회학)

"인터넷이라는 신경망을 통해 개인의 창조적 발상이 또 다른 개인의 창의성을 자극, 촉발하고 있다. 서구 학자인 네그리와 하트가 21세기 새로운 저항의 주체로 '집단 지성'을 거론했는데, 이를 세계에서 가장 먼저 성공적으로 실행한 것이 한국의 촛불시위이다." 그러나 "이명박 정부가 적절한 조치 없이 '집단 지성'이 지치기만 기다리는 가운데 아무런 제도적 해결 없이 이번 일이 끝날 수도 있다. 그런 상황이 와도 진짜 위기에 처하는 것은 대중이 아니라 대중의 뜻을 수용하지 않는 정치체제이며, 대중은 촛불시위를 통해 느낀 즐거움과 기쁨을 온라인과 오프라인에서 앞으로도 계속 반복하려 할 것이다."

(이진경 서울산업대 교수: 사회학)

"근대 이후 지식, 정보의 최고 권위를 상징했던 국가기구조차 넘어서는 힘이 '다중 지성'에게 있다고 본다. 한국의 '다중 지성'이 갖추고 있는 정보 수집, 분석 능력은 과거 공안기관의 수준을 넘어섰다. 과거에는 남들이 어떻게 하는지 쳐다보는 대중만 있었지만, 이제 세계 첨단을 달리는 인터넷에 기초해 각 개인이 분석가, 정치가, 활동가가 됐다." 그러나 "어디로 흐를지 모르는 소용돌이 속에서 계속 새로운 것을 결정하기 때문에 시행착오와 오류에 빠질 가능성이 항상 잠복해 있다. 특히 정보가 제한된 상태에서 소수가 선동하여 특정한 방향으로 대중을 끌고 가면 파시즘 등으로 치우칠 수도 있다. 피동적 '대중'과 능동적 '다중'을 구분하는 것은 개인이 갖고 있는 정보력이다."

(조정환 다중정원 상임강사)

"촛불집회 참여자들은 지식을 생산하는 동시에 향유하는 지식의 프로슈머다. 지식인의 자기성찰이 필요하다. 한국 지성계에는 순수 이론만 추구하거나 상업주의에 영합하는 극단만 있었는데, 시민들은 정보를 창출해 온라인 네트워크에 올리고 다시 시위자로 참여하면서, 진정한 의미의 사회지성의 구실을 하고 있다."

(박명림 연세대 교수: 정치학)

"대중 지성'의 가능성과 함께 '대중 독재'의 위험성을 발견한다. 대중이 지식인이 되고 지식인이 대중이 되는 '대중 지성'의 가능성을 어떻게 더 생산적으로 분출시킬 것인지에 대한 구체전략이 없다면 오히려 시장주의 동원체제에 포섭될 가능성이 높다. 여론 지형의 변화가 이를 판가름할 것으로 본다. 대중은 정보를 비교, 분석할 수는 있지만 정보 자체를 선택할 수는 없기 때문이다. 공중파 방송 등을 권력의 하수인으로 두면서 대중 지성의 토대를 대중 독재의 토양으로 전환시키려는 정치권력의 기획이 진행될 우려가 있다."

(여건종 숙명여대 교수: 영문학)

이상의 인용문에서 보면, 이번 촛불집회에서 표출된 이른바 '집단 지성'의 미래에는 낙관만 할 수 없는 갖가지 걸림돌이 산재함에도 불구하고 큰 맥락에서는 그것이 결국 한국사회의 역동성을 드러내는 또 다른 출구를 발견하게 될 것으로 조심스럽게나마 전망하고 있다. 그리하여 어느 인터넷 전문가의 평가대로 네티즌은 "개체로서 날아오르지만, 전체로서 아름다운 그림을 그리는 천수만 새떼의 모습과 같다"고 하거니와, 그들은 집단 지성의 창출을 위해 "오늘도 이들은 하나의 유기체가 되기 위해 컴퓨터 앞에 앉는다"는 것이다.6)

그러면 여기서 말하는 '집단 지성'이란 구체적으로 무엇을 지칭하는가?

'집단 지성'이란 20세기 초에 생긴 개념으로서, 그것은 원래 곤충학에서 사용하던 용어에 해당한다. 즉, 이 개념의 용례는 당초 개체는 지능이 없지만 전체 무리는 고도의 지능체계를 형성한다는 개미와 같은 군집동물의 생태를 설명하는 데 원용되었다. 그러다가 안토니오 네그리와 마이클 하트가 저술한 『다중』(2004)에서 '떼 지성'이라는 용어로 개념을 확장했다. 여기서 저자는 "분산된 네트워크는 떼를 이뤄 적을 공격한다. 무수한 독립적 힘들이 모든 방향에서 특정 지점을 가격하고 주위 환경 속으로 다시 사라진다. 네트워크는 명령을 내리는 중심이 없다. 그러나 그것은 실제로는 조직적이고 합리적이며 창의적이다. 따라서 네트워크는 떼 지성을 지니고 있다."고 함으로써 이를 디지털세계에 적용하게 되었다.[7]

이와 같은 '집단 지성'이 실생활에 적용된 것은 '위키백과'(wikipedia)로서 이것은 인터넷 기술을 기반으로 집단 지성이 이룰 수 있는 좋은 사례에 해당한다. 여러 명의 서로 다른 지성적 존재들이 함께 힘을 합쳐 백과사전을 만들어 가는 것으로서, 여기서는 단순히 지적 결과물을 만들어 내는 데 그치지 않고 상호 작용을 통한 내용의 확대와 확인, 그리고 연결이 유기적으로 발생한다. '위키백과'의 사용자들은 서로 독립적이며 다양한 배경을 가지고 있고 기존의 사회처럼 위계질서가

---

6) 진중권, 「촛불집회 평가」, ≪겨레신문≫, 2008년 6월 18일자.

7) '집단 지성' 개념의 사회과학적 함의와 그 중심적 논리에 대한 상세한 논의는, 피에르 레비(지음), 권수경(옮김), 『집단 지성: 사이버 공간의 인류학을 위하여』(문학과 지성사, 2003), 안토니오 네그리·마이클 하트(저), 조정환·정남영·서창현(역), 『다중: 제국이 지배하는 시대의 전쟁과 민주주의』(세종서적, 2008) 참조.

명확하지 않다. 어느 정도 평판과 상호 평가에 의해 운영되지만 내용의 접근, 편집에 대해 거의 제한이 없다. 그러나 여기서는 비교적 엄격하게 내용을 검사하고 상호 비판을 통해 정리해 나가기도 한다. 이들의 목적은 자신의 만족과 동시에 이러한 집단 지성적 결과물을 공동 창출하는 데 있으며 특별한 이익과 이해를 위해 일하지 않는 점이 특징이다. 결과적으로 이를 통해 단시간에 기존의 백과사전을 대체하고 있으며 속도와 내용 면에서 비약적인 발전을 이룬다는 것이 '위키백과'의 큰 장점이라고 할 수 있다.[8]

이상에서 '촛불문화제'를 통해 사회적 지평에 표출된 디지털 포퓰리즘에 대해서 살펴보았거니와, 이러한 현상은 인터넷 포털 사이트와 전자우편, 휴대전화와 같은 디지털 기기를 매개로 현실세계에 적용된 IT산업 선진국 특유의 문화현상이라고 할 수 있다. 따라서 그것은 한국사회의 발달된 인터넷문화로 인해 발생한 사이버 공간의 집단 지성에 대한 좋은 예에 해당한다. 인터넷 사용자들 개개인은 권력과 정보력, 지식적인 측면에서 정부와 거대언론들에 비해 상대적으로 영향력이 미약하지만 사이버 공간을 통해 자유로운 소통과 의견교환, 토론을 통해서 정부와 거대언론을 통제하는 거대한 권력으로 성장하게 되었다. 이슈에 민감하고 인터넷의 감정적인 성향에 의해 지속적이지 못한 것이 통폐이며, 또한 거짓정보와 선동에 약한 면모를 보이는 것이 단점이지만, 그럼에도 불구하고 그것은 이상

---

8) 그러나 『위키피디아』 한국어판에서는 2008년 6월 '촛불집회'와 관련한 누리꾼의 참여를 일시적으로 금지하면서 '냉각기간'이 필요하다는 진단을 내린 바 있다. 여기서는 '논리적 집단 지성'보다 '감정적 독선과 증오'가 두드러지는 한국 인터넷의 문제점이 예의 고려된 결과라고 할 수 있다. ≪동아일보≫, 6월 13일자 사회면 참조.

적인 민주주의의 실현에 매우 친화력이 있다는 측면에서 약이 될 수
있다. 발달된 인터넷을 기반으로 개인들 사이의 커뮤니케이션이 용
이해짐으로써 여기서 형성된 집단이 언론에 비할 만한 정보력과 거대
이익집단에 비할 만한 힘을 갖게 된다면 그것은 형해화한 대의민주주
의의 한계점을 보완할 수 있는 직접민주주의의 부활을 예고하는 좋은
사례가 될 것이다. 이에 대해서는 뒤에 다시 살펴보기로 한다.

3. 촛불집회와 디지털 포퓰리즘의 양가성: 그 문명사적
   함의

촛불집회를 통해서 사회적 지평에 표출된 디지털 포퓰리즘은 전혀
새로운 현상으로서 한국사회에 실로 엄청난 충격을 주게 되었다. 특
히 '6·10 촛불집회'에 100만이 운집한 것은 1987년 '6월 항쟁'의
기억과 상징이 큰 역할을 했지만 그와는 다른 점이 많았다. '다음
아고라'를 위시한 인터넷 공간을 통해 전혀 새로운 '네트워크 민주
주의'의 출현을 보여 주었기 때문이다. 이러한 사실은 촛불시위가
절차적 민주주의 수준에서도 단지 '87년체제'의 회복이라기보다 '더
많은 민주주의'를 요구한다는 성격을 보여 주었고, 그것은 또한 쇠
고기 이슈가 한·미 FTA와 같은 성질의 문제라는 인식과 더불어,
대운하·학교자율화·영어몰입교육·의료보험 민영화·공공서비스 민
영화 등 다른 이슈들과 결합하면서 더욱 명백해지게 되었다. 그리고
여기서 특히 주목되는 것은, 환경·소비·교육 등 종래에는 정치적

이지 않았던 이슈들이 '정치화'되는 양상을 보여 주고 있다는 점이
다. 기성 정치영역도 아니면서, 그렇다고 해서 개개인의 생활문제로
환원되기 어려운 '제3영역'이 '정치화'되고 있기 때문이다. 결국 촛
불시위는 국민투표를 통한 1회성 선출방식, 정치인과 행정관료들에
의해 '위임된' 정치의제 설정과 시민영역 간의 괴리를 극명하게 보
여 주게 되었다.[9]

그러나 '6·10 촛불집회'의 성공적 개최는 그 주도세력의 정치적
성향과 의도가 이를 계기로 드러나게 됨에 따라서 오히려 사회적 위
구심과 경각심을 불러오게 되었다. 그 대표적인 사례를 예시하면 다
음과 같다.

먼저, '경실연' 사무총장을 역임한 바 있는 서경석 목사는 변영주
감독과의 '촛불시대'에 관한 토론(2008. 6. 19.)에서, "시위에 건강한
시민들이 많이 참여했지만 순수한 시위로만 보진 않는다. 시위 시작
때부터 '광우병 괴담' 등 여론을 조작해 퍼뜨리는 작업이 있었고 일
부 언론의 과장 왜곡보도가 있었다. 광우병 국민대책회의 지도부는
대부분 진보연대 사람들이다. 평택에서 미군철수를 주장하며 비무장
한 군인을 쇠파이프·각목으로 공격해 수십 명을 다치게 했던 세력
이다." "정부가 자꾸 군불을 때서 토론조차 못 하게 되는 상황을 만
드는 실수를 했다는 데에 동의한다. 하지만 촛불집회에서 나오는 교
육개혁, 의료보험, 공기업 민영화 등 여러 이슈는 국민적 토론을 거
쳐야 한다. 길거리에서 이해 집단들이 '이 기회다' 하고 몰고 가는

---

9) 양현아, 「촛불집회, 차이와 공공성의 새로운 가능성」, 경향신문사주최 긴
급시국대토론회: 촛불집회와 한국민주주의, 서울, 경향신문사, 2008. 6.
16, P.8.

건 바람직하지 않다"고 비판하고 있다.[10]

그리고 소설가 이문열은 이보다 앞서 6월 17일의 〈평화방송〉 라디오 시사프로 '열린 세상 오늘'에 출연, '광우병 국민대책회의'가 6월 20일까지 정부의 재협상 발표가 없을 경우 '정권퇴진운동'도 불사하겠다고 한 것과 관련해서 쇠고기 수입 반대 촛불집회를 지칭하여 "불장난을 오래 하다 보면 결국 불에 데게 된다. 촛불장난도 너무 오래 하는 것 같다."고 전제하고, "합법적으로, 그것도 압도적인 표차로 당선된 정부의, 아직도 시행하지 않은 정책들을 전부 꺼내가지고 반대하겠다고 하면서 촛불시위로 연결하는 것은 집단난동"이라고 규정, "의병이라는 것은 국가가 외적의 침입을 받았을 때뿐 아니라 내란에 처했을 때도 일어나는 법"이라며 촛불집회의 반작용으로서 일종의 의병운동 같은 반대여론이 일어나야 한다고 주장하고 있다.[11] 그러나 그는 당초에는 촛불집회를 통해 표출된 국민적 요구의 역동성에 관심을 피력한 바 있다.

또한 홍준표 의원(한나라당 원내대표)은 국회에서 열린 원내대책회의(6. 27.)에서 "광우병 대책회의의 실체를 들여다보면 그들의 주장은 국민 건강을 빙자한 반미에 있다"면서 "촛불집회를 주도하는 대책회의에는 진보연대·참여연대·민노당 등이 참여하고 있지만 핵심 세력은 대선을 앞두고 출범한 남북공동연대 등 진보연대"라고 하면서, "진보연대는 과거 민주주의민족통일 전국연합, 한반도 통일연대, 전국민중연대 등을 계승 통합한 골수 반미단체"로서 "반미를 신앙처럼 생각하는 단체"라고 전제하고 "이름을 바꾸며 주도해 온 이

---

10) ≪중앙일보≫, 2008년 6월 19일자.
11) ≪연합뉴스≫, 2008년 6월 20일자.

들의 반미 활동은 국가보안법 철폐, 평택미군기지 확장 반대, 매향리 사격장 폐쇄 등이고, 오종렬, 한상렬 등은 효순·미선 범대위, 맥아더동상 철거, 한미 FTA 반대를 주도한 분들"이라고 비판하고 있다. 그리고 그는 이어서 "지금 시청 앞 광장이 해방구로 되고, 광화문이 무법천지 해방구로 돼 있다"고 전제하고 "이런 일은 더 이상 있어서는 되지 않는다."고 비판하고 있다.12)

이상에서 촛불집회에 대한 위구심과 경각심에서 제기된 부정적 시각의 논의점을 간추려 보았거니와, 그것은 1980년대 이후의 민주화 과정에서 한동안 한국사회를 풍미한 적이 있는 이른바 친북·반미 성향의 '민중론'의 부활을 염두에 둔 것으로 보인다. '민중론'은 주지하듯이 1970년대 유신체제기를 거치는 동안 권력층의 '국가지상주의'에 대항하기 위한 반체제운동'의 규범적 요구를 대변하면서 대두된 것으로서, 여기서는 '민중'이 '민족'의 주체라고 단정하는 규범적 입장을 취한다. 그리고 여기서는 '민족해방', 또는 '외세로부터의 해방과 더불어 지배계급으로부터의 해방'이라는 명분논리에 입각하고 있기 때문에 그러한 논리를 교조적으로 내세우는 경우에는 현실적으로 심각한 자가당착에 빠지게 마련이다. 예컨대, '민중'이 '민족'의 전부가 아니고 일부임에도 불구하고 그들의 특수한 처지와 의식상의 정통성을 내세워 민족을 대표한다고 주장하는 경우, 그 대표성은 대표된 사람들의 동의나 위임을 받았을 때만 가능한 것인데, 이 경우 '민중'에 포함되지 못한 개인이나 집단은 민중의 '적'이거나 적어도 민중과 이익의 갈등을 가졌기 때문에 민중에 의하여 대표되는 것에,

---

12) ≪연합뉴스≫, 2008년 6월 27일자.

또는 '민중'이 민족을 대표한다는 것에 임의로 동의할 것을 기대할 수 없다. 그러므로 민주화의 과제를 '민족지상'의 규범적 요구와 연계시켜 주장하는 민중론은, 특히 1980년대 이후의 민주화과정에서 한동안 한국사회를 풍미하는 양상을 보였지만, 그 대표성을 특정 세력이나 계층에 국한시켜 교조적으로 규정하는 편의적 성격을 드러냄으로써 민족의 규범과 민주적 절차 규범 사이에 논리적 모순을 야기하는 딜레마에 봉착하고 말았다.[13]

어쨌든, 2008년 6월 현재. 도심의 촛불집회에서 민중동원의 주체는 광우병 국민대책위원회라고 하지만 그것은 지금까지 각종 시위를 주도했던 세력들이 배후를 형성하면서 시민대중의 참여를 유도하고 있다. 유모차에 아이를 태우고 나온 가정주부들이 있는가 하면 아무 문제의식도 없는 것 같아 보이는 가장들이 자녀들의 손목을 붙잡고 나와 참가하고 있고 길거리에서 친구들과 어울려 술판을 벌이는 사람들도 있고 촛불다방이 도처에 개설되어 시위인지 문화행사인지를 헷갈리게 하는 신형 시위문화가 펼쳐지고 있다. 문화제라는 명분에 걸맞은 장치나 유모차, 술판, 가장들의 손목을 잡고 시위에 참여하고 있는 자녀들과 아낙들의 모습은 경찰들의 강경진압의 명분을 약화시키고 있다.

그러나 촛불집회를 통해 표출되는 디지털 포퓰리즘을 부정적으로 보는 입장에서는"양이 축적되면 질적 변화가 일어나도록 유도된다." 는 변증법 논리대로, '광우병'에서 '이명박 퇴진'으로 구호가 바뀌고

---

13) 이러한 관점에서 민중론의 이데올로기적 성격을 분석적으로 고찰하고 있는 선례는, 이홍구, 「한국민족주의를 위한 기초적 사고」, 『효강 최문 환박사 추념논문집』(1973), pp.377-408.

문화제는 도시 게릴라전의 양상으로 바뀌면서 쇠파이프가 등장할 것으로 우려하게 마련이다. 그리하여 급기야는 배후가 잘 보이지 않는 중고생들, 한총련이 동원하는 대학생들, 그리고 민노총이 지휘하는 노조투사들이 정권퇴진투쟁의 주력군으로 전환되면서 결국 평화적 시위를 위장한, 문화행사를 위장한 비합법적 정권퇴진투쟁으로 확대되지 않으리라는 보장이 없는 것으로 믿고 위구심과 경각심을 갖게 마련이다.

디지털 포퓰리즘의 강점은 무엇보다도 효율적인 통신수단을 이용한 대규모 대중동원력(mass mobilization)이다. 여기서 동원된 대중은 네티즌(netizen)이라는 공통점이 있다. 과거에는 시간적 지리적 제한으로 인해 대중을 단기간에 대규모로 동원하는 것이 불가능하였다. 대의제가 민주주의의 기본원리가 된 것도 이러한 이유 때문이었다.

디지털혁명은 이러한 문제를 일시에 해소하였다. 인터넷과 전자우편, 휴대전화 등의 디지털 기기가 이러한 문제를 해소하는 수단이 되었다. 2002년 서울 월드컵 경기를 전후하여 일반화되기 시작한 대규모 대중동원은 이제 완전히 일상화되었다. 각종 중요한 국제 경기가 열릴 때마다 수만 명의 관중이 한자리에 모이는 일이 다반사가 되었다. 급기야 2008년 이명박정부가 들어서고 미국산 쇠고기 수입제한을 철폐하게 되자 이에 반대하는 촛불시위에 수만 명의 대중이 일시에 모여드는 장면이 연출되었다.

그런데 촛불집회에 참가하는 네티즌의 성격을 두고 논의가 분분하다. 한쪽에서는 정치적 색채가 있는 불순세력으로 규정하고 또 어떤 쪽에서는 순수한 뜻을 가지고 참여한 시민이라고 한다. 그런데 이들의 공통점은 거의가 사이버 공간에서 활동하는 네티즌이라는 점이다. 그러나 사이버 공간이란 현실과 동떨어진 별개의 세계가 아니듯이 네티즌도 현실의 대중과 별반 다르지 않다. 이런 점에서 보면 촛불시위 참가자를 보는 시각은 현상의 일부를 전체인양 각기 임의로 과장할 가능성이 높다.

촛불집회에 참여하게 된 것은 개개인이 나름대로의 의사를 표현하려고 한 것이므로 거기에 정치적 색체가 개재함은 분명하다. 동시에 그것은 이들이 외치는 구호에서 보이듯이 무해한 먹을거리를 먹겠다는 순수한 개인의지의 표현이기도 하다. 이 둘을 나누는 것부터가 문제이다. 이런 맥락에서 볼 때, 촛불집회에 참여하는 이들의 성격을 규정하는 논의는 엄밀한 의미에서 집회 자체를 어떤 특정한 정치적 입장에서 임의적으로 해석하여 자신의 입장을 정당화하려는 경향이 결부되게 마련이다. 대중동원에 유리한 여러 가지 디지털 환경으로 인해 결집 속도가 빨라지고 규모가 커졌다는 차이는 있지만 여기에 참여하는 개개인의 입장은 본질적으로 '현실적'인 것이므로, 이들의 요구가 적절한 방식으로 정리되지 않으면 언제나 사회불안을 야기하는 요소가 될 수 있다. 따라서 중요한 것은 이들의 요구를 수렴해서 사회발전을 위한 동력으로 결집시키는 대안을 어떻게 모색하느냐이다.

여기서는 그 대안 모색에 앞서 먼저 그 문명사적 배경부터 확인해 보기로 한다.

디지털문명이란 산업혁명이 이룩한 아날로그문명을 바탕으로 출범됐지만 그 성격은 매우 다르다. 디지털문명의 특징을 임혁백은 다음과 같이 집약하고 있다.[14]

---

14) 임혁백, 『세계화시대의 민주주의』(나남, 2001), pp.182-185.

첫째로, 디지털문명은 물리적 영토국가가 가지는 시간적·공간적 제약을 해제시키고 있다. 국민국가(nation state)체제가 국민·영토·주권이라는 세 가지 요소에 의해 이루어졌지만, 여기서 디지털 문명은 그러한 국가 구성요소의 성격에 큰 변화를 주었다. 가상공간에서 빛의 속도로 정보를 주고받는 것이 실현됨으로써, 정보 교환에 소요되는 시간적·공간적 제한은 거의 의미가 없어지게 되었다. 과거의 아날로그 통신망에서 정보의 흐름은 현실세계에서의 활동을 보조하는 것이었지만 정보통신혁명을 가져온 디지털통신망은 현실세계의 모든 것을 대체할 수 있는 수준에 이르게 되었다. 따라서 예컨대 전자상거래, 전자투표, 재택근무 등 현실세계에서 이루어지고 있는 인간의 모든 활동을 사이버 공간에서도 할 수 있게 된 것이다.

둘째로, 대의민주주의(representative democracy)가 완전히 해체된 것은 아니지만, 시민이 공공정책 결정에 '직접 참여'할 수 있는 길이 급속히 확대돼서 전자민주주의의 가능성에 대한 기대가 높아지게 되었다. 18세기 후반부터 시민정부 옹호론자들은 민주주의 실현을 위해서는 대의제가 불가피한 것으로 생각하게 되었고, 따라서 민주주의와 대의제의 결합을 역사상 최대의 발명품으로 여겼다.[15] 그리하여 오늘날 민주주의는 대의민주주의와 동일시되고 있는 것이다.

그러나 산업사회가 진전되면서 대의민주주의도 자본의 힘과 더불어 갖가지 다양한 정치세력과 이익단체들이 대두됨에 따라 점차 잠식돼서 본래의 기능을 상실하게 되었다. 정부는 시민의 다양한 욕구와 의사를 효과적으로 수용·집약하지 못하여 시민의 불만을 고조시

---

15) 로버트 A. 달 지음, 이만희 옮김, 『다원민주주의의 딜레마: 자율과 통제』 (인간사랑, 1990), p.19.

켰고, 정부도 불만이 고조된 시민을 대상으로 효과적인 국정 수행이 힘들어지게 되었다. 요컨대, 대의민주주의의 정당성과 효율성이 한계에 이르게 된 것이다.16)

　이러한 상황에서 인터넷을 매개로 현실세계와 연계하면서 전개되는 각종 사회·정치운동은 직접민주주의의 새로운 형태라고 언급되기도 한다. 여기서는 각종 디지털 기기를 통해 정치세계에서 구성원의 참여가 현저히 두드러지게 마련이거니와, 이러한 현상을 종래의 '통치'(government) 개념과 구분하여 '거버넌스'(governance)라고 개념화해서 지칭하기도 한다.17) 디지털 문명의 대두에 따라 새로이 제기된 이러한 현상은 전통적인 국가 중심의 정책결정 체제에 근본적인 변화가 도래하고 있음을 의미한다. 정책 결정은 전통적으로 정부의 '독점 영역'으로 간주되어 왔지만, 이제는 기업을 비롯한 사적 영역과 시민사회가 함께 참여하여 '함께 결정하는' 영역으로 전환되고 있는 것이다. 이와 같은 문명사적 변화양상을 주성수는 다음과 같이 구분하고 있다.18)

16) 이동수, 「디지털시대의 토의민주주의」, 『철학연구』, 64집(2004), p.73.
17) 임혁백, 「21세기 한국정치의 비전과 과제」, 『IT의 사회·문화적 영향연구: 21세기 한국메가트렌드 시리즈』(정보통신정책연구원, 2004), p.11.
18) 주성수, 「지식정보사회의 참여와 거버넌스」, 한국정신문화연구원(편), 『인본주의와 지식정보사회』(집문당, 2005), p.172.

구 분	아날로그시대의 정치 (government)	디지털시대의 정치 (governance)
민주주의 형태	대의 민주주의	참여 민주주의
시민의 역할	수동적 소비자	능동적 파트너
정치의 운용방식	홍보, 대중	1:1 개인 접촉
국가의 범위	민족 국가적 영역	글로벌, 지역적
문화의 범위	단일문화	사이버, 다문화적

출처: Tapscott, D. and Agnew, D., *Governance in the Digital Economy, Finance and Development*(1999), p.35, 주성수, 위의 논문, p.172.

이상에서 디지털 문명의 대두에 따른 정치세계의 변화양상에 대해서 살펴보았거니와, 이제는 바로 이러한 문명사적 변화양상에 주목하여 촛불집회에서 표출된 디지털 포퓰리즘 현상의 대안으로서 어떤 것이 있는지를 탐색해 볼 필요가 있을 것이다.

이러한 맥락에서, 여기서는 먼저, 정부 및 의회와 정당을 포함하는 제도권의 테두리 안에서 이루어지는 정치와 촛불집회와 같은 '거리의 정치'의 접목 가능성을 타진해 보기로 한다.

주지하듯이, 한국사회에서 정당은 시민사회의 다양한 의사들이 결집되는 지점이며, 국회는 바로 그 정당들이 활동하는 제도권의 정치공간이다. 정당이 물론 시민사회의 의사를 모두 반영할 필요는 없을 것이다. 의회 밖의 공론장에서는 하나의 이슈에 대해 복수의 견해들이 존재할 수 있기 때문이다. 그러나 어떤 복수의 견해들이 의회 내의 공론장을 경유하면서 정당성을 갖는 법안으로 법제화된다는 점에서 시민사회와 정당정치, 다시 말해서 '거리의 정치'와 '제도의 정치'는 생산적인 긴장 및 협력관계를 유지할 필요가 있다.

이러한 맥락에서 김호기는 향후 한국사회의 바람직한 민주주의의 모형으로서 하버마스가 말하는 '쌍선적 심의정치'를 제의하고 있다.[19] 쌍선적 심의정치란 의회 안의 '내부 공론장'과 의회 밖의 '외부 공론장'이 활발한 의사소통을 통해 생산적인 긴장과 협력관계를 유지하는 정치를 말한다. 한국사회에서 이 쌍선적 심의정치가 활성화되기 위해서는 무엇보다도 정당이 더욱 현대화되는 동시에 정당정치가 더욱 제도화되어야 한다. 그리하여 정당과 시민단체가 국가와 시민사회 사이의 생산적인 매개자로서의 역할을 담당하게 될 때 한국 민주주의의가 공고화되는 시간이 훨씬 앞당겨질 수 있을 것이다.

쌍선적 심의정치의 활성화를 위한 전략으로서 김호기는 위에서 잠시 언급한 '거버넌스'를 제시하고 있다. 종래의 국가우위시대와는 달리 오늘날에는 시민사회의 동의를 구하지 않은 정책이 실효를 거두기가 결코 쉽지 않다. 특히 정보사회의 진전은 시민사회의 참여를 비약적으로 증대시켰고, 그 결과 '오프라인 공론장'은 물론 '온라인 공론장'이 정책결정에 직접·간접적으로 큰 영향을 미치고 있다. 이러한 상황은 무엇보다도 과거의 통치와 달리, 국가와 시민사회가 함께 협의하고 결정하는 거버넌스를 요청하고 있으며, 시간이 다소 걸리더라도 이런 거버넌스 모형을 모색하는 것은 현재 한국사회가 풀어야 할 가장 절실한 과제가 될 것이다. 요컨대, 거버넌스는 한국사회가 민주화 시대에서 세계화 시대로 변천해 오는 과정에서 누적된 오래된 갈등과 새로운 갈등을 해결할 수 있는 대안이자, 생활정치·참여정치·위험정치·인정정치·가치정치의 등장에 대처할 수 있는

---

19) 김호기, 「촛불집회, 거리의 정치, 제도의 정치: 서울 광장에서 그람시와 하버마스를 다시 읽는다」, 경향신문사주최 긴급시국대토론회: 촛불집회와 한국민주주의, 서울, 경향신문사, 2008. 6. 16, p.9 – 10.

새로운 의사결정 및 소통방식으로 평가될 수 있을 것이다.[20]

회고하건대, 1990년대 한국사회에서 시민사회의 형성·발전에 가장 중요한 기여를 한 것은 시민운동을 주도하는 시민단체의 등장이었다. 시민단체는 상근 스태프 중심으로 운영된다는 조직특성에 비추어 '제3의 결사체'에 해당한다. 이에 비하여 2000년대에 접어들어 한국 시민사회를 재구조화하는 데 중요한 역할을 수행한 요소는 '온라인 공론장'을 비롯한 디지털세계의 다양한 '커뮤니티'이다. 토론방·까페·블로그 등 인터넷을 매개로 한 '전자적 대중'은 2000년대 이후 가장 역동적인 시민으로 등장하였다. 소속의식은 있어도 구속력이 미약한 '유연자발집단'은 온라인에서 토론을 통해 문제를 공유하고 '오프라인'에서 '시민행동'으로 연결한다. 불연속이나 관례적인 정치참여의 새로운 방식으로 자리 잡고 있다. 이슈·규모·활동공간의 무제약성 등 시민단체가 갖는 직접행동의 한계를 극복한 새로운 성격을 갖는다는 점에서 이들은 '제4의 결사체'에 해당한다.[21]

이상의 맥락에 비추어, 촛불집회를 통해 표출된 디지털 포퓰리즘 현상은 시민단체를 통한 참여의 정치와 '제4의 결사체'를 통한 공론 형성·직접행동의 정치가 한국사회에서 참여민주주의의 새로운 가능성을 보여 주고 있는 것으로 평가해야 할 것이다.[22] 촛불집회를 통

---

20) 김호기, 위의 글.

21) 조대엽, 「2008년 촛불집회와 '제4의 결사체'」, 경향신문사주최 긴급시국대토론회: 촛불집회와 한국민주주의, 서울, 경향신문사, 2008. 6. 16, p.10-11.

22) 이러한 맥락에서 포퓰리즘은 민주주의 자체의 대립물이라기보다는 대의제 민주주의의 한계를 극복하려는 두 방향의 시도(참여민주주의와 포퓰리즘) 중 하나에 해당한다고 볼 수 있다. 이에 대한 보다 상세한 논의는, 김일영, 「민주화, 신자유주의적 포퓰리즘, 그리고 한국: 김대중 정권과 노무현 정권을 중심으로」, 철학연구회(편), 『디지털시대의 민주주

한 시민행동이 비록 자기 제한적이기는 하지만 그것이 제도정치를 강하게 압박하고 나아가 제도의 개방을 얻어 낼 수 있는 참여민주주의의 한 축으로서 작동될 수 있는 역동성을 획기적으로 보여 주었기 때문이다.

그럼에도 불구하고, 포퓰리즘은 정치적으로 근본적인 한계점이 있음을 주목할 필요가 있다. 그것은 정치적 의사형성에 있어서 체계성과 전문성을 갖기가 극히 어려우므로 지도자의 카리스마나 집단적 자발성에 의존해야 하고 이것이 응집력의 약화를 야기해 지속성을 갖기가 어렵기 때문이다. 따라서 그것은 민주주의정치가 내실화되면 거의 자동적으로 약화되고, 이와 반대로 민주주의정치가 부실화되면 자연발생적으로 다시 소생하는 경향이 있다.[23]

4. 결 론: 촛불집회·디지털 포퓰리즘의 전도와 정치적 소통 부재 해소 방향

한국사회는 전통적으로 소통문화가 부족하지 않음에도 불구하고 분단, 전쟁, 압축적 산업화, 지역갈등, 세대갈등 등으로 인해 불신의 사회가 되었고, 사회적 불신은 사회적 소통, 정치적 소통을 차단, 그것이 누적되어 오늘날에는 소통 부재의 총체적 난국을 이루고 있다.

의와 포퓰리즘』(철학과 현실사, 2004), p.198-199 참조
23) 홍윤기, 「포퓰리즘과 민주주의: 한국사회의 포퓰리즘 담론과 민주주의의 내실화과정을 중심으로」, 철학연구회(편), 위의 책, p.332.

특히 정치권에서는 그동안 정치지도자들이 자신의 정치적 목적에 따라 임의적으로 정당의 창당·해체·분당, 재창당을 반복해 왔고, 이에 수반하여 정치인들도 이데올로기적 노선이나 정책적 선호와는 관계없이 보스의 움직임에 따라 이합집산을 반복해 왔다. 그리고 정당지도자들은 지지자와의 정기적인 협의과정을 밟지 않은 채 정당을 편의에 따라 옮겨 다님으로써 국민적 신뢰를 상실한 지 오래되었다. 게다가 정치적 승자는 권력을 장악한 이후 정당 간 공조·합당, 의원 빼내오기와 같은 인위적 정계개편 시도를 빈번히 보여주었고, 그때마다 야당의 반발을 불러옴으로써 정치적 공존의 틀이 파괴되는 경우가 많았다. 그래서 한국의 정치세력들은 민주화 이후에도 국리민복을 위해 경쟁하는 제도정치권 내의 동반자가 아니라 서로가 상대의 존재를 부인하는 적대집단인 양 극단적 대결양상을 보여 주고 있다.[24)]

그러나 한국사회를 풍미하는 불신의 원천은 정치권뿐 아니라 시민사회에서도 확인할 수 있다. 한국사회에는 무엇보다도 차이를 인정하는 다원주의에 인색하다. 남과 북, 영남과 호남인들이 서로 다를 수 있다는 것을 인정하지 않으면서 서로를 존중하지 않고 자신의 생각과 기준만을 상대방에게 강요할 때 상호신뢰를 바탕으로 하는 상생의 질서는 설자리가 없어지게 마련이다. 우리의 시민사회에 미만해 있는 신뢰결핍 현상은 지역주의와 냉전적 색깔론에 의해 더욱 심화되고 있다.

민주화 이후 민주 대 반민주 구도가 사라진 자리에 지역적 대결

---

24) 임혁백, 「한국정치에서의 소통」, 『평화연구』, 제16권1호(고려대학교 평화연구소, 2008), p.16−17.

구도가 형성되었다. 정치인들은 타 지역과의 대결구도를 전제로 지역적 정체성을 악용함으로써 시민사회에 지역적 구획에 따라 상호불신을 조장하였다. 이러한 상황 하에서 한국사회에서는 언젠가부터 대화와 토론이 아니라 반토론적인 '거리의 정치'·'집단 시위의 정치'를 통해서 문제를 해결하려는 경향이 자주 기승을 부리게 되었으며, 그러면 그럴수록 공론 형성이 지극히 어렵게 되었다.[25] 촛불시위에서 표출된 민의가 효과적으로 공론화되기 어려운 것도 바로 이러한 사회적 상황의 소산이거니와, 따라서 한국사회는 지금 소통 부재의 총체적 위기상황을 드러내고 있다.

그러면 이러한 위기상황은 어떻게 타개할 것인가?

우선, '촛불집회의 미래형'에 대한 전문가들의 논의부터 살펴보기로 하면, 여기서 표출된 민의, 정치적 욕구가 제도정치·정당정치를 통해 수렴되어야 한다는 당위론에 대해서는 논자들 간에 별다른 이견이 없었지만, 예의 '거리의 정치'와 '제도정치'의 상관관계에 대해서는 상당한 이견을 보여주었다. 여기서는 양자의 병행론과 더불어 '거리의 정치'를 '일탈'이 아니라 '정상'으로 보는 시각을 전제로 이를 '정례화'하는 모형 개발을 통해 민주주의를 새롭게 발전시키는 동력으로 활용해야 한다는 견해가 제기되었고, '거리의 정치'를 '제도정치'의 하위 개념으로 보는 인식에 대해서는 강한 반론이 있었다.'[26]

이상에서 이명박정권의 출범과 더불어 한국사회에 표출된 '촛불집

---

25) 임혁백, 위의 논문, p.18.

26) 경향신문사 주최 촛불집회 토론회, 「토론중계: ① 거리정치냐 제도정치냐·② 촛불집회 어디로·③ 촛불집회의 의미·⑤ 촛불집회의 한계」, ≪경향신문≫, 2008년 6월 16일자.

회'의 전도에 대한 전문가들의 견해를 살펴보았거니와, 그것은 궁극적으로 한국사회에 누적된 소통 부재 현상의 불식을 위한 소통의 정치를 통해서만 해소될 수 있음을 확인할 수 있다. 이런 맥락에서 여기서는 소통의 정치 실현을 위해 피해야 할 인식태도를 베이컨(F. Bacon)이 말하는 '4가지 우상'27)을 빌려 지적하고 있는 임혁백의 논의28)를 주목해보기로 한다.

먼저, 한국사회에서 '종족의 우상'은 다른 나라에 비해서 상대적으로 미미하다. 단일민족에 더하여 종교 간의 화해가 이루어지고 있기 때문이다. 그러나 지역주의는 한국인에게 종족의 우상과 같은 존재로서 이것이 민주화 이후 한국정치의 판도를 규정하는 결정적 요소가 되었으나, 이번 대선에서는 상당히 완화되었다.

종족의 우상이 약화되고 있는 것과는 달리 다른 우상들은 여전히 활개를 치고 있다. 그중에서도 "특히 진실을 제대로 전달한 정치인은 죽고, 거짓을 진실처럼 이야기하는 정치인은 승하고, 국민들은 허위를 진리처럼 믿게 하는 세력에 굴복하는 '동굴의 우상'이 진리를 빙자하며 정치판을 어지럽히고 있다."

여기에 더하여 언어가 혼란스럽고, 말이 권위를 상실하고, 쌍방향 소통이 없는 '장돌뱅이' 정치가 판을 치는 '시장의 우상'이 공공성의 정치를 압도하고 있다. 실제로 시장은 우상이다. 모든 정치인이 시장을 살아 있는 신으로 숭배하는 '시장의 우상'은 이미 우리 내부에

---

27) 베이컨은 합리적 선택과 판단을 방해하는 4가지 우상으로서, '종족의 우상'(idols of the tribe), '동굴의 우상'(idols of the cave), '시장의 우상'(idols of the market), '극장의 우상'(idols of the theatre)을 지적하고 있다. F. Bacon, *Novum Organum*(1620).

28) 임혁백, 앞의 논문, pp.28 - 29.

정착하고 있다.

또한, 가짜를 진짜처럼 꾸미고, 가짜가 진짜처럼 행세하고 정치를 쇼처럼 하며, 정책보다는 이미지의 정치를 펴는 '극장의 우상'이 판을 치고 있다. 그람시가 말하는 이른바 '바보들의 행진'(marche de dupes)이 21세기의 한국에서 일어나고 있다.

이러한 우상이 판을 치고 국민들의 마음을 붙들고 있는 한 공공선을 향한 진정한 정치적 소통은 이루어지지 않는다. 따라서 한국사회가 이처럼 '우상의 정치'의 미몽에서 벗어나는 것이야말로 공론 형성과 공공성 회복을 위해 요구되는 필수 과제라고 할 것이다. <끝>

참고문헌

김수진, 「촛불집회, 정당정치, 그리고 대의민주주의」, 경향신문사 주최 긴급 시국 대토론회: 촛불집회와 한국민주주의, ≪경향신문≫, 2008년 6월 16일자.

김일영, 「민주화, 신자유주의적 포퓰리즘, 그리고 한국: 김대중 정권과 노무현 정권을 중심으로」, 철학연구회(편), 『디지털시대의 민주주의와 포퓰리즘』(철학과 현실사, 2004), pp.190−224.

김호기, 「촛불집회, 거리의 정치, 제도의 정치: 서울 광장에서 그람시와 하버마스를 다시 읽는다」, 경향신문사 주최 긴급 시국 대토론회: 촛불집회와 한국민주주의. ≪경향신문≫, 2008년 6월 16일자.

김호기, 「촛불집회에 관한 강연」, 국가경영전략연구원 주최 강연회(국가경영전략연구원, 2008. 6. 18).

로버트 A. 달 지음. 이만희 옮김. 『다원민주주의의 딜레마: 자율과 통제』 (인간사랑, 1990).

안토니오 네그리 · 마이클 하트(저), 조정환 · 정남영 · 서창현(역), 『다중: 제국이 지배하는 시대의 전쟁과 민주주의』(세종서적, 2008).

양현아, 「촛불집회, 차이와 공공성의 새로운 가능성」, 경향신문사 주최 긴급 시국 대토론회: 촛불집회와 한국민주주의, ≪경향신문≫, 2008년 6월 16일자.

이동수, 「디지털시대의 토의민주주의」, 철학연구회(편), 『철학연구: 디지털시대의 민주주의와 포퓰리즘』, 64집의 별책(철학과현실사, 2004), pp.72-93.

이홍구, 「한국민족주의를 위한 기초적 사고」, 『효강 최문환 박사 추념논문집』(1973),

임혁백, 『세계화시대의 민주주의』(나남. 2001).

임혁백, 『21세기 한국정치의 비전과 과제』(IT의 사회 · 문화적 영향연구: 21세기 한국메가트렌드 시리즈 04-05)(정보통신정책연구원, 2004).

임혁백, 「한국정치에서의 소통」, 『평화연구』, 제16권 1호(고려대학교 평화연구소, 2008), pp.5-31.

조대엽, 「2008년 촛불집회와 '제4의 결사체'」, 경향신문사 주최 긴급 시국 대토론회: 촛불집회와 한국민주주의, ≪경향신문≫ 2008년 6월 16일자.

주성수, 「지식정보사회의 참여와 거버넌스」, 한국정신문화연구원(편), 『인본주의와 지식정보사회』(집문당, 2005), pp.169-204.

피에르 레비(지음), 권수경(옮김), 『집단 지성: 사이버 공간의 인류학을 위하여』(문학과 지성사, 2003).

홍윤기, 「포퓰리즘과 민주주의: 한국사회의 포퓰리즘 담론과 민주주의의 내실화과정을 중심으로」, 철학연구회(편), 『디지털시대의 민주주의와 포퓰리즘』(철학과 현실사, 2004), pp.284-338.

F. Bacon, *Novum Organum*(1620).

≪경향신문≫·≪연합뉴스≫·≪중앙일보≫·『한겨레신문』 등 주요 일간지의 '촛불집회' 관련 기사(2008 / 5 / 2 - 6 / 27).

· 저자 ·

강광식   ·약 력·
　　　　서울대문리대 · 서울대대학원 외교학과 졸업(정치학학사 · 석사)
　　　　경희대대학원 정치학과 졸업(정치학박사)
　　　　육사(전임강사) · 통일연수원(교수) · 평화통일연구소(상임연구위원) 근무
　　　　켄트대(영국) · 캘거리대(카나다) · 빅토리아대(뉴질랜드) 객원교수 역임
　　　　현재 한국학중앙연구원(한국정신문화연구원) 한국학대학원 교수

　　　·주요논저·
　　　「연구논문」
　　　남북한 분단체제의 복합적 갈등구조와 통일지향적 체제모형 탐색(2008)
　　　남북한 통일방안과 통일지향적 과도체제로서의 복합국가체제: 그 수렴가
　　　　능성 탐색(2008)
　　　한국정치사상사 연구의 대상과 방법(2002), 외 다수
　　　『저서』
　　　통일한국의 체제구상: 국제적 위상과 복합국가체제(백산서당, 2008)
　　　한국정치사상사문헌자료연구 I · II · III(한국정신문화연구원, 2004-6)
　　　신유학사상과 조선조유교정치문화(집문당, 2000), 외 다수

● 한국사회의 **구조변화**와 문화적 정체성

· 초판 인쇄   2008년 8월 20일
· 초판 발행   2008년 8월 20일

· 지 은 이   강광식
· 펴 낸 이   채종준
· 펴 낸 곳   한국학술정보(주)
　　　　　　경기도 파주시 교하읍 문발리 513-5
　　　　　　파주출판문화정보산업단지
　　　　　　전화   031) 908-3181(대표) · 팩스   031) 908-3189
　　　　　　홈페이지 http://www.kstudy.com
　　　　　　e-mail(출판사업부) publish@kstudy.com
· 등   록
· 가   격   27,000원

ISBN   978-89-534-9858-7 93330 (Paper Book)
　　　　978-89-534-9859-4 98330 (e-Book)